中国医药企业研发指数研究与应用

姚立杰 杨珊华 陈虎 ○ 著

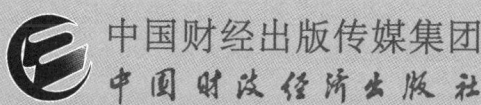

图书在版编目（CIP）数据

中国医药企业研发指数研究与应用／姚立杰，杨珊华，陈虎著. --北京：中国财政经济出版社，2022.6（2022.10重印）

ISBN 978-7-5223-1442-6

Ⅰ.①中… Ⅱ.①姚… ②杨… ③陈… Ⅲ.①制药工业-工业企业-技术开发-指数-研究-中国 Ⅳ.①F426.7

中国版本图书馆 CIP 数据核字（2022）第 080949 号

责任编辑：温彦君　　　　　　责任校对：张　凡
封面设计：智点创意　　　　　　责任印制：党　辉

中国医药企业研发指数研究与应用
ZHONGGUO YIYAO QIYE YANFA ZHISHU YANJIU YU YINGYONG

中国财政经济出版社 出版

URL：http://www.cfeph.cn
E-mail：cfeph@cfeph.cn

（版权所有　翻印必究）

社址：北京市海淀区阜成路甲28号　邮政编码：100142
营销中心电话：010-88191522
天猫网店：中国财政经济出版社旗舰店
网址：https://zgczjjcbs.tmall.com
北京时捷印刷有限公司印刷　各地新华书店经销
成品尺寸：185mm×260mm　16 开　17.25 印张　316 000 字
2022 年 6 月第 1 版　2022 年 10 月北京第 2 次印刷
定价：88.00 元
ISBN 978-7-5223-1442-6
（图书出现印装问题，本社负责调换，电话：010-88190548）
本社质量投诉电话：010-88190744
打击盗版举报热线：010-88191661　QQ：2242791300

序 一

创新是引领发展的第一动力，是建设现代化经济体系的战略支撑。创新的主体是企业，科技成果转化的主体也是企业，创新的动力在企业。创新需要市场引导，市场引导创新的方向，也引导创新资源，包括资本资源的流向。中央高度重视资本市场对于引领创新、促进创新、支持创新的作用，持续推出服务于企业创新的资本市场改革举措，特别是科创板和创业板先后试行注册制，放宽上市门槛对企业盈利的要求，为研发周期长、创新投入大、投资风险高的医药企业寻求研发投入的资本资源提供了有利条件。在2020年和2021年两年里，分别有71家和98家中国医药企业在全球资本市场首发上市，其中就有百济神州、君实生物等创新药领军企业。

资本的流动依赖信息的引导，这也正是"注册制改革的核心是信息披露"这一命题的底层逻辑。在资本市场上，企业信息主要依赖强制性的财务信息披露。我们高兴地看到，越来越多的上市企业自愿披露非财务信息，包括社会责任报告、可持续发展报告、ESG披露等形式，这为全面深入地分析包括研发投入表现和科技创新价值在内的企业价值提供了有利条件。

《中国医药企业研发指数研究与应用》一书，充分利用上市医药企业公开披露的信息，系统梳理企业研发数据资料，科学分析研发数据的内涵，构建了一套反映医药企业研发情况的指数指标体系，为我们认识医药企业研发工作特征、评价医药企业创新能力、把握医药企业投资价值，提供了有用的分析工具。

总体来看，本书具有以下几个特点：

第一，基于医药企业创新的内在特征，构建了评价医药企业研发情况的指数指标体系。企业评价和指数设计的方法路径取决于既定的评价目的和任务。本着全面评价医药企业的研发情况，有效服务于企业价值评价、创新政策制定和企业研发决策，本书针对非器械类和器械类两类医药企业，选定了研发投入、研发成果、研发质量和研发支持四个考察维度，并在各个维度下设立了若干具体指标。相对于直接服务于资本市场监管的"研发投入占营业收入的比例"等单一指标，以上的考察维度和指标设计无疑是全面完整的，充分体现了本书的研究目的和任务。

第二，对医药企业研发情况的评价，有效地结合了时间这一纵向维度与公司类别这一横向维度。一方面，选取2013年至2020年八年的历史数据，纵向分析了企业的研发指数、各维度的一级指标指数以及末级指标指数，层层深入地剖析，揭示了医药企业研发工作的动态表现，为观察医药行业研发工作历史特征和未来趋势提供了重要线索。另一方面，从上市地与境内上市板块、实际运营地、细分行业三个维度进行对比研究，拓展了指数应用的内容，揭示了医药行业各类企业在研发领域的差异和特色，为各类企业相互启发和借鉴，为公众考察、比较、评价各类医药企业的创新价值提供了有意义的信息。

第三，基于指数生成结果，本书得出了若干有价值的研究结论。本书没有满足于提出一套指标体系和指数数据，而是在此基础上进行了延伸分析，归纳提出了 11 条研究结论。本书指出，医药企业研发水平整体向好，呈增长趋势，且器械类医药企业研发指数的提升更具普遍性；非器械类医药企业的研发指数提升主要得益于研发投入和研发支持的提升，器械类医药企业的研发指数提升主要得益于研发投入和研发成果的提升；医药企业知识产权的国际化发展成效显著等。对于以上这些积极的趋势和特征，作为读者的我们，读来应当感到欣慰。此外，本书还指出，医药企业的研发成果指标虽有所提升，但研发成果的转化还有待进一步加强。这一结论，对于我们辨识企业研发投入的价值贡献、完善资本市场监管指标、改进研发方面的政策取向，无疑有重要的参考价值。本书在研究结论部分还指出，非器械类医药企业与器械类医药企业之间，头部医药企业与其他医药企业之间，头部医药企业之间，不同上市地的医药企业之间，境内不同上市板块医药企业之间，在指数水平和具体指标水平上表现出不平衡，这一结论符合大众对企业发展差异表现的认知。同时，对于资本市场评价医药企业的价值和医药企业之间相互学习借鉴，也有十分重要的认识意义。

特别值得一提的是本书作者的优势组合。姚立杰博士是北京交通大学的教授，深耕学术研究多年，有深厚的科研工作基础，对企业创新发展有深入的研究。杨珊华博士是中国医药集团的总会计师，兼任中国医药会计学会会长，是医药行业财务和会计界的领军人物，对医药企业创新发展的现状和未来走向有深刻的认识。陈虎博士是深圳中兴新云服务有限公司的总裁，在管理咨询和信息化数字化领域卓有建树，在企业创新发展方向和路径上也有丰富的实践经验。作者的优势组合，使得研究工作既有来自创新发展第一线的实践准备，也有来自行业外的独立专家视角。当然，特别重要的是，本书由资深学者主持研究工作，为本书奠定了厚实的学理基础。

资本市场向来为公众瞩目。本着对生命和健康的天然关切，大家无疑对上市医药企业的研发情况和创新表现抱有更多的兴趣。我以极大的热情读了这篇书稿，受到很多启发，同样热情地向投资界、企业界、学术界、监管和政策部门的读者朋友推荐。

是为序！

陈毓圭

中国证监会前首席会计师

亚太会计师联合会（CAPA）主席

中国财政科学研究院博士研究生导师

2022 年 5 月

序 二

人类社会的发展与科学技术的进步息息相关，而持续不断的科技研发是推动医药产业发展的根本动力。随着社会的发展，如何进一步焕发各医药研发主体的创新活力，加速我国医药研发水平的提升，已不仅仅是一线研发人员需要思考的问题。从科学研究、政策制定、产业发展，再到企业管理、人才培养等，每一个环节都在医药创新发展中发挥着重要作用。

新冠肺炎疫情的爆发再次让我们认识到医药研发的重要性。在这场战役中，国药集团中国生物在第一时间成立了应急工作领导小组，并组建了专项科研攻关团队，仅用98天就获得了临床批件。国药中生发布的"新冠病毒灭活疫苗Ⅲ期临床试验期中分析数据"显示，这款疫苗的保护效力高达81%，在呼吸道疫苗领域属于非常好的水平，最终于2020年12月30日实现了全球首款新冠灭活疫苗的附条件上市，从立项到上市历时仅335天。这一成果，对于"十年磨一剑"的创新疫苗研发来说是相当难得的。目前，针对当下全世界高度关注的新冠第六代变异毒株奥密克戎，国药集团中国生物也已在灭活、mRNA、基因重组3条技术路线上系统开发了4款疫苗。从我们的经验来看，中国的灭活疫苗能够又好又快地研发和生产出来，并在国际认可的13种疫苗中占据7种，走到世界前列，主要得益于国家举国体制的优势、科研人员奋力拼搏的献身精神、成熟研发平台的技术积累以及强有力的审评审批政策，这是整个研发体系相互配合、共同努力的成果。

此外，我们也深刻感知到，除了研发环节，生产、储存等保障环节的创新发展同样值得重视，这直接关系到疫苗的产业化进程以及未来的普及程度。为应对新冠疫苗的大范围需求，国药中生北京生物制品研究所在国药集团、中国生物的正确指导下，仅用两个月的时间，就完成了目前全球最大新冠灭活疫苗生产车间的建设，同时严格保障了疫苗生产的安全和质量要求。目前，我国疫苗在产量上已位居全球首位，在全球抗疫中作出了巨大贡献，而这与整个产业链的技术创新以及国家的大力支持是分不开的。

疫苗研发仅是生物医药领域的一个细小分支。纵观整个医药行业，我国医药企业发展整体较为迅速，近年来研发投入大大提高，但在研发成果方面，与国际先进水平的差距仍然较大，研发质量和效率也需要进一步提升。因此，不论是从我国新冠疫苗研发的成功经验来看，还是从我国医药行业的研发现状来看，从整体上促进研发创新体系的全面升级才是我国医药创新的未来发展方向。

但是目前而言，我国医药创新的关注点主要还是在研发投入方面，对研发成果、研发质量等方面的评价还缺乏关注度和系统性的评价标准。《中国医药企业研发指数研究与应用》这本书通过构建一个覆盖研发投入、研发成果、研发质量和研发支持的全面的、科学的医药企业研发评价指标体系，填补了我国医药企业研发创新评价体系的空白，在我国医药创新面临发展瓶颈的关键时期，开拓了我们加速医药创新的思路，对于促进我国医药研发创新体系的全面升级具有重大意义，值得整个行业的高度关注。作为一名科技研发战线的"老兵"，能够为此书作序，我感到十分荣幸。

总体来说，这本书最可贵的地方在于它既具有理论的高度，又始终以医药企业的历史实践和未来创新发展作为前提和目的，不仅丰富了研发指数和医药创新的相关理论，而且具有重大的现实意义。我很高兴在这本书中看到了作者对于实践问题的重视，也看到了作者坚持理论指导和实践探索辩证统一的智慧。

为构建科学、全面的医药企业研发指数，本书作者多次组织专家研讨会，参会人员包括医药领域的实践者、企业管理者、第三方机构专业人员等，我也有幸参与其中。我们从各自专业领域角度和积累的理论及经验出发，对评价指标选择、权重设计，乃至研究角度都进行了多次、反复的深入探讨，以期反映我国医药企业研发实际、定位医药企业研发痛点，引导医药企业高质量发展，充分发挥我国第一个医药企业研发指数的作用。

在指标选取方面，作者首先将指标体系划分为研发投入、研发成果、研发质量和研发支持这四个维度，各个维度相辅相成，缺一不可，构成评价医药企业综合研发水平的总体框架。但考虑到医药企业研发周期较长这一特点，在非器械类医药企业的研发成果评价维度中，作者进一步对阶段性成果和最终成果进行了区分，从而能够更全面地刻画出企业的研发进程，凸显不同企业间的研发差异。

此外，在研发质量这一评价维度中，作者不仅考虑了研发成果的科技含量，还将企业的国际化发展程度纳入了评价体系之中。中国医药企业走向国际不仅意味着企业能提供更加强有力的质量保证，同时也意味着未来更广阔的市场空间、更灵活多元的全球创新资源，这样的指标设计立足于医药企业未来创新发展方向，能为创新实践起到导向和引领作用。

在研发成果的权重设计方面，各期临床试验均反映了企业研发的成果进度，但相比之下，Ⅲ期临床试验更能反映企业的持续研发能力，因此我们看到作者对于各期临床试验赋予了差异化的权重。同样，从实践经验出发，创新药研制对于科研能力的要求远远高于非创新药，而在我国由高速发展向高质量发展转变的过程中，创新药仍是我们的短板，整个行业都高度关注创新药的发展，因此我们看到作者对创新药赋予了非常高的权重，这既符合医药企业研发实际，也符合我国医药创新未来发展方向。

可以说，本书在指标选取、权重设计中都充分考虑了不同指标的实际内涵和差异，其最终评价体系的构建凝聚了各领域专家深耕多年的实践经验和对中国医药企业创新发展的深入思考。

在研究应用方面，本书的研究角度不仅包括医药企业研发指数的趋势分析，还从上市地与境内上市板块、实际运营地、细分行业三方面进行了截面分析。这本书从各个维度为我们剖析了中国医药企业的研发现状，为我们全面、系统、客观地认识中国医药企业研发的发展现状和历史趋势、现存问题等提供了大量的数据支撑。此外，本书还进一步对分级指标、末级指标都进行了深入分析，对于我们聚焦研发痛点，找准问题对策，促进医药研发创新体系的全面升级具有重大意义。

《中国医药企业研发指数研究与应用》这本书预期会带来多方面的价值。首先，医药企业研发指数评价体系的构建和分析，对企业的创新发展具有直接的引导作用。医药企业不仅可以从中找到未来发展的方向和基准，也可以找到自身与行业中头部企业间的差距，从而补足短板，全面升级。其次，这本书层层剥茧地剖析了我国医药企业研发创新的现状，所反映出的问题之深刻、明晰，能为政策制定者带来更多的启发和指导。只有从制度上为我国医药企业研发创新创造一个积极、充满活力的环境，持续不断的高质量研发创新才能得到根本保障。最后，从市场的角度出发，该指数从一个更加全面、系统的角度对医药企业的研发水平进行衡量，能为价值投资提供更多的有效参考信息，长久来看，将有利于企业在市场机制下的良性竞争。

此外，这本书的珍贵之处还在于它提出了"我们需要怎样的创新"或者"怎样的创新是好的"这一问题，它关乎事物的本质而非形式，对于这一问题的思考是我们真正实现从"大国"走向"强国"的关键。我也希望能有更多人看到这本书，在社会范围内形成实质性创新的良好氛围，从而推动医药行业乃至其他科技行业的创新发展。

医药行业关系国计民生，关乎人类命运。新冠肺炎疫情之下，中国医药产业已在世界范围内作出巨大贡献，未来我们还希望能够提供更多的中国智慧、创造更多中国价值。那么，如何进一步促进医药企业研发创新体系的全面升级，便是当下需要深入研究的重要课题。

愿你能在此书中有所收获，我们共担时代重任，共迎未来挑战。

张云涛

国药集团中国生物技术股份有限公司副总裁、首席科学家、研究员

2022 年 5 月

前 言

指数作为一种综合性较强的评价方法，以其信息覆盖全面、形式简洁、易于理解，便于对比研究和应用，多年来被人们广泛使用。最常见的如消费者物价指数（CPI）、股票价格指数等，为人们掌握宏观经济走势、作出科学决策提供了重要依据。在创新评价领域，目前已有不少研究采用了指数化方法，如"中国创新指数""城市创新指数""长三角区域协同创新指数""中国上市公司研发指数""制造业创新指数"等，这些指数的发布都为我国的创新发展发挥了重要的指导作用。但遗憾的是，目前而言，我国尚无针对医药行业的研发创新评价指数。

医药行业是科技创新的核心领域之一，具有研发投入大、研发周期长、研发风险高等特点，对企业的创新能力和技术水平有较高要求。同时，医药行业也是关系国计民生的战略性产业。随着人口老龄化加剧、居民健康意识提升，医药研发创新的压力和动力并存，加速医药研发创新势在必行。党的十九大报告中，习近平总书记首次把健康中国提升为国家发展的重大战略，为保障战略的贯彻落实，我国又相继发布了《"健康中国 2030"规划纲要》《健康中国行动（2019—2030 年）》。2022 年 1 月 30 日，国家工信部等九部门联合印发《"十四五"医药工业发展规划》，进一步强调了医药行业生命至上、创新引领、国际化走向深层次的发展要求。

在政策的大力支持以及创新浪潮的推动之下，近年来，我国医药行业研发创新迎来了高速发展阶段。根据国家统计局、科学技术部和财政部发布的《2020 年全国科技经费投入统计公报》，2020 年全国研发经费投入共计 24393.1 亿元，同比增长 10.2%，其中规模以上医药制造企业研发经费共计 784.6 亿元，同比增长 28.7%，研发经费投入强度也达到 3.13%，同比增长 22.7%。相应地，根据 2020 年中国药物临床试验分析报告，2020 年我国共有 2086 个临床申请，同比增长 48%，相比于 2018 年的 1038 个临床申请增长了 101.0%。

同时，我们也必须看到，我国医药企业的创新发展仍存在诸多不足。首先，我国医药企业的研发创新水平与美国、日本以及欧盟多数国家一流企业相比仍有较大差距。在美国《制药经理人》（Pharmaceutical Executive）杂志评选出的 2020 年度全球制药公司 50 强中，美国入选企业共 15 家，欧盟国家入选企业共 12 家，日本入选企业共 9 家，而中国入选企业只有 5 家。其次，虽然我国医药企业研发投入近年来高速增长，但目前，我国医药企业的研发投入规模和研发投入强度均不及国际一流水平，我国医药企业高水平研发成果仍然不多。近年来，我国临床试验数量高速增长，但这主要源于仿制药临床试验的大幅增加，而创新药临床试验虽也有所增加，但仍处于较低水平。

此外，从药品获批情况来看，我国创新药研发仍处于跟进阶段。2020年，美国食品药品监督管理局（FDA）批准了53款创新药，其中40款为全球范围内首次批准；而中国国家药品监督管理局（NMPA）同年共批准了48款创新药，但其中只有9款产品为本土企业研发且在全球首次获批。

随着我国医药企业国际化进程的推进，我国医药企业的研发质量还将受到更严格的考验。再者，我国医药行业研发不平衡问题也较为突出。一方面，目前我国创新药研发主要聚集于热门靶点，同质化创新现象较为普遍。另一方面，虽然近年来我国医药企业的研发投入持续提高，但主要集中在生物制药领域和少数头部化学制药领域，中药作为国内传统医药行业，其创新主要还停留在剂型改良以及工艺优化阶段，新产品研发相对滞后。

为促进我国医药企业创新发展，把握由高速发展向高质量发展的关键转型期，我们构建了一个适用于中国医药行业的研发评价指数，旨在系统、全面、科学地刻画出我国医药企业研发现状的全貌，这将是我国第一个以医药企业为研究对象的研发指数，对于我国医药企业的创新发展具有重要的指导意义。导向性原则是指数编制的重要原则之一，为保证指数导向的科学性和合理性，我们在指数编制过程中多次召开医药研发专家研讨会，并持续完善研究方法、改进研究手段，力图使该指数能够真正助力我国医药企业的创新发展。

本书的研究内容包括我国医药企业研发指数的编制和应用两个方面。在指数编制方面，我们构建了包含研发投入、研发成果、研发质量和研发支持的多维研发评价指标体系，突破了过往研发评价和考核过于关注研发投入而忽视研发成果，过于关注研发数量而忽视研发质量等方面的局限，全面地评估了我国医药企业研发的综合实力，从而引导我国医药企业向高质量发展方向转型。

同时，鉴于非器械类医药企业和器械类医药企业的研发活动存在较大差异，其研发成果和目标市场均有不同侧重，我们又细分出两套具有针对性的研发评价指标体系，在此基础上对非器械类医药企业和器械类医药企业的研发指数编制及应用分别进行研究。在指数应用方面，我们不仅对研发指数本身进行了趋势分析，而且从上市地与境内上市板块、实际运营地和细分行业三个角度进行了横截面分析，还进一步层层剥茧，对其一级指标指数、末级指标数据都进行了具体分析，以期在把握医药企业整体研发情况的同时，精准定位研发短板，从而为我国医药企业创新发展提出有针对性的建设性意见与建议。

本书的第一章至第三章主要阐述了研究背景和意义，梳理了我国医药企业的研发环境和整体现状，并对企业研发活动的评价方法、企业研发活动的评价指标进行了理论和文献方面的梳理。第四章至第七章为非器械篇，对我国非器械类医药企业的研发指数构建和应用进行了阐述与分析。第八章至第十一章为器械篇，对我国器械类医药企业的研发指数构建和应用进行了阐述与分析。第十二章对本书的研究结论和研究不足进行了总结，并提出相关意见与建议。

我国医药企业研发指数编制依托境内外上市的所有中资医药企业，数据的时间跨度也覆盖了2013—2020年的较长时期。因此，本书的价值不仅在于为我国医药企业创新提供了更具时代性的发展导向，同时也基于我们样本数据的时间长度和空间宽度，能为我国医药企业研发创新提供更具价值深度的相关信息。

未来，我们期望将更多中国医药企业纳入指数编制范围，同时也期待在社会各界的关注和支持下，对于中国医药企业研发指数的社会应用研究能够不断完善，从而为推动创新型国家建设提供更多的智力支持。

医药企业研发创新事关人民生命健康和经济的高质量发展。在新冠肺炎疫情之下，我们更深刻体会到医药企业研发创新能力在应对重大公共卫生突发事件、维护国家安全、促进人类福祉等方面的重要性，我们呼吁更多力量加入到促进医药企业研发创新的队伍中来。

本书在撰写过程中得到了多方的大力支持。首先，本书得到了中国医药会计学会的大力支持和帮助，在此由衷感谢。我们也非常感谢证监会前首席会计师、中国财政科学研究院博士生导师陈毓圭老师在书稿撰写的全过程中给予的悉心指导和鼓励，并为本书欣然作序。同时，衷心感谢中国医药会计学会学术委员会的各位专家，尤其是对外经济贸易大学汤谷良教授、中国医学科学院北京协和医院总会计师向炎珍女士、中国财政科学研究院财务与会计研究中心副主任赵治钢研究员、北京大学第三医院总会计师李春女士、天士力控股集团有限公司首席经济运营官裴富才先生，他们百忙之中不辞辛劳地多次为我们提出了很多宝贵的建议和意见。此外，我们还由衷地感谢中国生物副总裁张云涛、中国生物财务总监胡立刚、中国医药工业信息中心主任郭文、国药集团科研管理部前主任侯爱军、国药集团科研管理部副主任潘淑媛、中国生物科研管理部主任许方婧伟、中国生物技术研究院财务总监周秀江、国药工业有限公司副总经理胡延雷、国药集团工业发展与科研管理部高级工程师于晓辉、中兴新云总裁助理栾奕敬、中兴新云崔凡等专家，他们不辞辛苦，通过多次线下线上交流，反复磋商，对本指数指标体系的构建和权重的选择等提出了很多宝贵的建议与意见。最后，我们也特别感谢北京交通大学的研究生王钰琪、冉江平、李吟晓和李政豪在本书资料收集整理等方面所作的贡献。

限于作者水平,本书可能存在错谬之处,恳请读者批评指正,从而激励我们继续努力,以期能为完善我国医药企业研发创新体制作出我们的贡献。

姚立杰　杨珊华　陈虎

2022 年 5 月

目 录

第一章 引言 …………………………………………………………（ 1 ）
  第一节 研究背景 ……………………………………………………（ 1 ）
  第二节 研究内容与研究框架 ………………………………………（ 2 ）
  第三节 研究意义 ……………………………………………………（ 5 ）

第二章 我国医药企业研发概况 …………………………………（ 8 ）
  第一节 医药产业链与研发流程 ……………………………………（ 8 ）
  第二节 我国医药企业研发环境与研发现状 ………………………（ 10 ）
  第三节 本章小结 ……………………………………………………（ 27 ）

第三章 企业研发活动评价的历史沿革与指标体系 …………（ 28 ）
  第一节 企业研发活动评价的历史沿革 ……………………………（ 28 ）
  第二节 企业研发活动的评价指标 …………………………………（ 29 ）

非器械篇

第四章 非器械类中国医药企业研发指数的构建 ……………（ 41 ）
  第一节 非器械类中国医药企业研发指标体系 ……………………（ 41 ）
  第二节 非器械类中国医药企业研究样本与数据来源 ……………（ 42 ）
  第三节 非器械类中国医药企业研发指数构建方法 ………………（ 44 ）
  第四节 非器械类中国医药企业研发指数历年排序 ………………（ 45 ）

第五章 非器械类中国医药企业研发指数分析 ………………（ 53 ）
  第一节 整体情况 ……………………………………………………（ 53 ）
  第二节 上市地与境内上市板块 ……………………………………（ 56 ）
  第三节 实际运营地 …………………………………………………（ 61 ）
  第四节 细分行业 ……………………………………………………（ 69 ）

第六章 非器械类中国医药企业研发指数一级指标分析 ……（ 72 ）
  第一节 研发投入 ……………………………………………………（ 72 ）
  第二节 阶段性成果 …………………………………………………（ 85 ）

第三节　最终成果 …………………………………………………………（97）
　　第四节　研发质量 …………………………………………………………（108）
　　第五节　研发支持 …………………………………………………………（121）
第七章　非器械类中国医药企业研发指数末级指标分析 ………………………（132）
　　第一节　研发投入 …………………………………………………………（132）
　　第二节　阶段性成果 ………………………………………………………（139）
　　第三节　最终成果 …………………………………………………………（146）
　　第四节　研发质量 …………………………………………………………（148）
　　第五节　研发支持 …………………………………………………………（154）
非器械篇小结 ………………………………………………………………………（157）

器械篇

第八章　器械类中国医药企业研发指数的构建 …………………………………（167）
　　第一节　器械类中国医药企业研发指标体系 ……………………………（167）
　　第二节　器械类中国医药企业研究样本与数据来源 ……………………（168）
　　第三节　器械类中国医药企业研发指数构建方法 ………………………（170）
　　第四节　器械类中国医药企业研发指数历年排序 ………………………（171）
第九章　器械类中国医药企业研发指数分析 ……………………………………（174）
　　第一节　整体情况 …………………………………………………………（174）
　　第二节　上市地与境内上市板块 …………………………………………（177）
　　第三节　实际运营地 ………………………………………………………（182）
第十章　器械类中国医药企业研发指数一级指标分析 …………………………（188）
　　第一节　研发投入 …………………………………………………………（188）
　　第二节　研发成果 …………………………………………………………（197）
　　第三节　研发质量 …………………………………………………………（205）
　　第四节　研发支持 …………………………………………………………（214）
第十一章　器械类中国医药企业研发指数末级指标分析 ………………………（222）
　　第一节　研发投入 …………………………………………………………（222）
　　第二节　研发成果 …………………………………………………………（228）
　　第三节　研发质量 …………………………………………………………（234）
　　第四节　研发支持 …………………………………………………………（238）
器械篇小结 …………………………………………………………………………（241）

第十二章　研究结论、建议与不足 ……………………………………（247）
　　第一节　研究结论 …………………………………………………（247）
　　第二节　研究建议 …………………………………………………（250）
　　第三节　研究不足 …………………………………………………（252）
主要参考文献 …………………………………………………………（254）

第一章 引言

第一节 研究背景

科技创新是国之大事。《中华人民共和国国民经济和社会发展第十四个五年规划和2035年远景目标纲要》提出，要激励企业加大研发投入，通过完善标准、质量和竞争规制等措施，增强企业创新动力。医药产业是关系国民生计的重要基础性和战略性产业，突如其来的疫情考验着全行业的应变能力，创新药物和高端医疗器械等成为保障人类生命安全的基石。我国医药工业"十四五规划"指出，支持企业立足本土资源和优势，面向全球市场，紧盯新靶点、新机制药物开展研发布局，积极引领创新，同时指出了医疗器械未来五年重点发展的八大领域，强调要加快创新驱动发展、推动产业链现代化、更高水平融入全球产业体系的高质量发展新阶段。

随着医疗改革的逐步深化以及中国医药企业间的竞争加剧，对于国内医药产业来说，粗放式发展的红利期已成为过去式。未来十年到二十年，细胞、基因和生物工程技术将持续驱动医药产业实现突破性发展，医药研发创新"如火如荼"。经济的快速发展、人民生活水平的提高、公共卫生投入的增加等因素都促使中国医药制造业的创新水平不断提升。2020年医药上市公司年报数据显示，多家企业研发支出大幅提升，研发创新正在成为中国医药企业构筑核心竞争力的"武器"，中国医药企业发展整体向好。但我国医药企业研发在整体发展向好的同时，还面临着研发水平整体偏低，发展不均衡，重投入、轻产出，重数量、轻质量等问题。

新冠肺炎疫情发生至今，全球医药产业格局正面临调整，各国愈发重视医药工业的战略地位，人才、技术等方面的国际竞争日趋激烈。因此，实现医药企业高质量发展，对我国抢占全球医药产业高地具有重要的战略意义。研发活动是引导创新、实现高质量发展的关键因素，其价值取决于是否能将研发投入转化为创新成果。面对医药企业研发周期长、投入成本高、失败风险大、收益高的特点，如何科学、全面地衡量中国医药企业的研发活动？如何把脉中国医药行业研发创新的瓶颈与未来？为政府政策和企业研发战略决策的制定提供参考价值，这是我们当前面临的问题。

目前，对于中国医药企业研发能力的评估大多依靠研发投入金额、研发投入强度等单一指标，并未构建全方位、多维度、科学的医药企业研发能力评估指标体系，也未综合考虑医药企业的研发投入、研发成果、研发质量、研发支持等相关因素。为此，本书期望通过构建中国医药企业研发指数，从研发投入、研发成果、研发质量和研发支持角度全面、科学、客观地衡量我国医药企业研发的现状，以期为我国医药企业的高质量发展与行稳致远贡献力量。

第二节　研究内容与研究框架

一、研究内容

为更加科学、全面地把脉我国医药企业研发水平，本书的研究内容将主要包括以下几个方面：

一是分析我国医药企业的研发概况。分析医药产业链与研发流程，并分别从经济社会环境、行业环境、政策环境、研发现状四个方面对我国医药企业研发所处的环境和现状进行描述。

二是介绍企业研发活动评价的历史沿革，并主要从研发投入、研发成果、研发质量和研发支持四个方面梳理已有研究关于企业研发的指标体系，为我们后续构建科学化、精准化的中国医药企业研发指数指标体系奠定基础。

三是构建我国医药企业研发指数指标体系。在综合已有研究的基础上，我们基于指标的科学性、全面性以及数据的可获得性等基本原则，构建包含医药企业研发投入、研发成果、研发质量和研发支持在内的多维度研发指数指标体系。同时，鉴于器械类和非器械类医药企业研发成果迥异，针对其各自特点，我们构建了分别针对器械类与非器械类医药企业的两套不同的研发指数指标体系。

四是分析我国医药企业研发现状及历史趋势。基于构建的研发指数，对我国医药企业研发指数现状及历史发展趋势进行分析,并分别从上市地与境内上市板块、实际运营地、细分行业等角度对我国医药企业研发指数进行进一步分析,全方位、多维度深入探究我国医药企业的研发现状及历史变化趋势。

五是对我国医药企业研发指数的构成要素进行详尽分析。我们从构建的医药企业研发指数指标体系出发,分别从一级指标和末级指标角度对我国医药企业研发指数进行层层剥茧、深入分析,以期能够精准地定位到我国医药企业研发的优势与不足。

二、研究框架

本书围绕中国医药企业研发指数的构建与应用展开,共计十二章,各章主要内容如下:

第一章为引言,主要包括研究背景、研究内容及研究意义。

第二章为我国医药企业研发概况,本章首先介绍医药产业链与研发流程,其次从医药企业研发的经济社会环境、行业环境、政策环境和研发现状四个方面对我国医药企业研发环境和现状进行多维度分析。

第三章为企业研发活动评价的历史沿革与指标体系。本章首先概述研发指数构建的整体发展情况,其次从研发投入、研发成果等多个维度介绍了目前研发评价指标涉及的相关维度和测度。

第四章到第七章是中国非器械类医药企业研发指数的构建与应用部分。其中,第四章对我国非器械类医药企业研发指数的构建进行了介绍,包含研发评价指标体系的设计、研究样本和数据来源、研发指数具体计算过程以及非器械类医药企业研发指数分值历年排序。第五章到第七章分别阐述了中国非器械类医药企业研发指数总分值、一级指标分值、末级指标情况,并分别从上市地与境内上市板块、实际运营地、细分行业等维度进行了具体分析。之后对中国非器械类医药企业研发情况进行了小结。

第八章到第十一章是中国器械类医药企业研发指数的构建与应用部分。其中,第八章介绍了我国器械类医药企业研发指数的构建。第九章到第十一章分别从我国器械类医药企业研发指数总分值、一级指标指数分值及末级指标情况展开分析,并从上市地与境内上市板块、实际运营地两个维度进行了具体分析。之后对中国器械类医药企业研发情况进行了小结。

第十二章为研究结论、建议与不足部分。对我国医药企业(含器械类和非器械类)研发整体情况进行了归纳和总结,并在此基础上提出了推动我国医药企业研发能力提升的建议和意见,同时也指出了本书研究中的不足。

本书具体的研究框架如图1-1所示。

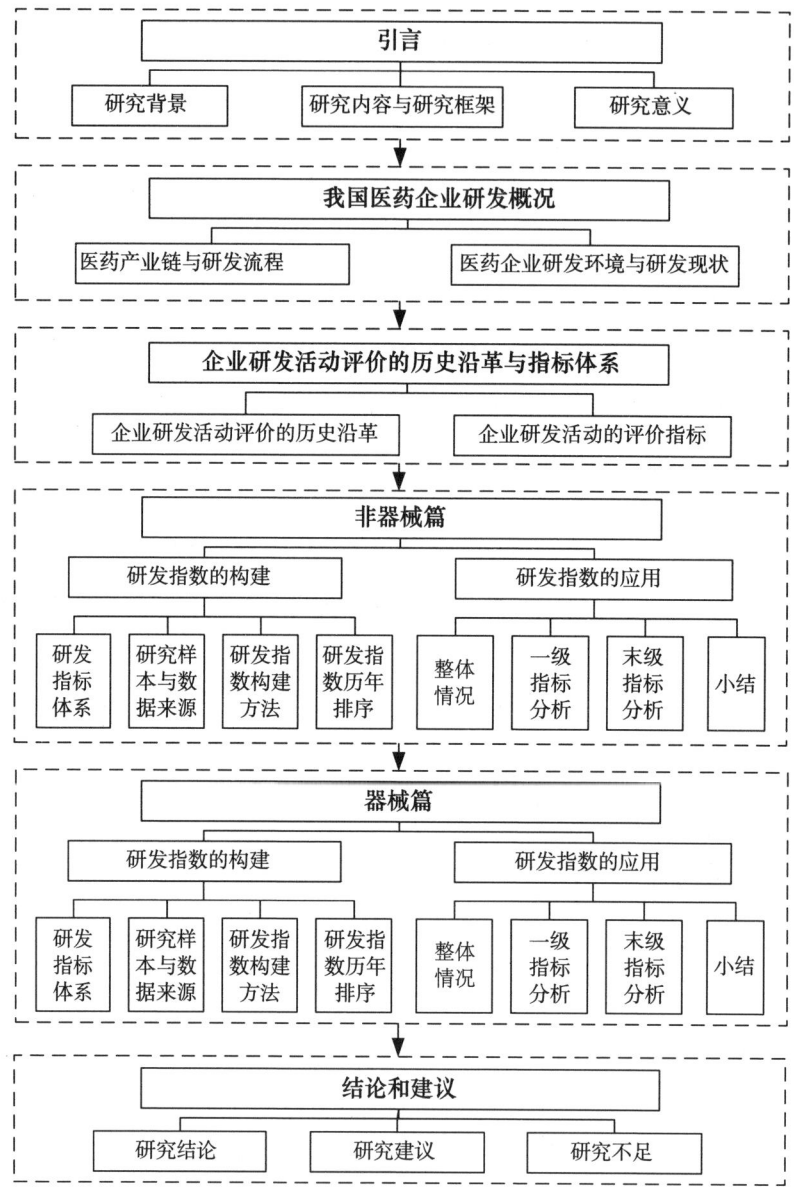

图1-1 研究框架图

第三节 研究意义

一、理论意义

第一，目前评价一般企业研发活动的研究已较为丰富，但鲜有针对医药企业的研发评价体系。鉴于医药企业的研发特色，在综合考虑相关理论基础和现有研究的基础上，我们构建了首个以医药企业作为研究对象的中国医药企业研发指数，以期对我国医药企业的研发情况有更加科学、全面、客观的认识，以更好地指导我国医药企业的未来发展。

第二，器械类医药企业与非器械类医药企业的研发差异较大，尤其是研发成果的差异更是迥然。其中，非器械类医药企业的研发成果以临床试验完成数、创新药上市获批数和非创新药上市获批数为主；而器械类医药企业的研发成果以医疗器械注册证数目和专利授权数为主。为此，我们分别从器械类医药企业和非器械类医药企业的实际研发特点出发，分别构建了针对器械类医药企业和非器械类医药企业研发指数的指标体系和指标权重，以期更加准确地全面评估器械类医药企业和非器械类医药企业的研发状况。其中，非器械类医药企业的研发评价指标体系由5个维度构成，包括研发投入、阶段性成果、最终成果、研发质量、研发支持，共计17个具体指标。器械类医药企业的研发评价指标体系由4个维度构成，包括研发投入、研发成果、研发质量、研发支持，共计16个具体指标。

第三，在研发指数指标体系的具体构建上，我们不仅考虑常见的研发投入规模和研发投入强度指标，还充分考虑了医药企业的研发特点，增加了研发成果、研发质量和研发支持相关指标。

研发成果方面，针对非器械类医药企业，我们将研发成果分为阶段性成果和最终成果。其中，阶段性成果包括发明专利授权数、一期临床试验完成数、二期临床试验完成数、三期临床试验完成数以及仿制药临床试验完成数。最终成果包括创新药上市获批数和非创新药上市获批数。针对器械类医药企业，研发成果包括一类医疗器械注册证数目、二类医疗器械注册证数目、三类医疗器械注册证数目、外观专利授权数、实用新型专利授权数和发明专利授权数。

研发质量方面，我们不仅考虑了专利相关的研发质量指标，还引入了国际资质认证数目。具体地，专利相关的研发质量指标包括发明专利授权数占总授权数比例、专利被引用量以及专利合作条约（Patent Cooperation Treaty，以下简称PCT）专利数。

研发支持方面，我们考虑了国家重大专项支持数目、国家级研发平台数目和省部级研发平台数目三个指标。

第四，为了全面评估我国医药企业的研发情况，本书的研究对象不仅包括所有在我国境内上市的医药企业，还包括在境外上市但实际运营地在境内的中资医药上市公司，即涵盖所有的中资医药上市公司。以2020年为例，本书的研究对象除了包括所有境内上市的医药企业外，还包括在香港上市的177家中资医药企业，以及在美国上市的20家中资医药企业。

第五，为了科学、全面地评估我国医药企业研发情况的年度变化趋势，并为展望未来提供更为全面的相关信息，本书的研究样本并未局限在2020年，我们还将研究样本向前追溯至2013年，即对所有中资医药企业2013年至2020年的研发情况进行了详尽分析。

第六，鉴于医药企业的研发情况会受到区域政策、细分行业环境等因素的影响，我们在医药企业研发指数构建的基础上，从上市地与境内上市板块、实际运营地、细分行业等方面对我国医药企业的研发情况进行了详细梳理和分析，以期为相关政策制定提供更加精准、详尽的信息。

二、实践意义

首先，我们构建的医药企业研发指数为首个针对我国医药企业的研发指数，其全面、科学、系统地构建了针对我国医药企业研发特点，既涵盖研发投入，又涵盖研发成果、研发质量、研发支持的研发指标体系。基于该指数，我们可以更加清晰、全面、客观地认识我国医药企业的研发现状、发展趋势、存在的优势及不足，这都将为我国医药企业的发展和政策制定提供相关经验证据。

其次，我们构建的医药企业研发指数打破了以往重投入、轻产出，重数量、轻质量的情况，不仅关注医药企业的研发投入，还关注研发质量、研发产出和研发支持，且对研发成果赋予了较高的权重。这种重投入、更重产出，重数量、更重质量的医药企业研发指数，构建了我国医药企业高质量研发的标准体系，将有助于引导我国医药企业的健康发展和创新发展。

最后，基于所构建的非器械类医药企业研发指数和器械类医药企业研发指数，我们对所有中资医药企业的研发指数得分进行了年度排名,这将有助于各医药企业明晰其在我国医药企业研发中所处的具体位置以及今后努力奋斗的目标与方向。

此外,为了更加深入地分析我国医药企业研发强弱的具体成因,我们还层层分解,深入分析了研发指数的构成维度,即研发投入、研发成果(非器械类医药企业细分为研发阶段性成果和研发最终成果)、研发质量和研发支持的具体情况,这将更具针对性地识别每个医药企业强之所以强、弱之所以弱的具体原因,有助于今后更好地指导企业未来的研发实践,也将为我国医药研发相关政策的制定提供更加精准的证据。

第二章 我国医药企业研发概况

第一节 医药产业链与研发流程

一、医药产业链

医药产业链主要涵盖医药制造和医药流通两个领域，医药制造包括原料药供应、医药研发和医药生产；医药流通包括医药商业、医药营销和医药服务。其中，医药商业主要指医药平台企业，以及经销商对药品和医疗器械的配送和分销；医药营销主要指医院、药店、电商对药品的营销和销售；医药服务主要指医院、药店等为患者提供的诊断与检测服务等。医药产业链如图2-1所示。

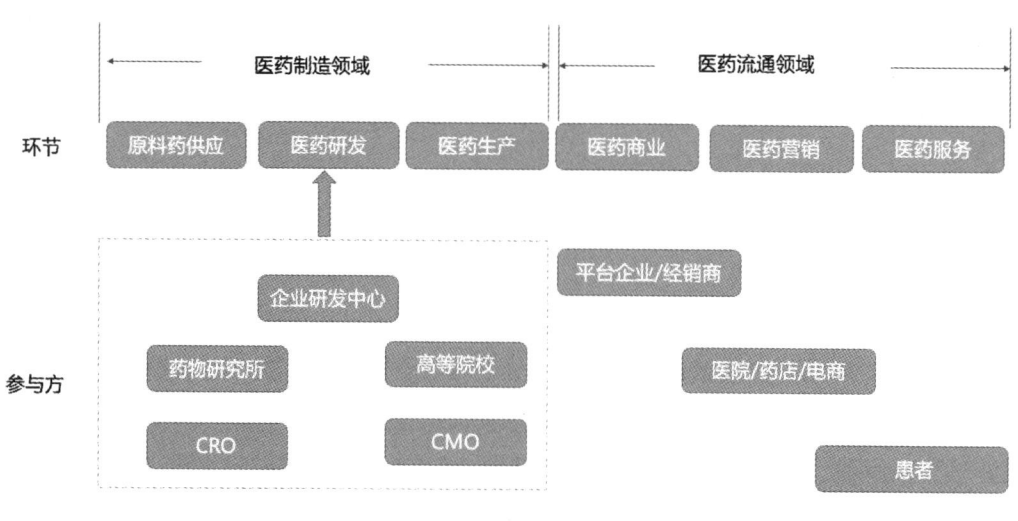

图2-1 医药产业链

在医药研发活动中，医药研发企业通常通过与药物研究所、高等院校、CRO（Contract Research Organization，合同研究组织）、CMO（Contract Manufacture Organization，合同加工外包）协作共同研发新药，提高研发效率，降低研发成本。

二、医药研发流程

医药研发在医药产业链中发挥关键的作用。不同类别的新药研发流程存在些许差异。此处，我们以最为复杂的创新药为例。创新药研发流程可细分为实验室开发、申报临床、临床试验、申请生产、售后研究与调查五个环节，如图2-2所示。

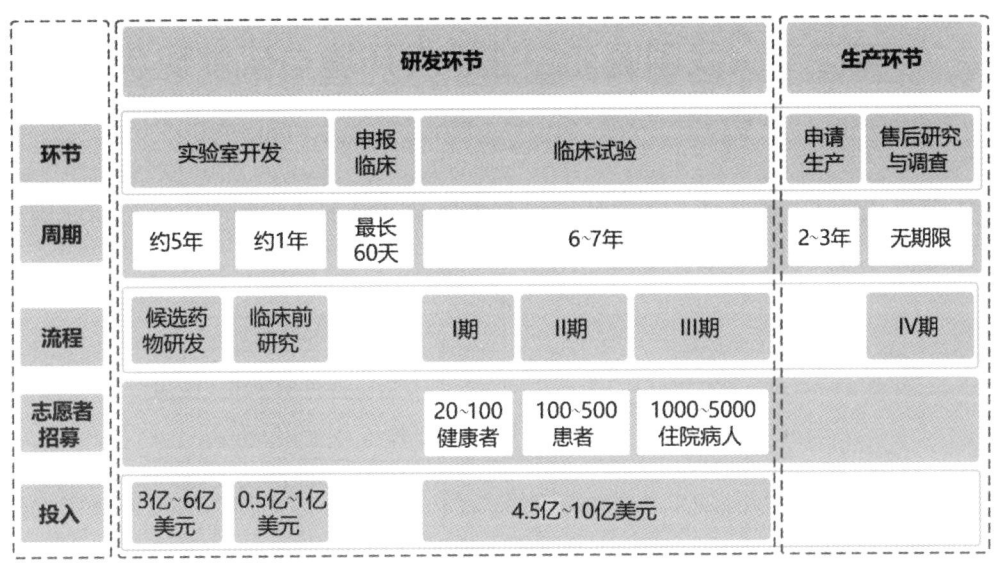

图2-2 创新药研发流程

实验室开发环节：实验室开发环节大约持续六年，包含候选药物研发和临床前研究。候选药物研发一般要通过药物作用靶点及生物标记的选择与确认，先导化合物的确定，构效关系的研究与活性化合物的筛选等环节；接着进入临床前研究，临床前研究包括原料药合成工艺研发、药代动力学、安全性药理、毒理研究、制剂开发，各步骤并非完全按顺序进行，一般需要相互协调推进。

申报临床环节：通过临床前研究后需要向药监部门提交新药临床研究申请，申报临床一般时间较短，最长为60天。

临床试验环节：申报临床通过后进入临床试验阶段，临床试验大约持续6~7年，包含临床Ⅰ期、Ⅱ期、Ⅲ期，临床Ⅰ期一般需要征集20~100名正常和健康的志愿者，临床Ⅱ期一般需要召集100~500名患病志愿者，临床Ⅲ期一般需要召集1000~5000

名临床和住院病人。

申请生产环节：三个阶段的临床试验全部通过后可申请新药上市生产，申请上市生产一般需要2~3年。

售后研究与调查环节：新药上市生产申请通过后进入售后研究与调查阶段，也就是Ⅳ期临床研究，而售后研究与调查是为了了解长期使用该药物后出现的不良反应和远期疗效，没有明确的期限。

业内关于新药研发流传着"双十宿命论"，也就是经历超过10年的研发周期，投入超过10亿美元的研发经费才可能研发出新药，形象地描述了新药研发的难度。

第二节 我国医药企业研发环境与研发现状

本节将从经济社会环境、行业环境、政策环境、研发现状四个方面分析我国医药企业所处的环境及现状，如图2-3所示。

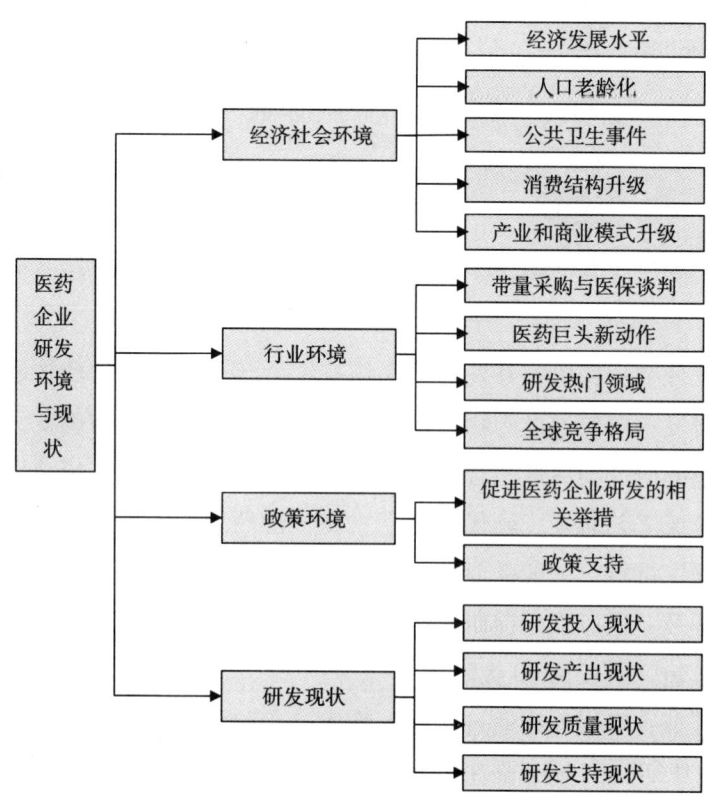

图2-3 我国医药企业研发环境与现状

一、经济社会环境

经济社会环境会对医药企业研发产生重要影响,下面主要从经济发展水平、人口老龄化、公共卫生事件、消费结构升级以及产业和商业模式升级五个方面分析其对我国医药企业研发的影响。

(一) 经济发展水平

近年来,我国经济持续快速增长,居民可支配收入显著增加。2020年,全国居民人均可支配收入为32189元,比上年实际增长2.1%。在吃得饱、穿得暖的基础上,人民群众开始追求更高层次的需求,居民的健康意识进一步提升。越来越多的居民开始树立健康理念,从合理膳食、适当运动、定期体检、心理健康等方面加强保健。近两年,受疫情影响,人们对于健康的追求愈发强烈,追求身体健康已成为当代国人的普遍意识。《2021国民健康洞察报告》显示,有93%的人认为人生中最重要的是"身体健康"。伴随着居民健康诉求的增长,我国医药健康行业进入快速发展阶段,医药健康产业的投入加大,促进了医药企业的研发创新。

(二) 人口老龄化

中国医药工业信息中心医院处方分析系统RAS数据显示,中国医药的1/2以上是老年人消费的。而根据国家统计局第七次人口普查数据,我国60岁及以上人口为26402万人,占18.70%。同时,中国人口老龄化正处于加速发展时期,相关预测表明,2025年中国60岁及以上老年人口将达到3亿左右,到2050年,中国的人口老龄化率将高达35.1%,超过发达国家的平均水平,更远远超过其他发展中国家16.4%的平均水平以及21.3%的世界平均水平。随着我国医疗水平的进步和人民生活水平的不断提高,人口平均预期寿命的延长,老年人口中高龄老年人口的比例也在不断提高。因此,老年人的健康、医疗、康复、护理等服务需求随之而来,老龄健康产业的市场需求不断提高,对药物的适应性、并发症、不良反应等要求将会更加严苛,治疗药物也将会随之丰富化、多样化,进而将从需求层面拉动医药企业的研发行为。

(三) 公共卫生事件

医药企业的创新能力对一国应对公共卫生事件发挥着至关重要的作用。2020年1月,新冠肺炎疫情的突然爆发,打乱了世界经济与生活的节奏。直至现在,疫情仍未完全结束。在疫情防控过程中，我国取得了非常好的防控效果，国内各大医药企业加大研发力度，诸如针对疫情研发诊断试剂、新冠疫苗、治疗药物以及医疗器械等。其中，国药集团中国生物、北京生物制品研究所、国药集团中国生物武汉生物制品研究所、北京科兴中维生物技术有限公司研发生产的新冠疫苗为我国疫情防控作出了不可代替的杰出贡献。

我国新冠疫苗研发速度快、产能高，在满足国内接种需求的同时还对国际社会提供援助，彰显了人类命运共同体的大国担当。截至2022年5月，国内累计接种新冠疫苗33.75亿剂次，并累计向153个国家和15个国际组织提供了46亿件防护服、180亿人份检测试剂、4300余亿个口罩、22亿剂新冠疫苗等抗疫物资。

受新冠肺炎疫情影响，各类医药企业的发展机遇也有所差异。短期来看，虽然疫苗企业部分疫苗上市周期较长，但长期来看，有利于加强公众疫苗接种意识，激发疫苗企业研发动力，提升行业整体研发水平。同时，疫情还将倒逼相关产业加速研发进程。具体来看，医用诊疗设备企业将通过技术创新，加速产业升级；医药零售行业短期获得较高业绩增长，长期发展下去则会提高行业集中度，头部企业发展空间较大；诊断试剂企业在经过疫情期间追求数量和检测速度的阶段后，将会对敏感度和特异性提出更高的要求，激发企业研发意愿。

（四）消费结构升级

自改革开放起，我国居民收入的持续增长使得国民消费结构发生重大变化，主要的消费需求不再局限于生活必需品、耐用品的消费，而是转向身体健康、生命安全等，这为医药及保健品行业的发展带来新的希望。伴随着消费结构的升级，我国产业结构也相应逐步调整升级，公众对医疗保健的消费金额和消费规模进一步增大。充裕的资金流入带来医药行业投资结构的变动，为医药行业的发展带来新的动力。另外，我国区域经济发展存在不平衡的现象，医疗资源分布不均，集中于大城市和大型公立医院，要想满足人民群众日益增长的健康需求，我国医药制造业仍存在极大的发展空间。

（五）产业和商业模式升级

随着科技革命和产业变革，中国经济的发展方式正处于转变阶段，新技术的运用及商业模式的升级，对现有产业体系带来了剧烈冲击。除传统医药行业在向"大健康"领域延伸外，许多互联网巨头和创投企业也大举向该领域迈进，这样的转型提高了医药产业结构的科技含量，推动了产业结构的调整。移动互联网技术与医药产业的深度融合和新技术的发展，拓展了优质医疗资源借助移动医疗延伸的可能性。在这种颠覆性的改变过程中，医药产业诸多方面会产生根本性变化，极大推动中国医疗健康产业的发展，让中国医药产业保持高速发展态势。

二、行业环境

行业环境深刻影响着医药行业研发的走势。下面，我们将从带量采购与医保谈判、医药巨头新动作、研发热门领域以及全球竞争格局四个方面来具体分析。

（一）带量采购与医保谈判

带量采购入即国家以较低的价格直接向企业购买数量较多的、成熟的仿制药和医疗器械，是当期我国药品价格管理工作的重要制度。带量采购可大幅降低药企的销售费用和市场推广成本，是促进同质化产品降价的重要举措。2018年11月，我国第一批药品集中采购试点启动，实行"4+7"药品带量采购试点，最终25个品种中选，平均降价幅度52%，最高降价幅度96%。2019年9月，带量采购从11个城市试点扩围至全国。2020年1月，共32个品种中选第二批药品带量采购，平均降价幅度53%，最高降价幅度93%。2020年9月，第三批药品带量采购落地，共涉及55个品种，平均降价幅度53%，最高降价幅度98%。带量采购的关键是在采购的招标公告中就公示所需的采购量，明确采购预期。通过以合同的方式来明确药品采购的数量以确保使用，相当于为供需双方创造直接沟通的机制，从而能节省大量销售费用，降低药品价格。2019年12月，国家医保局印发《关于做好当前药品价格管理工作的意见》，明确深化药品集中带量采购制度改革，坚持"带量采购、量价挂钩、招采合一"的方向，促使药品价格回归合理水平。

近年来，随着我国医保目录管理在工作机制和技术层面上逐渐成熟，医保目录动态调整机制日趋完善，医保目录"每年一调"成为可能。其中，医保谈判作为医保目录调整的最后一步，其重点在于将专利期和独家药品纳入医保范围，同时每年对医保目录的药物进行调入、调出、降价更新，以此缓解医保基金压力，降低患者的经济压力。2020年，共有138个目录外独家品种和24个目录内续约品种参与了谈判，其中119个品种谈判成功，包括96个目录外品种和23个目录内品种，谈判总成功率为73.46%，谈成药品平均降价幅度为50.64%。到2021年，我国已连续进行了六轮医保谈判。

带量采购和医保谈判属于我国医药行业的特色政府行为，同属于医保核心政策，其核心目的都是降低药品价格，从而让普通大众能以较低的价格用上更好的药品。政策的落实一方面降低了药品价格,拉动了药品需求,从而提高企业市场占有率;另一方面,药品价格大幅下降压缩了医药企业的利润空间,竞争愈发激烈,倒逼医药企业不断通过研发来获得竞争优势和长足发展。

总的来说,带量采购成为仿制药和成熟医疗器械扩大市场份额的有效方式,而医保谈判成为新药进入市场的一种趋势,企业正在从被动接受带量采购和医保谈判向主动研发转变,以实现快速发展。

(二) 医药巨头新动作

医药巨头相对于普通医药企业往往具有更敏锐的洞察能力,更善于发现机遇、把握机会。新冠肺炎疫情爆发,国内医药巨头纷纷有了新动作,可以归纳为如下三点:一是大型医药企业开始转型为自行研发生产,逐步脱离研发外包(CRO)和生产外包(CMO);二是加大医疗器械的研发投入;三是"互联网+医疗"快速崛起。

以恒瑞医药为例,正在逐步摆脱研发外包(CRO)和生产外包(CMO),转型为独立自主研发与生产制造,把控医药研发与生产的节奏。恒瑞医药高度重视科技创新工作,在美国、欧洲、日本及中国多地均建有研发中心,形成了各有特长、功能互补的全球研发体系。目前恒瑞医药已有 10 个创新药获批上市,50 余个创新药正在临床开发阶段。

此外,新冠肺炎疫情也加速了我国医药企业的转型升级。一方面,互联网医疗逐步崛起,互联网+医疗迎来了前所未有的发展。随着互联网医疗行业市场规模由 2019 年的 1336.88 亿元扩增至 2020 年的近 2000 亿元,互联网医院、医药电商也开始呈井喷式增长。2014 年,新增互联网医院不足 10 家,而 2019 年新增达 223 家,2020 年前 9 个月新增 244 家。截至 2020 年 11 月,医药电商已发放互联网药品交易服务牌照 992 家,其中,第三方交易平台 54 家,B2B 模式的医药批发企业数量 245 家,B2C 模式的连锁药店达到 693 家[①]。尽管互联网医疗行业发展迅速,除医疗信息化和医药电商有良好的盈利模式外,其他领域的盈利模式仍有待探索。另一方面,在医疗器械行业中,高端医疗设备短缺、关键医疗器械产业发展存在瓶颈等问题也愈发凸显,比如 ECOM 等高端医疗装备国内企业无法生产,有创呼吸机等供给不足,部分产品性能有待提升,标准体系尚不健全等。国家对高端医疗器械给予了高度重视,2020 年 4 月,工信部批准组建了国家高性能医疗器械创新中心。同时,包括华为、格力等企业在内的资本也纷纷进入医疗器械领域,进一步加速医疗器械领域核心技术的升级。

---

① 数据来源:前瞻产业研究院发布的《中国医疗信息化行业市场前瞻与投资战略规划分析报告》。

（三）研发热门领域

医药研发热门领域具有需求大、投入多、增长快等特点。目前，医药研发热门领域主要集中在如下四大领域：基因细胞疗法、心血管药物、抗癌药和生物制剂。

首先是基因细胞疗法。基因细胞疗法是针对个体特有基因细胞的治疗方式，针对性更强，效果更好。现有医疗水平对基因细胞疗法的探索只是冰山一角，此领域具有非常大的探索空间。我国基因细胞治疗行业在2016~2020年的市场规模已从1500万元增加至2380万元，预计到2025年，我国基因治疗市场规模将高达178.85亿元[①]。

其次是心血管药物。无论是国内还是国外，心血管疾病的发病率与死亡率一直处于高位。《中国心血管健康与疾病课题2020》显示，2018年心血管病死亡占我国居民总死亡原因的首位，且发病率处于持续上升阶段。同样地，GlobalData发布的一项预测数据显示，心血管疾病药物的总销售额将稳步增长，预计将从2018年的近470亿美元增至2024年的逾700亿美元[②]。

再次是抗癌药。受生活环境、生存压力增大等各种因素的影响，近年来癌症发病率不断攀升，很可能取代心血管疾病成为全球死亡的最主要原因。在此背景下，世界抗癌药物市场也开始急速增长，短短5年内全球抗癌药物市场销售额已翻一番。业内预计，2022年其市场规模将突破2000亿元，抗癌药研发也因此成为热门领域。根据各家跨国药企的财报信息，从治疗领域来看，2019年年度销售额排名前十的药物中，癌症治疗药物占了一半以上。

最后是生物制剂。全球生物制剂发展速度非常快。数据显示，2017年全球制药市场规模按收益计为12090亿美元，预计2022年将增至15966亿美元。而生物制剂市场2017年至2022年预计按年复合增长率11.0%增长，并于2022年达到4040亿美元[③]，增长速度超过整体制药市场，生物制剂行业前景也十分可观。

（四）全球竞争格局

随着新冠肺炎疫情的发展，全球范围内对新冠疫苗和其药物的研发都更加注重。2020~2021年全球新药研发数量主要分布在临床前阶段，2020年全球新药在临床前阶段的共有9646个，2021年则增加了577个，上升至10223个，占全球新药研发项目的

---

① 数据来源：华经产业研究院发布的《2021~2026年中国细胞与基因治疗市场竞争格局及投资战略规划报告》。
② 数据来源：GlobalData Healthcare公司发布的《Top drivers behind cardiovascular market growth by 2024》。
③ 数据来源：智研咨询发布的《2022~2028年中国生物制药行业市场现状分析及投资前景预测报告》。

55.07%。从竞争格局来看，在新药研发项目数之和排名前25的医药企业当中，有10家属于美国，占前25家企业的40%；其次是日本，有5家企业，占比达到了20%；再者是德国，有3家企业，占比达到了12%。但同时，近年来全球医药研发市场呈现分散化，特别是新药研发项目数之和排名前10和前25的企业集中度普遍呈现逐年下跌态势。具体而言，排名前10企业的市场集中度从2011年的13%下跌至2021年的5%；排名前25企业的市场集中度从2011年的18%下跌至2021年的9%[①]。

三、政策环境

政策环境主要包括国家战略规划和医药企业研发相关政策两方面。国家战略规划对企业研发创新起导向性作用，我国医药企业研发相关政策鼓励医药企业进行研发创新，并对医药研发环节起规范性作用。

（一）国家战略规划

21世纪是科技时代，在国际竞争中掌握了核心技术就掌握了国际话语权。在这种局势下，我国高度重视科技创新。2016年，《国家创新驱动发展战略纲要》提出将创新驱动发展作为国家优先发展战略，坚持科技创新引领全行业创新，激发全面创新活力，以此推进高水平、创新型国家建设。党的十八大以来，我国针对如何深入实施创新发展作了重大决策部署。党的十九大进一步指出：建设创新型国家要紧随世界科技前沿，坚持前瞻性基础研究。

我国创新战略规划建设取得了显著的成效，"十三五"作为开创性的五年，我国科技创新转向跟踪和并跑、领跑并存的新阶段，国家综合创新能力世界排名也从2015年第十八名突破到2020年第十四名，正式迈入创新型国家行列，科技创新能力进一步提升。

医药产业关系民生健康，是国家稳定发展的基础。国家战略规划重视民生健康以及医药产业的长远发展。党的十九大提出要实施健康中国战略；"十四五"规划提出要坚持把人民健康放在优先发展战略地位，全方位全周期保障人民健康，实现健康和经济社会良性协调发展。医药产业持续健康发展的根本动力是医药创新，医药创新的关键在于医药研发。

《中共中央国务院关于深化医疗保障制度改革的意见》提出要重点推进医疗保障、

---

① 数据来源：前瞻产业研究院发布的《中国医药行业市场前瞻与投资战略规划分析报告》。

医疗服务、公共卫生、药品供应、监管体制的综合改革，加强医疗事业的投入，让更多的人"看得起病""敢于买药""买得起药"，推动我国医药企业的创新发展。

近年来，我国一直在加大医疗卫生事业方面的投入。根据我国财政部公布的财政收支情况，2020年我国医疗健康支出1.92万亿元，同比增长15.2%。2020年全国基本医保基金（含生育保险）总支出2.10万亿元，同比增长0.9%。其中，参加全国基本医疗保险136131万人，参保率稳定在95%以上。

（二）鼓励和规范医药企业创新的相关政策

为了促进我国医药企业的创新发展，我国出台了很多相关政策，主要包括鼓励类和规范类的政策，具体相关政策如表2-1所示。

表2-1　　　　　　　2013~2021年关于我国医药企业研发的主要相关政策

事项	发布时间	发布主体	文件名称	主要内容
药品医疗器械审评审批制度改革	2015.8.18	国务院	《国务院关于改革药品医疗器械审评审批制度的意见》	加快创新药审批，推进仿制药一致性评价，改革医疗器械审批方式，全面公开药品医疗器械审评审批信息
深化审评审批制度改革，鼓励创新	2017.10.8	中共中央办公厅、国务院办公厅	《关于深化审评审批制度改革鼓励药品医疗器械创新的意见》	药品医疗器械产业快速发展，审评审批制度改革持续推进。促进药品医疗器械产业结构调整和技术创新，提高产业竞争力
鼓励食品药品创新	2018.1.30	食品药品监管总局、科技部	《关于加强和促进食品药品科技创新工作的指导意见》	加强食品药品监管科技创新；着力提升食品药品领域科技创新支撑能力；建立完善科研支撑网络；引领企业提升技术创新能力；积极推动重点实验室建设；加强重大技术创新平台建设；协同推进国家临床医学研究中心建设；加强省级科技创新基地建设
鼓励生物医药研发产业化	2018.6.11	国家发改委	《关于组织实施生物医药合同研发和生产服务平台建设专项的通知》	有效支撑创新药研发和产业化，支持生物医药合同研发和生产服务平台建设
鼓励医药创新	2019.8.26	全国人民代表大会常务委员会	《中华人民共和国药品管理法》（2019年修订）	国家鼓励运用现代科学技术和传统中药研究方法开展中药科学技术研究和药物开发，促进中药传承创新；鼓励儿童用药品的研制和创新；国家鼓励研究和创制新药

续表

事项	发布时间	发布主体	文件名称	主要内容
中药创新	2020.12.25	国家药品监督管理局	《国家药监局关于促进中药传承创新发展的实施意见》	坚持以临床价值为导向；推动古代经典名方中药复方制剂研制；促进中药创新发展；鼓励二次开发；加强中药安全性研究
	2021.5.10	国务院办公厅	《国务院办公厅关于全面加强药品监管能力建设的实施意见》	重视循证医学应用，探索开展药品真实世界证据研究。优化中成药注册分类，加强创新药、改良型新药、古代经典名方中药复方制剂、同名同方药管理。完善技术指导原则体系，加强全过程质量控制，促进中药传承创新发展
药品生产流通改革	2017.2.9	国务院办公厅	《国务院办公厅关于进一步改革完善药品生产流通使用政策的若干意见》	严格药品上市审评审批；加快推进已上市仿制药质量和疗效一致性评价；推进药品上市许可持有人制度试点；加强药品生产质量安全监管；加大医药产业结构调整力度
"两票制"	2016.12.26	国务院医改办等8个部门	《关于在公立医疗机构药品采购中推行"两票制"的实施意见（试行）》	在全国范围内推广"两票制"，指的是从药品生产企业到流通企业开一次发票，流通企业到医疗机构开一次发票，相比原来的"多票制"，能够规范药品流通秩序、压缩流通环节、降低虚高药价
一致性评价	2013.2.16	国家食品药品监督管理局	《关于开展仿制药质量一致性评价工作的通知》	制定药物质量一致性评价方法和标准，支持优质仿制药研发
	2017.8.25	国家食品药品监督管理局	《关于仿制药质量和疗效一致性评价工作有关事项的公告》（2017年第100号）	对一致性评价工作各环节进行了优化、完善
医疗服务多样化	2017.5.23	国务院办公厅	《国务院办公厅关于支持社会力量提供多层次多样化医疗服务的意见》	拓展多层次多样化医疗服务；鼓励发展全科医疗服务、加快发展专业化服务、全面发展中医药服务、积极发展个性化就医服务、推动发展多业态融合服务、探索发展特色健康服务产业集聚区；放宽市场准入、简化优化审批制度、促进投资合作、提升对外开放水平
互联网+	2018.4.28	国务院办公厅	《国务院办公厅关于促进"互联网+医疗健康"发展的意见》	鼓励医疗行业将互联网新技术融入医疗服务模式中，构建覆盖诊前、诊中、诊后的线上线下一体化医疗服务新模式

资料来源：根据公开资料整理。

一方面，我国出台了一系列鼓励医药企业创新发展的相关政策，主要内容如下：

首先，我国国家层面上出台了一系列鼓励医药企业创新的政策。2016年，药品上市许可持有人制度推进了药品审评审批制度改革，对于鼓励药品创新、提升药品质量有着重大意义。我国过去对国产药品实行上市许可与生产许可合一的管理模式，仅允许药品生产企业在取得药品批准文号，经药品生产质量管理规范认证后，方可生产该药品。这种药品注册与生产许可"捆绑"的模式，不利于鼓励创新，保障药品供应，抑制低水平重复建设。2016年5月26日，《药品上市许可持有人制度试点方案》由国务院办公厅发布并实施，在该制度下，上市许可持有人和生产许可持有人可以是同一主体，也可以是两个相互独立的主体，有利于鼓励新药创制，促进产业升级，优化资源配置，落实主体责任。

2017年，《国务院办公厅关于支持社会力量提供多层次多样化医疗服务的意见》鼓励拓展多样化医疗服务，进一步加大医药企业竞争激烈度。2018年，国务院办公厅印发的《关于促进"互联网+医疗健康"发展的意见》鼓励医疗行业要将互联网新技术融入医疗服务模式中，构建覆盖诊前、诊中、诊后的线上线下一体化医疗服务新模式。《中华人民共和国药品管理法》（2019年修订）明确鼓励方向，重点支持以临床价值为导向，对人体疾病具有明确疗效的药物创新；鼓励和促进儿童用药的研制和创新，予以优先审评审批。2020年，《国家药监局关于促进中药传承创新发展的实施意见》在推进实施调整中药注册分类、开辟具有中医药特色的注册申报路径等创新举措基础上，进一步加大鼓励开展以临床价值为导向的中药创新研制力度。

其次，由于医药行业属于高研发、高投入、高壁垒、高不确定性且具有显著外溢效应的知识密集型行业，因此我国还采取了诸多手段促进医药企业研发，包括直接补贴、税收优惠以及奖励等。

直接补贴方面，主要包括科技重大专项支持和政府补助。与医药研发相关的科技重大专项目前有"艾滋病和病毒性肝炎等重大传染病防治"和"重大新药创制"两个项目。例如，"重大新药创制"科技重大专项从2008年启动，主要针对10大类重要疾病的药物研发，共立项课题3000多项，截至2020年，中央财政共投入233亿元。为促使国内药物临床试验机构（GCP机构）整体临床研究水平尽快达到国际规范要求，我国重大新药创制科技重大专项就曾按疾病领域等分批遴选了多家GCP机构给予重点支持。经过持续努力，我国GCP平台的综合能力建设取得阶段性成果，临床试验研究水平较低、数据质量较差等制约我国新药研发瓶颈问题得到显著改善。在基础建设方面，不仅建立了一批1期临床试验病房和相配套的检测实验室，而且建立了一批以承担2~4期临床试验为主的、具有专科和专病特色的临床试验机构，为新药临床评价的能力提升奠定了良好基础；在国际认证方面，数家 GCP 机构通过 SIDCER（伦理审查委员会能力启动战略）、AAHRPP（美国人体研究保护体系认证协会）等国际认证，中国新药临床试验水平已逐步得到国际机构的认可。

税收优惠政策方面，主要包括高新技术企业资质认证、研发费用加计扣除、一些药品免征或以优惠税率征收增值税等。以本书研究样本为例，2020 年纳入研究对象的 542 家中资医药企业中，有 218 家（占比 40%）获得了高新技术企业资质认定，获得高新技术企业资质认定后，企业享有减按 15% 的税率征收企业所得税、最长亏损弥补年限延长至 10 年等税收优惠政策。

此外，我国各地还出台了很多相关激励政策以助力医药产业发展，诸如为加快医药产业创新平台建设，优先支持企业建立技术创新中心等创新平台，推动企业与高等院校、科研院所学研合作，加大人才引培力度，支持企业通过顾问指导、技术合作、成果转化等方式柔性引进高端人才或关键核心技术人才，并按照相关规定给予奖励等，以上政策都将助力企业加大研发投入，提升药品研发能力和质量。

另一方面，我国还出台了若干政策规范医药审批、生产、流通环节，鼓励发展多层次多样化医疗服务，为医药企业研发创新创造良好的环境，推动医药企业进行研发。《国务院关于改革药品医疗器械审评审批制度的意见》《国务院办公厅关于进一步改革完善药品生产流通使用政策的若干意见》等完善、修订了药品、医疗器械生产规范，优化了新药审评审批制度。《关于在公立医疗机构药品采购中推行"两票制"的实施意见（试行）》严格控制医药流通的中间环节，加速医药流通环节扁平化，推动产业整合，倒逼医药企业进行研发创新行为。《关于开展仿制药质量一致性评价工作的通知》加大仿制药难度、压缩仿制药利润空间，提高仿制药门槛，进一步促进医药产业集中度的提升，鼓励医药企业研发创新。

四、研发现状

（一）研发投入现状

1. 中国研发投入经费总量持续走高，增速喜人

当前我国经济已由高速增长阶段转向高质量发展阶段，经济增长正从劳动力和资本拉动转向创新驱动。按汇率折算，我国研发经费总量先后超过英国、德国，并于 2013 年超过日本，成为仅次于美国的世界第二大研发经费投入国家，且每年对全球研

发经费投入的贡献超过1/6[①]。2013年至2020年，我国研发经费投入连续8年稳居世界第二。国家统计局公布数据显示，根据初步测算结果，2021年我国全社会研发经费投入达27864亿元，比上年增长14.2%，增速比上年加快4.0个百分点，延续了"十三五"以来两位数的增长态势。

上市公司作为我国企业的领头羊，2020年研发投入首次超过1万亿元，相比2016年增长1倍有余。2016~2020年，我国上市公司研发投入、研发投入增长率及资本化率如图2-4所示。

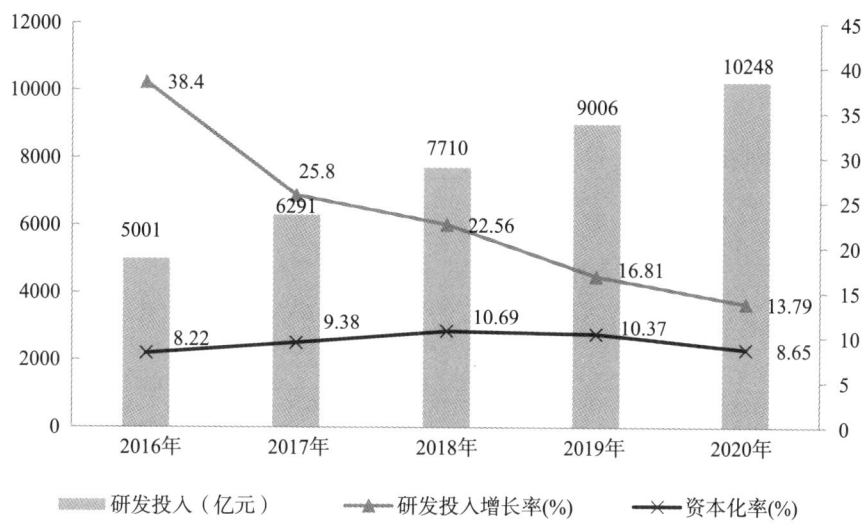

图2-4　2016~2020年上市公司研发投入及增长率

数据来源：《沪深上市公司税收课题（2021年）》。

从我国A股上市的医药企业来看，其研发投入力度逐渐加大，研发投入增长速度较快。我国A股上市医药企业2020年研发投入前20名具体数据如表2-2所示。前20名医药企业研发投入增长率大多为两位数，同时，国内一些医药企业的研发投入强度远高于全球头部医药企业，其中，君实生物、百奥泰研发投入强度甚至高于100%。

表2-2　　　　　中国A股上市医药企业2020年研发投入前20名　　　　金额单位：亿元

排名	证券简称	研发投入规模	研发投入强度	研发投入增长率
1	恒瑞医药	49.89	17.99%	28.04%
2	复星医药	40.03	13.21%	15.59%
3	君实生物	17.98	112.72%	—

---

① 资料来源：国家统计局发布的《改革开放40年经济社会发展成就系列报告》。

续表

排名	证券简称	研发投入规模	研发投入强度	研发投入增长率
4	科伦药业	15.16	9.21%	12.24%
5	健康元	12.61	9.32%	18.25%
6	丽珠集团	9.90	9.41%	19.55%
7	康弘药业	9.55	28.98%	21.26%
8	人福医药	9.37	4.60%	23.36%
9	信立泰	7.73	28.21%	-0.54%
10	贝达药业	7.42	39.69%	10.05%
11	以岭药业	7.37	8.39%	43.09%
12	步长制药	7.22	4.51%	13.05%
13	海思科	7.09	21.28%	34.79%
14	华海药业	6.88	10.61%	25.75%
15	长春高新	6.82	7.95%	67.67%
16	白云山	6.19	1.00%	4.57%
17	天士力	6.00	4.42%	-25.91%
18	亿帆医药	5.99	11.09%	20.30%
19	华润三九	5.81	4.26%	8.85%
20	百奥泰	5.63	304.15%	—

数据来源：国泰安数据库。

2. 我国医药企业研发投入与美、日、欧盟仍存在差距

在全球药品研发领域，我国医药企业的投入与全球顶级医药企业仍存在一定差距。欧盟公布的《2020年全球企业研发支出2500强》课题显示，中国在医疗技术研发中的研发投入占总研发投入的比例明显低于欧美国家和日本，美国的医疗技术研发投入占总研发投入的比例是26.4%，欧盟是19.2%，日本是12.5%，而中国仅为5.5%。

此外，如图2-5所示，对Pharmaceutical Executive公布的2020年度全球制药企业前五十的相关数据进行求和等处理，发现全球处方药营业收入前五十的制药企业营业总收入为14636.01亿元，研发总投入为2900.92亿元。而以国家和地区分布来看，研发总投入和营业总收入排名依次为美国、欧盟、日本、中国。美国前五十名单中的制药企业营业总收入为13483.16亿元，研发总投入为2791.85亿元，位居全球第一。中国前五十名单中的制药企业营业总收入为1284.33亿元，研发总投入为115.02亿元。可以看到，2020年中国排名前五十名单中的制药企业营业总收入仅约为美国的10%，研发总投入仅约为美国的4%。我国医药企业的营收规模和研发投入均与世界头部医药企业存在较大的差距。

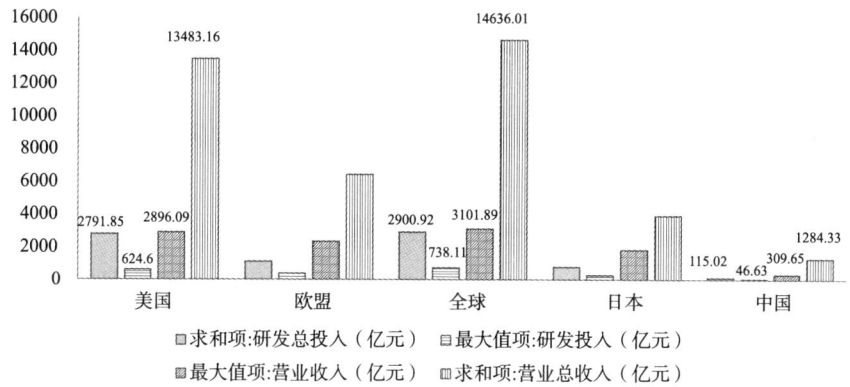

图 2-5　2020 年度全球及主要经济体前五十制药企业营业总收入与研发总投入分布图

数据来源：Pharmaceutical Executive①。

从全球及主要经济体前五制药企业 2020 年的研发投入强度和研发投入增长率来看，如图 2-6 所示，前五制药企业研发投入强度从高到低依次为日本、美国、欧盟、中国。日本和美国的研发投入强度分别为 23.19%、20.92%，均高于全球平均水平 19.82%；欧盟的研发投入强度为 18.52%，略低于全球平均水平；中国的研发投入强度为 9.25%，远低于其他国家或地区。前五制药企业平均研发投入增长率排名依次为中国、美国、欧盟、日本。2020 年中国前五制药企业平均研发投入增长率达 22.86%，其他国家或地区的研发投入增长率在 6%~9%。以上数据显示，中国研发投入强度虽然相对较低，但研发投入增长率排名第一，表明中国正在大力加快医药研发投入速度与力度。

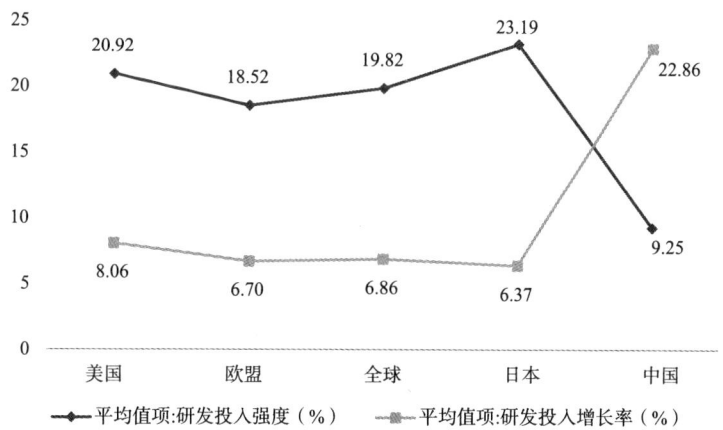

图 2-6　2020 年全球及主要经济体前五制药企业平均研发投入强度与研发投入增长率情况

数据来源：Pharmaceutical Executive②。

---

① 数据来源：2021 Pharm Exec Top 50 Companies。
② 数据来源：2021 Pharm Exec Top 50 Companies。

(二)研发产出现状

研发产出反映了研发活动的价值。新药反映了实物性产出,而药品收入则反映了药品带来的商业价值,能够反向促进医药企业进行研发活动。

1. 新药情况:新药上市审批通过数增幅较大,产出显著

医药研发产出反映了医药研发的成果,可能反映为专利、技术或者产品。而医药研发最重要、最明显的产品产出是新药。新药成果划分为阶段性成果和最终成果,阶段性成果反映为新药临床申请通过数,最终成果反映为新药上市申请通过数。相关数据表明,2020年中国新药临床申请通过数和新药上市审批通过数较2019年都有了较大程度的增长。

国家药监局公布的《2020年度药品审评课题》显示,2020年药审中心审评通过批准临床申请(IND申请)1435件,较2019年增长54.97%;审评通过新药上市申请(NDA)208件,较2019年增长26.83%;审评通过仿制药上市申请(ANDA)918件,如表2-3所示。

表2-3　　　　　　　　　2020年我国新药审评通过情况　　　　　　　　单位:件

类别	审评通过IND申请	IND增长率	审评通过NDA申请	NDA增长率	审评通过ANDA申请
整体	1435	54.97%	208	26.83%	918
中药	28	86.67%	4	100%	0
化学药	907	51.42%	115	30.68%	918
1类化学创新药	694	40.77%	14	—	—
生物制品	500	60.26%	89	20.27%	—

数据来源:国家药监局。

聚焦细分领域来看,中药创新药产出较少,中药制药企业整体研发创新能力较弱。但在国家鼓励中药创新的政策引导下,中药正在逐步加大研发力度。2020年药审中心审评通过中药IND申请28件,较2019年增长86.67%,共涉及10个适应症领域。其中,呼吸7件、骨科4件、消化4件,共占53.57%。审评通过中药NDA申请4件,较2019年增长100%。

化学药研发是主力。2020年审评通过化学药IND申请907件,较2019年增长51.42%。其中,1类化学创新药IND申请批准数为694件(298个品种),较2019年增长40.77%,且抗肿瘤药物、抗感染药物、循环系统疾病药物、内分泌系统药物、

消化系统疾病药物和风湿性疾病及免疫药物较多，占全部创新药临床试验批准数量的80.69%。2020年药审中心审评通过化学药NDA申请115件，较2019年增长30.68%。审评通过1类化学创新药NDA申请14件。

生物制品研发位居第二。2020年药审中心审评通过生物制品IND申请500件，较2019年增长60.26%。审评通过生物制品NDA申请89件，较2019年增长20.27%。

2020年度新药研发产出较2019年有较大幅度的提升，也侧面说明国内研发投入逐年增加后取得了不错的效果。

2. 商业价值：药物上市后能够为企业带来的高销售额

对于企业而言，医药研发另一个重要的产出是商业价值，即研发成果转化为可上市销售的药品后形成的经济效益。药物上市后可以在较长一段时间内为企业带来高销售额，反向推动企业重视与加强研发。以全球头部制药企业为例，诺华的诺欣妥2019年和2020年销售收入占公司总销售收入比例分别为4%和5%，2020年其销售额达到约160亿元；艾伯维的修乐美2019年和2020年销售占比分别为59%和45%，2020年其销售额约为1300亿元；罗氏的阿瓦斯汀2019年和2020年销售占比分别为14%和11%，2020年其销售额约为340亿元；强生的喜达诺2019年和2020年销售占比分别为16%和18%，2020年销售额约为491亿元；国内恒瑞医药的卡瑞利珠单抗2019年5月29日上市，2020年其国内销售额为39.25亿元，如图2-7和表2-4所示。

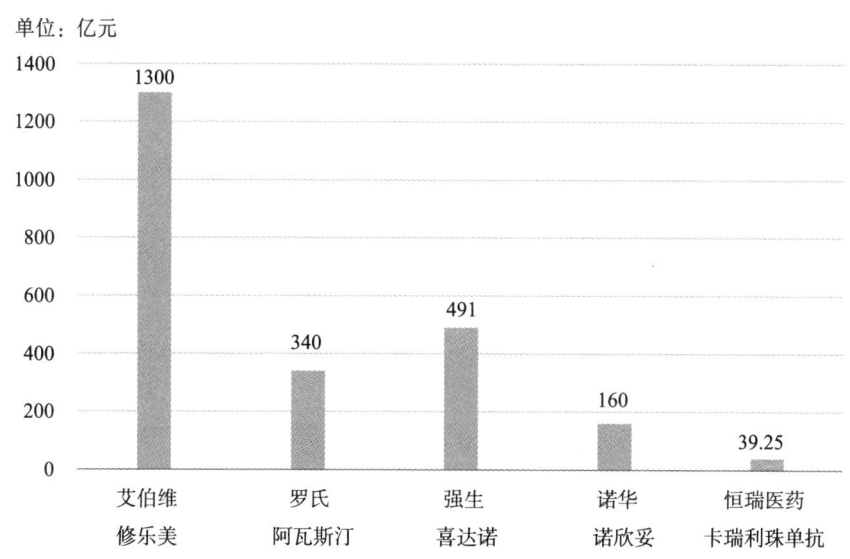

图2-7 2020年部分药品销售额

数据来源：Pharmaceutical Executive。

表2-4　　　　　　　部分药品销售收入占企业销售收入比例

药品名称	2019年药品销售额占企业营业收入比例	2020年药品销售额占企业营业收入比例
修乐美（艾伯维）	59%	45%
阿瓦斯汀（罗氏）	14%	11%
喜达诺（强生）	16%	18%
诺欣妥（诺华）	4%	5%
卡瑞利珠单抗（恒瑞医药）	—	14%

数据来源：Pharmaceutical Executive。

(三) 研发质量现状

研发质量是指研发产出的有效性、创新性，及其所反映出来的应用价值和商业价值，是企业实现研发创新闭环的关键。

国家知识产权局发布的《2020年中国专利调查报告》显示，2020年我国有效发明专利产业化率为34.7%，其中，企业为44.9%，高校为3.8%，科研单位为11.3%。"十三五"时期，我国有效发明专利产业化率整体稳定在30%以上，其中，企业有效发明专利产业化率均在40%以上。从专利的收益预期来看，调查报告显示，38.2%的企业专利权人预计未来一年专利实施收益将有所增长，35.1%预计收益基本不变，仅3.8%预计收益将有所下降。

智慧芽创新研究中心发布的《中国医药生物上市企业专利和科创力排行榜》显示，2020年国内上市医药生物企业专利申请总量为67445件，其中有效发明专利量16676件，PCT申请量3344件，软件著作权量3219件；商标数量58469件。上市医药生物企业平均有效发明专利量为42件。从国际专利申请来看，世界知识产权组织数据显示，2020年中国再次成为《专利合作条约》框架下国际专利申请量最多的国家，申请数高达68720件，同比增长16.1%，增幅也高于2019年的10.6%。中国连续4年成为《专利合作条约》框架下国际专利最大申请国。

尽管我国专利授权总量与发达国家差距逐渐收窄，但我国专利质量普遍不高、高价值专利匮乏等问题依旧严峻，技术创新水平有待进一步提高。具体地，我国专利储备主要集中在中低端器械领域，高端器械方面与国外技术存在较大差距。核心专利数量不足美国核心专利数量的10%。专利的被引用次数也明显小于美国。美国拥有更多的企业和高校专利申请者，而中国的个人专利申请者占比相对较多。另外，我国科研成果转化率也相对较低，医药企业的自主创新能力总体较弱，创新医药产品往往借助政府、科研机构、科研院校等平台研发创新药物。

（四）研发支持现状

研发支持主要指有利于企业开展研发活动的外部支持，主要包含高新技术企业认定，国家重大专项、国家级研发平台和省部级研发平台等。本书研究数据显示，2020年，我国境内外上市中资医药企业共拥有 115 项国家级研发平台或省部级研发平台，相比于 2013 年的 32 项，增长约 2.5 倍。获得高新技术企业认定的医药企业占比也从 2013 年的 18% 上升至 2020 年的 40%。

虽然近些年我国对医药企业的研发支持有了显著进展，但不容忽视的是，目前我国仅少数头部企业拥有国家级或省部级研发平台，拥有国家重大专项支持的数目非常少且历年并无显著增长。我国医药企业研发支持力度仍有待进一步提高。

第三节　本章小结

近年来，我国医药企业研发环境整体向好，企业研发能力有显著提高，但仍存在较大发展空间。

一方面，中国医药企业研发环境整体向好，机遇与挑战并存。从整个经济社会环境来看，经济快速增长，消费结构以及产业和商业模式的升级，带动了人们对健康愈发强烈的需求；人口老龄化也给我国医药企业发展提供了更为广阔的空间。从行业环境来看，带量采购和医保谈判的政策压缩了目前医药企业的主要盈利渠道，也加剧了医药行业的竞争。医药头部企业和整个行业的发展趋势逐渐转向为注重自主研发，这也带动着各医药企业加大对医药研发的重视程度。从政策环境来看，国家促进医药企业研发的相关举措日益丰富，支持方式多样，研发支持力度日渐加大。因此，医药企业只有加强研发投入力度，提高自身研发和创新能力，主动适应多变的市场环境，拥抱发展机遇，才能实现更好发展。否则，就可能被多变的环境和激烈的竞争淘汰。

另一方面，医药企业研发能力提高，但仍有较大发展空间。我国医药企业研发投入经费总量持续走高，增速喜人；创新药等研发产出同比实现较大增长；专利授权总量持续增加，与发达国家差距收窄，研发质量有所提高；国家级/省部级研发平台数快速增长，研发支持力度加大。然而，不容忽视的是，我国医药研发投入仍明显低于欧美等发达国家，创新药市场规模仍落后于全球创新药市场规模，专利质量相对不高，高价值专利匮乏，国家重大专项支持项目很少等问题依旧严峻。

第三章 企业研发活动评价的历史沿革与指标体系

第一节 企业研发活动评价的历史沿革

整体来看,企业研发活动评价主要经历了如下三个阶段:

第一阶段,单一指标评价方法。关于研发绩效的探讨始于"研发费用信息是否具有价值相关性"问题,如 Hirschey 和 Weygandt（1985）、Lev 和 Sougiannis（1996）等。

第二阶段,多指标评价方法。随着研发创新相关研究的深入推进,学者们发现单一的研发绩效评价指标会误导企业经营,不利于顾客、市场需求以及公司发展信息的披露。因此,学者们除使用研发投入强度、专利申请数量等指标衡量企业研发情况外,也在探索用以评价企业研发水平的多指标评价体系,如 Suwignjo 等（2000）设计的涵盖内外部环境、反馈控制等内容的研发绩效动态评价框架。

第三阶段,指数评价方法。该阶段,学者们尝试通过指数形式反映公司创新能力和无形资产水平的思路（苑泽明等,2015）,以期综合、直观地反映信息,方便对企业研发信息进行横向、纵向比较。而指数化评价研发创新活动关键在于指标体系的构建,体系构建主要包含指标构成元素及层次结构、指标权重方法和指数计算方法。

国家统计局社科文司"中国创新指数（CII）研究"课题组（2014）从创新环境、创新投入、创新产出、创新成效 4 个维度共 21 个指标对我国创新发展情况进行了初步分析。崔也光等（2020）通过创新投入（含研发强度、研发投入增长率两项具体指标）、技术水平（含研究生以上员工占比、技术员工占比、研发资本化率、知识资产比率 4 项具体指标）、创新环境（含资金储备水平、创新观点接纳度、行业研发竞争力压力、风险制衡水平、公司控制权 5 项具体指标）、创新产出（含人均专利申报数、发明类专利比率、发明类专利受批时间、专利平均研发投入4项具体指标）4个评价维度、15项具体指标构建了企业研发指数。

张悦（2016）根据研发理论模型同样选取确定了创新投入、技术水平、创新环境和创新产出4个维度作为企业研发指数一级指标。具体地，其以研发强度、研发投入增长率两个指标反映公司创新投入层面的情况；通过公司员工本科以上员工比率、技术人员占比、净利优势等5个指标反映公司技术水平的情况；通过自由现金、资本成本等7个指标反映公司创新环境的情况；通过知识产权比例、研发资本化强度等4个指标反映公司创新产出的情况。

虽然已经有不少研究通过指数化的方法来评价研发活动，创新和研发指数也不少，诸如"中国创新指数""城市创新指数""长三角区域协同创新指数""中国上市公司研发指数""制造业创新指数"等。但截至目前，我国暂无以医药企业为研究对象的研发指数。为此，我们创建的中国医药企业研发指数将是我国第一个以医药企业为研究对象的研发指数，这对于系统、全面、科学地评估我国医药企业研发能力至关重要，也将对我国医药企业的创新发展具有重要的指导意义。

第二节　企业研发活动的评价指标

一、研发投入

（一）研发投入规模

1. 研发经费投入

研发经费投入按投入主体划分包括政府财政科技投入，企业研发经费投入，高校、科研院所研究开发投入。由于科研院所、高等院校的科研经费投入绝大多数又间接来源于政府和企业，因此科研经费投入主要由政府投入和企业投入等组成。我国科研经费投入近年来取得了长足的进步，研发经费支出从2000年的895.7亿元增加到2010年的7062.6亿元，再到2020年的2.4万亿元。

科技投入的重要性不言而喻，增加科技投入是提升创新能力的重要手段和有效途径（张治河等，2014）。余昕等（2007）通过对世界16个国家的研究发现，科研资金投入对科研能力的提高有显著影响，且一个国家科研资金投入增长1%，在其他条件相同的情况下，该国SCI期刊论文量会增长0.577%。

在企业创新层面，研发经费投入对创新能力和创新绩效的提升具有正向促进的作用（鲁志国，2006）。作为企业创新行为的起点，研发投入对企业创新成果、创新绩效具有决定性作用，因而如何提高企业研发投入水平成为当下建设创新型国家亟待解决的重要问题（李昊洋等，2018）。

在国家创新层面，我国原始创新能力与财政科技投入有较强的相关关系，且从长期来看，财政科技投入对于原始创新能力具有持续的双向促进效应（刘和东，2009）。罗彦如等（2010）通过建立三阶段DEA模型对我国2007年30个省的技术创新效率进行了实证研究，认为我国技术创新仍处于规模报酬递增阶段，增加科技投入可以在很大程度上提升国家创新能力。

另外，还有研究表明，科技投入中各要素对于创新能力的影响程度存在差异。何庆丰等（2009）用实证研究方法测度了直接人力资本投入、研发投入对创新绩效的贡献度，发现研发投入对创新绩效的影响大于直接人力资本投入对创新绩效的影响。刘俊杰等（2011）从科技经费投入结构出发，探讨政府拨款、金融市场融资、企业自筹等不同来源的科技经费对区域创新能力的影响效果，结果表明，不同来源的经费利用将会给该区域企业和研发机构的创新活动带来不同程度的影响，并且同样来源创新经费的产出绩效也存在区域间的差别。具体而言，东部地区金融机构的融资更有利于激发科技创新活动以及区域创新能力；中部次发达地区只有企业自筹科研活动经费有利于科技创新活动；西部欠发达地区的科技活动经费结构中，政府拨款以及企业自筹经费都对地区的科技创新有积极的效用，但就企业自筹经费而言，中部次发达地区的影响效果要略高于西部欠发达地区。

2. 研发人员投入

人才是第一资源，研发人员是科技人力资源的核心，也是世界科技强国竞争的焦点。研发人员对企业创新具有至关重要的影响。创新型国家，尤其是世界科技强国，无一不拥有规模庞大的科技人力资源并且善于运用他们（曹琴等，2020）。2017年，中国科技人力资源总量已达8705万人，居世界首位。

科技人力资源为一个国家开展科技活动提供了基础。一个国家每千名劳动力中科研人员的数量增加1人，该国SCI期刊论文量在其他条件相同时会增长3.7%（余昕等，2007），企业研发人员每增加10%，企业的专利申请数量将会增加7.5%（张治河等，2014），人力资本投入对创新绩效具有显著的正向作用（何庆丰等，2009）。Romer（1990）将研发活动和不完全竞争整合到增长框架的技术进步模型，认为投入到研究开发活动的人力资本越多，涉及的知识存量就越大，研究开发部门的劳动生产率相应增长越快，产出水平也会越高，因此科研人数的增加对科研能力的提高有显著正向影响。

（二）研发投入强度

研发投入强度即研发强度与销售收入增长率、资产增长率、净利润增长率以及其他业绩增长指标均显著正相关，而且影响一直持续到研发投入后的数年（Leonard，1971）。此外，还有研究发现研发强度与企业创新绩效之间呈倒"U"形关系，即随着研发强度的提高，企业的创新绩效经过一段时间的上升达到顶点后会逐步下降；而政府资源会削弱研发强度对企业创新绩效的影响，地区知识产权保护水平会增强研发强度对企业创新绩效的促进作用（石丽静，2017）。

医药企业研发项目具有高风险、高投入、高回报、周期长等特征，研发费用占比低不利于医药企业的创新和发展（王春晓，2020）。而目前我国医药企业存在销售费用支出过大，研发强度较弱的现象。反映研发强度的指标主要有以下4个：

1. 研发投入占销售收入比例

在研发强度的测度指标中，研发投入占销售收入比例是最常使用的测度指标（赵敏等，2019；王亮亮等，2018），该指标客观反映了企业通过增加创新投入来创造新产品和新知识的程度，与主观测量相比，具有较强的可复制性和稳定性（卫旭华等，2015）。

成力为等（2012）在对研发强度的研究中，分别采用了研发费用与总资产比值、研发费用与销售收入比值两个指标。企业年龄对研发强度的影响依赖研发强度指标的选择，用"研发投入/总资产"测度研发强度，则企业年龄对研发强度有显著负向影响；但当采用"研发投入/销售收入"测度研发强度时，则企业年龄对研发强度的影响并不显著，这表明用"研发投入/总资产"表示的研发强度比"研发投入/销售收入"更易受企业所处产业因素的影响，如技术密集程度等的影响。

张伯超等（2020）使用"研发支出/营业收入"作为研发强度的指标，发现相比于研发支出、专利申请量和新产品产出等指标，研发强度不受企业创新行为常规化程度的影响，且很多企业研发创新成果不以申请专利的方式保护其权益，而以内部保密制度维护其技术优势，因而"研发支出/营业收入"是衡量企业创新积极性的较好的测度变量。

2. 人均研发投入

采用研发支出与从业人数之比作为衡量研发强度的文献相对较少。石丽静（2017）在分析企业研发强度与企业创新绩效之间关系的研究中，鉴于人均指标有助于识别企业之间创新差异的真实来源，故而采用人均新产品销售收入来表征创新绩效；相应地，其研发强度指标也采用了人均指标，即研发支出与从业人员数之比。

3. 研发人员占从业人员比例

人是知识的载体和使用者，发展医药产业的研发人力资源是我国医药产业可持续发展和获取竞争优势的长远战略（杨易成等，2019）。伍琳等（2017）的实证研究结果显示，我国研发人员数量已渐成规模，但投入强度与发达国家相比仍差距显著，创新人才储备尚不充分，而这正是我国与美、日等发达医药强国的创新药物研发能力存在差距的原因之一。

4. 研发人员科研素养水平

随着大数据时代的到来，科学数据的获取、分析、利用、共享愈加重要和频繁，科研人员的素养对于最大化利用科学数据起着至关重要的作用。研究表明，学历与科研素养水平显著正相关，其他控制变量（如性别、专业领域等）与科研素养关系不显著（毕达天等，2021）。

中国医药产业作为高端制造业，起步较晚，转型在即，更需要"高端人才"。但整体来看，我国医药产品研发单位无论是在科研队伍建设还是在产品研发规模等方面，都与发达国家的制药巨头存在一定差距。尤其对于生物医药企业来说，我国能够与国际高端生物技术接轨的高水平人才明显贫乏，相比于发达国家，国内相关教育资源、人力资源储备相对不足（徐飞等，2017）。

二、研发成果

研发投入反映了企业对于创新的重视程度，而研发投入是否有效，则很大程度上体现在研发成果方面。研发成果作为一个较为抽象的概念，多用相关专利数和新产品作为衡量指标，例如专利申请数、专利授权数、新产品产出等。

（一）专利成果

大量研究表明，专利成果对企业的销售收入和盈利水平具有显著正向作用。企业通过专利申请、专利持有和把专利转化为本企业生产力来保护企业自身的创新行为，从而增强企业对市场的控制力，促进企业的价值提升（米晋宏等，2019）。周煊等（2012）则从两方面对专利和企业价值的相关性进行了解释：一方面，专利作为一种稀缺的、排他性的具有经济价值的资源，拥有较多的专利会使企业在竞争中获得优势，增加企业的市场价值和营业收入，即专利资源在企业间的分布不均会使得企业具有持续性的竞争优势。另一方面，专利的申请是一个典型逆选择的过程，只有当申请专利带来的利润高过商业机密利润时，人们才愿意申请专利。同时，企业专利产出对企业绩效的影响会受到政府知识产权保护执法力度的影响，知识产权保护执法力度越高，企业的专利产出和研发投资就会增加，企业专利产出对未来财务绩效的提升作用也会更大（吴超鹏等，2016）。

当专利处于申请状态时，就证明研发活动已经取得成果，因此专利申请数量往往被认为是衡量创新最准确、最直接的指标（姚立杰等，2018）。Pakes（1985）使用上市企业专利申请前后股票市场回报率衡量专利的经济价值，发现申请专利会显著增加企业的市场价值。

而专利授权虽然受审批、政策制度等影响具有一定滞后性，但对于同一个国家而言，审查的标准一般变化不大，特别是相隔不远的年份。因此，专利授权率实际上可以反映一定时期一个国家专利申请的水平（朱雪忠等，2009）。此外，被授权的专利拥有比未被授权专利更高的质量水平（张古鹏等，2011），因此很多学者也将专利授权量作为衡量企业技术创新水平的量化指标。

（二）产品成果

医药制造业是典型的研发驱动型产业。一个新产品的推出，特别是专利新药的推出，往往能垄断甚至开拓一个细分市场，为开发者带来巨额利润。

新产品研发是医药企业生存和发展的基础，是获得长期稳定利润的重要条件，医药制造业的竞争归根到底是创新药物的竞争（刘媛，2007）。大量研究显示，新产品良好的经济产出能进一步提高企业的研发投入水平，从而形成企业研发的良性循环（杨昕等，2019；魏洁云等，2014）。

根据《药品注册管理办法（修订稿）》，当前国内药品主要分为化学药品、生物制品，以及中药、天然药物。

化学药品注册共分5类。其中，1类药品是指境内外均未上市的创新药，指含有新的结构明确的、具有药理作用的化合物，且具有临床价值的药品；2类药品则为境内外均未上市的改良型新药，指在已知活性成分的基础上，对其结构、剂型、处方工艺、给药途径、适应症等进行优化,且具有明显临床优势的药品;3、4类药品则为通常所说的仿制药;5类药品为境外上市的药品申请在境内上市。

生物制品注册分为3类。其中,1类是创新型疫苗或创新型生物制品,指境内外均未上市的疫苗或治疗用生物制品;2类为改良型疫苗或改良型生物制品,是对境内或境外已上市疫苗产品或制品进行改良;3类是境内或境外已上市的疫苗或生物制品。

中药和天然药物注册也可分为5类,分别为创新药、改良型新药、古代经典名方中药复方制剂、同名同方药和其他情形。其他情形,主要指境外已上市境内未上市的中药、天然药物制剂。

药品研发是一个投入高、周期长的过程,以创新药的研发为例,需要先后经历新药的发现、临床前研究、临床研究、新药申请、获批上市以及上市后的监测研究。其中,临床研究通常包括一至三期临床试验;对于有些药物,药监部门还会要求进行上市后的监测研究,即进行第四期临床试验,如果批准上市的药物在这一阶段被发现之前研究中没有发现的严重不良反应,监管部门会强制要求加注警告说明,甚至下架。药品研发中,临床试验是投入资源和时间最多的阶段,是整个医药创新生态系统最为重要的环节,也是新药研发的重要环节之一,从资金分布来看,临床研究阶段的投入占新药研发投入的2/3(于丽,2009)。全球规模最大的生物技术行业组织之一BIO(Biotechnology Innovation Organization)、Informa Pharma Intelligence、QLS联合发布的一项关于药物临床开发成功率的研究报告 *Clinical Development Success Rates and Contributing Factors 2011–2020* 显示,过去十年,药物开发项目从1期临床到获得美国FDA批准上市的成功率平均为7.9%,所需要的时间平均为10.5年。其中,前三期临床试验成功率分别为52.0%、28.9%、57.8%,临床试验完成后上市申请的成功率为90.6%。

三、研发质量

研发产出的绝对规模是衡量研发成果的重要维度,而研发产出的有效性、创新性、应用价值以及市场价值,都是企业实现创新闭环的关键。因此,研发质量也是衡量企业研发能力和水平的关键维度。

(一)专利授权率

专利审查时,审查机构会授予那些有高度原创性技术内涵的专利以正式的专利权,因此被授权的专利拥有比未被授权专利更高的质量水平。中国本土申请授权专利数量的大幅增长反映了中国在研发规模方面创新能力的提升，但专利授权率落后于发达国家，说明中国企业的研发质量与发达国家还存在差距（张古鹏等，2011）。此外，Mcaleer 和 Slottje（2005）基于美国专利进行实证研究，发现专利授权率提高是企业绩效增长的重要原因之一。何叶（2018）发现专利授权率显著影响技术导向与企业经营效益的关系，专利授权率增强了技术导向对企业经营效益的正向影响。

（二）发明专利授权数

发明专利、实用新型专利、外观设计专利三种专利中，发明专利的创新要求高，且审查极为严格。国家知识产权局公布的年度报告显示，2020 年我国发明专利授权率为 47.3%，还不到一半。

在针对创新的相关研究中，发明专利为技术含量最高、新颖性最强的专利，新产品及其制造方法、使用方法都可以申请发明专利，故考察企业的技术创新状况时，可选用发明专利作为衡量变量（田轩等，2018）。发明专利通常被看作高质量的创新产出，发明专利的产出数量及产出结构是衡量原始创新能力和专利综合实力的核心指标，只有数量和结构平衡发展才能促进创新质量的实质性提升（郑婷婷等，2020）。

也有文章专门针对创新的实质性成果进行研究，在对 2001~2010 年上市公司的专利数据分析中发现，只有发明专利申请的增加才能提高企业的市场价值，推动技术进步和获取竞争优势的实质性创新才能促进企业发展（黎文靖等，2016）。

（三）发明专利授权数占总授权数比例

除了发明专利数量的衡量，发明专利的占比同样能够反映创新质量。与国外不同的是，我国的专利除了发明专利，还有实用新型与外观设计专利，虽然近几年我国专利总体数量飙升，但严格来说，发明专利的数量才能够真正反映普遍意义上的创新成果，针对这一问题，有学者也进行了研究。

何叶（2018）发现发明专利增强了技术导向对企业市场价值的正向影响，发明专利占比越高，技术导向对企业市场价值的促进作用就越强，说明企业应当注重发明专利的申请，提高技术创新能力和竞争力。

（四）专利被引用量

专利被引用量是指企业拥有的所有专利被后续专利引用的次数，是目前公认的较为有效的专利质量衡量指标。高被引专利往往是后专利的基础或对后专利具有重要的启示和参考价值。一项专利被引次数越多，说明该专利对应的技术越重要，影响力越大（樊霞等，2014）。

刘兰剑等（2021）研究发现，专利引用体现出专利作为一项重要的创新成果，其内在包含的信息能够为其他技术产品或创新提供参考。Hall 等（2005）用专利引用量测度专利质量，发现每项专利额外的引用量使公司的市场价值增加了 3%，且这种关系并不是线性的，专利引用量较高的公司其对市场价值的影响程度更大。

（五）国际资质认证

进行国际资质认证是我国制药企业开展研发国际化的策略和模式之一，其目的是增强企业的核心竞争力，从而在全球制药企业竞争越来越激烈，研发全球化程度也越来越高的发展趋势下，增加企业在全球研发价值链中的附加值（杨易成等，2009）。而对于国际化经营企业来说，融资约束对企业创新投入强度的影响不显著，即国际化程度能够正向调节融资约束对企业研发绩效的影响（武志勇等，2019；李杰义等，2019）。在国际化经营初期，随着国际化程度的不断提升企业价值不断下降，但当国际化超过一定程度时，企业价值开始随着国际化程度的加深而大幅增长（武志勇等，2019），企业创新能力也会越强（李东阳等，2019）。

（六）成果转化率

专利作为一项典型的创新成果，其转化率也一定程度上代表了研发质量的高低。根据我国专利售出数量与申请专利总数进行推算，我国高校的专利转化率仅 6%，远低于美国高校专利转化率的 50%（沈健，2021）。高伟（2021）在科研院所科技成果转化问题与建议分析中提出为提升科技成果转化率，要打破管理体制等限制。

（七）新产品销售收入占销售收入总额之比

袁航等（2019）在中国创新属性、制度质量产业结构转型升级的研究中，将产值、产业结构作为被解释变量，用新产品销售收入占比测度创新质量，基于 2004~2015 年省际面板数据，从制度质量视角研究了创新数量、创新质量对产业结构转型升级的差异化影响。

从创新的数量和质量两个根本属性而言，增加创新数量较易，实现创新产出市场化、产业化，提升创新质量相对较难。目前推动中国产业结构转型升级主要来自创新数量，创新质量因实现过程更复杂，要求更高，其整体水平较低，对产业结构转型升级的推动作用有限，能否得到有效转化是衡量研发成效的重要方面。所以，创新质量的衡量极为重要。在上述指标中,研发质量主要集中通过专利质量来体现,这种指标在测定上比较简单,且数据获取性也较为方便。新产品销售收入和成果转化率需要大量企业的真实数据汇总计算,在数据获取上难度较大。

四、研发支持

(一) 高新技术企业资质认定

2008年国家出台了《高新技术企业认定管理办法》,旨在运用税收杠杆"撬动"企业自主创新及技术研发活力。除了享有税收优惠,企业获得高新技术企业资质认定往往还将作为国家科技计划(专项)的申报前提,部分科技项目资助对象会优先考虑高新技术企业,且其获批的资助额度更高。基于此,高新技术企业资质认定政策可以通过税收优惠和政府创新补助来促进企业研发创新,同时政府给予企业的官方认证向外传递积极信号,从而吸引更多的外部投资和技术合作,促进企业创新水平的提高(雷根强等,2018;邱洋冬等,2020)。

已被认定的高新技术企业其有效期限为3年。期满前3个月内企业可提出复审申请,复审合格企业的高新技术企业资格可再延续3年。复审有效期3年期满后,企业可申请重新认定,重新认定通过后,仍可继续享有高新技术企业优惠政策。

对于高新技术企业资质认定的相关研究,雷根强等(2018)和胡蓉(2021)都将高新技术企业通过初审认定、复审认定及重新认定的当年及后面两年定义为1,将未认定、通过认定被撤销资质、未通过复审及重新认定的企业定义为0。

(二) 国家科技重大专项

国家科技重大专项是为了实现国家目标,通过核心技术突破和资源集成,在一定时限内完成的重大战略产品、关键共性技术和重大工程。《国家中长期科学和技术发展规划纲要(2006~2020年)》确定了大型飞机等16个重大专项,自此成为推动我国科技发展的重中之重。

医药领域的国家科技重大专项主要包括新药创制和传染病防治。新药创制重点研究化学药和生物药新靶标识别和确证、新药设计,以及药物大规模高效筛选、药效与安全性评价、制备和成药性预测关键技术,开发疗效可靠、质量稳定的中药新药,研制30~40个具有知识产权和市场竞争力的新药,完善新药创制与中药现代化技术平台,初步形成支撑我国药业发展的新药创制技术体系。传染病防治重点突破新型疫苗与治疗药物创制等关键技术，自主研制 40 种高效特异性诊断试剂、15 种疫苗及药物，研究制定科学规范的中、西医及其结合的防治方案，建立 10 个与发达国家水平相当的防治技术平台，初步构建有效防控艾滋病、肝炎的技术体系。

国家科技重大专项以核心技术为突破，在研发方向上具有重大战略意义，同时能获得国家的重点资源支持，既体现了企业的研发能力，也能有效提高企业的研发水平。

（三）国家重大科研平台

进入 21 世纪，中国在经济加速融入世界的同时，也面临着世界范围内新一轮的科技竞争。为了积极回应全球经济一体化与日益激烈的科技竞争，我国于 2006 年发布了《国家中长期科学和技术发展规划纲要（2006～2020 年）》，提出要"大幅度增加科技投入，加强科技基础条件平台建设"。2017 年发布的《"十三五"国家科技创新基地与条件保障能力建设专项规划》指出，科技创新基地、国家重大科技基础设施，以及科技基础条件保障能力建设是提升国家创新能力的重要载体。可见，我国的一系列科技创新平台（以下简称科技平台）作为推进国家科技创新能力建设的重要抓手，已成为提高国家综合竞争力的重要力量（邸月宝等，2020）。截至 2016 年年底，我国已有 58 个国家重大科技基础设施、254 个国家重点实验室、360 个国家工程技术研究中心、217 个国家工程实验室和 131 个国家工程研究中心，这些科技平台分布在不同地区、不同行业领域，由不同部门管理，具有不同的依托单位性质。

（四）政府补助

政府补助作为企业外部影响因素，不仅对企业研发投入产生影响，也会对研发投入与绩效两者的关系产生影响。政府补助通过降低研发不确定性来保证研发活动顺利实施，从而更容易产生研发成果。新的研发成果是企业核心竞争力的基础，可以提高企业的经营业绩（曹阳等，2018）。研究表明，政府补助的规模与医药企业的研发投入显著正相关，政府对企业给予研发补助可以降低企业研发风险，保证企业研发资金，从而促进企业加大研发投入。而企业获得连续的政府补助对企业研发的激励效果更显著，可以加大企业研发投入的力度。并且，政府补助的规模对于医药企业研发投入与绩效存在负向调节作用，医药企业一次性获得较多的补助资金时虽然会使企业的研发投入增加，但会降低企业研发效率使得研发成果难以成功转化。政府补助连续性对于医药企业研发投入与绩效存在正向调节作用，企业获得连续补助时，其研发投入和研发效率都会增加。

非器械篇

第四章　非器械类中国医药企业研发指数的构建

第一节　非器械类中国医药企业研发指标体系

我们多次组织由顶级医药研发专家和顶级医药研发管理专家参加的研讨会，重点商讨非器械类中国医药企业研发指标体系的指标选取和权重构建。经过数轮的商讨和修改完善，最终形成非器械类中国医药企业研发指标体系，具体如表4-1所示。其中，研发指标的选取遵循以下五条基本原则：

（1）最能代表非器械类医药企业的研发能力；
（2）指标所反映的企业研发能力信息应当尽可能全面；
（3）不同指标反映的信息应当尽量没有重合；
（4）指标数据的获取符合成本效益原则；
（5）指标数据具有可获得性。

表4-1　　　　　　　　非器械类中国医药企业研发指标体系

一级指标	二级指标	三级指标
研发投入	研发投入规模	研发投入总额
	研发投入强度	研发投入占销售收入比例
		人均研发投入
阶段性成果	发明专利成果	发明专利授权数
	新药阶段性成果	一期临床试验完成数
		二期临床试验完成数
		三期临床试验完成数
	仿制药阶段性成果	仿制药临床试验完成数

续表

一级指标	二级指标	三级指标
最终成果	创新药上市获批数	
	非创新药上市获批数	
研发质量	专利维度	发明专利授权数占总授权数比例
		专利被引用量
		PCT 专利数
	国际资质认证	国际资质认证数目
研发支持	国家重大专项支持数目	
	国家级研发平台数目	
	省部级研发平台数目	

第二节 非器械类中国医药企业研究样本与数据来源

一、研究样本

本研究的样本为所有境内外上市的非器械类中资医药企业，包含所有在 2020 年及以前已完成上市的相关企业，但如果样本公司某些关键数据缺失，则无法纳入我们的研究范围。

二、样本期间

考虑到数据的可获得性，本研究选取的样本区间为 2013~2020 年共 8 个财务年度。之所以开始于 2013 年，主要是由于中国新药研发监测数据库中有关企业创新药、仿制药及阶段性产出的数据从 2013 年才开始提供；截止于 2020 年，是由于 2020 年是本研究开始时可以获得的最新年度数据。

三、数据来源

非器械类中国医药企业研发指标体系相关数据来源详见表 4-2。

表4-2　　非器械类中国医药样本企业研发指标体系相关数据来源

序号	指标名称	所需数据	数据来源
1	研发投入总额	研发投入	同花顺数据库
2	研发投入占销售收入比例	研发投入、销售收入	同花顺数据库
3	人均研发投入	研发投入、员工人数	同花顺数据库
4	发明专利授权数	发明专利授权数	智慧芽数据库 https://www.zhihuiya.com/products.html
5	新药1~3期临床试验完成数	新药1~3期临床试验完成数	CPM-中国新药研发监测数据库 http://cpm.pharmadl.com/
6	仿制药临床试验完成数	仿制药临床试验完成数	CPM-中国新药研发监测数据库 http://cpm.pharmadl.com/
7	创新药上市获批数	创新药上市获批数	CPM-中国新药研发监测数据库 http://cpm.pharmadl.com/
8	非创新药上市获批数	非创新药上市获批数	CPM-中国新药研发监测数据库 http://cpm.pharmadl.com/
9	发明专利授权数占总授权数比例	发明专利授权数、专利授权数	智慧芽数据库 https://www.zhihuiya.com/products.html
10	专利被引用量	专利被引用量	智慧芽数据库 https://www.zhihuiya.com/products.html
11	PCT专利数	PCT专利数	智慧芽数据库 https://www.zhihuiya.com/products.html
12	国际资质认证数目	美国DMF注册数据、欧盟CEP证书数据、日本MF登记数据、美国GMP检查数据、欧盟GMP检查数据、FDA产品授权/批准、EMA认定/批准、日本厚生劳动省认定/批准	智慧芽数据库 https://www.zhihuiya.com/products.html 公司公告披露数据
13	国家重大专项支持数目	国家重大专项支持数目	公司公告披露数据 中华人民共和国科学技术部网站 http://www.most.gov.cn/index.html
14	国家级研发平台数目	国家级研发平台数目	公司公告披露数据 中华人民共和国科学技术部网站 http://www.most.gov.cn/index.html 各省科学技术厅网站
15	省部级研发平台数目	省部级研发平台数目	公司公告披露数据 中华人民共和国科学技术部网站 http://www.most.gov.cn/index.html 各省科学技术厅网站

第三节 非器械类中国医药企业研发指数构建方法

就非器械类中国医药企业研发指数的构建,我们主要采取了如下步骤:第一,我们多次组织由顶级医药研发专家和顶级医药研发管理专家参加的研讨会,重点商讨非器械类中国医药企业研发指数的指标选取和权重构建。经过数轮的商讨和修改完善,最终确定了非器械类中国医药企业研发指数的指标体系,具体如表4-3所示。

表4-3　　　　　　　　非器械类中国医药企业研发指标

序号	末级指标
1	研发投入总额(X1)
2	研发投入占销售收入比例(X2)
3	人均研发投入(X3)
4	发明专利授权数(X4)
5	一期临床试验完成数(X5)
6	二期临床试验完成数(X6)
7	三期临床试验完成数(X7)
8	仿制药临床试验完成数(X8)
9	创新药上市获批数(X9)
10	非创新药上市获批数(X10)
11	发明专利授权数占总授权数比例(X11)
12	专利被引用量(X12)
13	PCT专利数(X13)
14	国际资质认证数目(X14)
15	国家重大专项支持数目(X15)
16	国家级研发平台数目(X16)
17	省部级研发平台数目(X17)

第二,我们对部分原始数据进行预处理。由于部分原始数据会受居民消费价值指数(以下简称 CPI)影响。为了剔除 CPI 的影响,我们需要对受 CPI 影响的研发投入总额和人均研发投入数据进行预处理,具体计算公式如下:

$$x_{ij} = \frac{X_{ij}}{CPI_j}$$

其中, $i = 1, 2$; $j = 2013, 2014, \cdots, 2020$ 。

第三,由于不同指标的量级不同,我们需要对各指标进行无量纲化处理。具体地,我们采用极差正规化变换法将 17 个指标的数值进行无量纲化处理,使变换后的指标取值范围在 [0,1] 区间,具体计算公式如下:

$$W_{ij} = \frac{x_{ij} - x_{imin}}{x_{imax} - x_{imin}}$$

其中,$i = 1, 2, \cdots, 17$;$j = 2013, 2014, \cdots, 2020$。

第四,我们对指数进行合成。可用于合成的方法较多,常见的有加权算术平均合成模型、加权几何平均合成模型,以及加权算术平均和加权几何平均联合使用的混合合成模型。在综合比较如上方法之后,我们决定选用加权算术平均合成模型,主要考虑到该模型相对于加权几何平均合成模型更为便捷,且有助于拉开被评价对象的档次。之所以采用加权算术平均而非算术平均,主要是因为加权算术平均考虑了个体在总体中的占有份额的影响,即所谓的权重对结果的影响,更为科学合理。具体计算公式如下:

$$Z_j = \sum \alpha_i w_{ij}$$

其中,w_{ij} 为第 i 个指标第 j 年的无量纲化后的取值,α_i 为 w_i 指标对应的权重,Z_j 是研发指数合成值,取值范围为 [0,1]。

第五,我们将取值范围为 [0,1] 的研发指数合成值进行二次无量纲化处理为取值范围为 [60,100] 的研发指数最终得分。这里,我们采用广义线性变换法将研发指数合成值 Z_j 变换为取值范围为 [60,100] 的研发指数最终得分,具体计算公式如下:

$$Y_j = Z_j \times a + b$$

其中,Y_j 是第 j 年的研发指数最终得分,取值范围为 [60,100]。a、b 是常数,分别取值 a = 40,b = 60。

第四节 非器械类中国医药企业研发指数历年排序

基于上述指数构建,非器械类中国医药企业研发指数历年排名前 100 的企业如表 4-4 所示。总体来看,非器械类中国医药最头部企业常年由特定的几家企业构成,占据领先地位;最头部企业在 2013~2020 年期间的研发指数水平呈波浪式变动,在 2014 年达到小高峰后,出现回落,但随后自 2017 年起,又保持良好的增长态势,领先地位依旧显著。相比之下,较头部企业的研发指数水平变动幅度不如最头部企业的变动幅度那么显著,其变动趋势较为稳定,保持逐年增长的趋势。

表 4-4 非器械类中国医药企业研发指数百强名单

排名	2013年		2014年		2015年		2016年		2017年		2018年		2019年		2020年	
1	信立泰	65.885	恒瑞医药	70.565	恒瑞医药	65.868	复旦张江	64.560	华海药业	67.111	恒瑞医药	72.363	恒瑞医药	73.028	恒瑞医药	73.344
2	海正药业	64.882	华海药业	64.709	华海药业	64.215	恒瑞医药	64.502	恒瑞医药	67.109	海正药业	66.597	翰森制药	72.225	百济神州	69.932
3	华海药业	64.582	海正药业	64.065	天士力	63.311	华海药业	64.415	尔康制药	64.469	科伦药业	66.026	百济神州	67.593	人福医药	69.255
4	恒瑞医药	64.393	天士力	63.227	京新药业	63.287	信立泰	64.216	百济神州	64.450	百济神州	65.835	基石药业-B	66.679	华海药业	68.105
5	天士力	63.829	尔康制药	62.785	海正药业	63.118	海正药业	64.050	人福医药	64.420	人福医药	65.640	人福医药	65.109	翰森制药	67.734
6	人福医药	63.080	国药现代	62.546	福安药业	62.982	国药现代	63.596	科伦药业	64.069	海正药业	65.418	海正药业	64.639	智飞生物	67.338
7	丰原药业	62.474	翰宇药业	62.526	佐力药业	62.922	福安药业	63.558	百济神州	63.710	华海药业	65.260	天士力	64.257	科伦药业	66.565
8	佐力药业	62.437	中恒集团	62.287	尔康制药	62.845	海瑞制药	63.393	天士力	63.641	京新药业	64.621	华海药业	64.231	贝达药业	65.393
9	康缘药业	61.967	华北制药	62.204	方盛制药	62.545	天士力	63.304	国药现代	63.602	天士力	64.533	科伦药业	63.825	千金药业	64.822
10	尔康制药	61.954	方盛制药	62.157	人福医药	62.408	百济神州	63.060	京新药业	63.196	信达生物	64.092	京新药业	63.733	四环医药	64.551
11	科伦药业	61.891	佐力药业	62.059	上海医药	62.370	翰宇药业	63.022	福安药业	63.095	千金药业	64.005	千金药业	63.338	东阳光	64.181
12	中恒药业	61.854	福安药业	61.986	四环药业	62.309	人福医药	62.957	双鹭药业	63.057	信立泰	63.684	四环医药	63.205	先声药业	63.857
13	上海医药	61.840	人福医药	61.865	国药现代	62.243	京新药业	62.739	红日药业	62.966	以岭药业	63.463	康缘药业	63.192	君实生物	63.656
14	天药股份	61.833	九洲药业	61.856	普莱柯	62.221	普莱柯	62.621	四环医药	62.949	尔康制药	63.290	中恒集团	63.082	天士力	63.480
15	晨光生物	61.816	晨光生物	61.831	翰宇药业	62.166	科伦药业	62.535	康缘药业	62.580	翰宇药业	63.262	上海医药	63.073	海正药业	63.342
16	海思科	61.813	新华制药	61.815	康缘药业	62.030	佐力药业	62.437	信立泰	62.538	歌礼制药-B	63.172	安科生物	63.015	海翔药业	63.297
17	双鹭药业	61.812	恩华药业	61.791	康弘药业	61.992	东北制药	62.380	以岭药业	62.515	众生药业	63.105	翰宇药业	63.006	京新药业	63.274
18	四环医药	61.779	海翔药业	61.729	金城医药	61.956	以岭药业	62.183	普莱柯	62.507	康缘药业	62.926	康弘药业	62.957	广生堂	63.221
19	以岭药业	61.764	四环医药	61.726	以岭药业	61.893	九洲药业	62.113	辰欣药业	62.480	智飞生物	62.875	博瑞医药	62.947	翰宇药业	63.209
20	哈药股份	61.744	东北制药	61.698	海思科	61.887	双鹭药业	62.020	翰宇药业	62.385	海翔药业	62.852	康宁杰瑞制药-B	62.856	海思科	63.183

第四章 非器械类中国医药企业研发指数的构建

续表

排名	2013年		2014年		2015年		2016年		2017年		2018年		2019年		2020年	
21	白云山	61.637	亚太药业	61.672	九洲药业	61.884	金城医药	61.991	华北制药	62.359	国药现代	62.848	信达生物	62.777	嘉和生物-B	63.073
22	大极集团	61.599	亚宝药业	61.667	晨光生物	61.884	康弘药业	61.968	亚宝药业	62.165	海思科	62.827	信立泰	62.772	复星医药	62.973
23	福安药业	61.595	信立泰	61.635	东诚药业	61.873	常山药业	61.927	上海医药	62.164	四环医药	62.805	君实生物	62.736	中恒集团	62.969
24	翰宇药业	61.588	昆药集团	61.591	华北制药	61.842	新和成	61.924	溢多利	62.144	君实生物	62.660	华领医药-B	62.730	康缘药业	62.945
25	红日药业	61.510	科伦药业	61.560	新华制药	61.812	康缘药业	61.804	华润双鹤	62.108	华领医药-B	62.634	海翔药业	62.723	新和成	62.906
26	华北制药	61.484	海思科	61.556	双鹭药业	61.804	智飞生物	61.724	复星医药	62.022	红日药业	62.527	尔康制药	62.683	双鹭药业	62.897
27	昆药集团	61.474	丰原药业	61.539	科伦药业	61.761	海翔药业	61.708	上海凯宝	61.913	上海医药	62.402	润都股份	62.681	步长制药	62.846
28	新华制药	61.471	常山药业	61.531	诚志股份	61.682	益佰制药	61.612	贝达药业	61.886	广生堂	62.329	红日药业	62.502	基石药业-B	62.809
29	华润双鹤	61.469	红日药业	61.526	德展健康	61.656	贝达药业	61.604	海思科	61.840	康弘药业	62.236	以岭药业	62.400	上海医药	62.799
30	奇正藏药	61.421	仙琚制药	61.506	千红制药	61.649	中生北控生物科技	61.598	金城医药	61.816	步长制药	62.154	广生堂	62.369	以岭药业	62.792
31	舒泰神	61.419	长春高新	61.450	海翔药业	61.648	四环医药	61.592	九洲药业	61.798	普莱柯	62.151	普莱柯	62.293	普利制药	62.789
32	华神科技	61.404	上海凯宝	61.426	绿叶制药	61.617	溢多利	61.589	东北制药	61.798	华北制药	62.136	华润双鹤	62.286	九典制药	62.774
33	国药现代	61.380	上海莱士	61.395	片仔癀	61.584	东诚药业	61.579	昆药集团	61.795	中牧股份	62.131	华北制药	62.273	博瑞医药	62.768
34	海翔药业	61.377	舒泰神	61.392	新和成	61.523	新华制药	61.541	东阳光	61.772	东阳光	62.105	三生制药	62.273	信立泰	62.762
35	京新药业	61.368	奇正藏药	61.375	东北制药	61.471	仙琚制药	61.508	黔锐制药	61.739	华仁药业	62.004	众生药业	62.199	康弘药业	62.728
36	北大医药	61.368	以岭药业	61.367	常山药业	61.466	贵州百灵	61.501	新华制药	61.730	哈三联	61.988	溢多利	62.197	尔康制药	62.673
37	浙江医药	61.363	四环生物	61.358	信立泰	61.447	白云山	61.474	沃森生物	61.695	绿叶制药	61.918	复星医药	62.192	苑东生物	62.603
38	东阳光	61.307	上海医药	61.354	广生堂	61.371	上海医药	61.470	佐力药业	61.619	东阳光药	61.911	晨光生物	62.156	诺诚健华-B	62.575

续表

排名	2013年		2014年		2015年		2016年		2017年		2018年		2019年		2020年	
39	博雅生物	61.276	复旦张江	61.352	溢多利	61.364	华润双鹤	61.465	三生制药	61.619	安科生物	61.894	东阳光	62.147	亚盛医药-B	62.554
40	新和成	61.270	绿叶制药	61.342	长春高新	61.359	恩华药业	61.461	千金药业	61.593	昆药集团	61.834	中牧股份	62.083	恩华药业	62.523
41	众生药业	61.247	沃森生物	61.332	仙琚制药	61.347	绿叶制药	61.452	贵州百灵	61.544	金城制药	61.834	千红制药	62.004	普莱柯	62.480
42	上海莱士	61.231	康缘药业	61.324	仁和药业	61.332	奥赛康	61.447	长春高新	61.524	辰欣药业	61.787	东北制药	61.979	信达生物	62.466
43	复星医药	61.226	博雅生物	61.316	众生药业	61.327	昆药集团	61.447	信邦制药	61.515	溢多利	61.777	海思科	61.934	东阳光药	62.426
44	汉森制药	61.210	白云山	61.258	昆药集团	61.320	康恩贝	61.439	普洛药业	61.513	白云山	61.719	双鹭药业	61.930	众生药业	62.414
45	华润三九	61.202	浙江医药	61.243	博腾股份	61.311	三生制药	61.409	白云山	61.488	复星医药	61.713	新和成	61.930	三生制药	62.400
46	莱茵生物	61.172	哈药股份	61.230	天坛生物	61.250	亚宝药业	61.376	同和药业	61.484	中国医药	61.682	天坛生物	61.921	安科制药	62.341
47	仙琚制药	61.160	华润双鹤	61.199	奥赛康	61.245	众生药业	61.375	新和成	61.476	贝达药业	61.662	国药现代	61.903	歌礼制药-B	62.338
48	智飞生物	61.098	中牧股份	61.175	康芝药业	61.239	联邦药业	61.365	晨光生物	61.466	亚太药业	61.643	金城医药	61.880	天药股份	62.292
49	千金药业	61.096	太极集团	61.170	白云山	61.224	兴齐眼药	61.360	方盛制药	61.455	佐力药业	61.626	生物股份	61.840	华北制药	62.274
50	常山药业	61.095	新和成	61.151	北陆药业	61.205	复星医药	61.318	步长制药	61.451	康恩贝	61.604	振东制药	61.747	中牧股份	62.273
51	永安药业	61.083	复星医药	61.146	复星医药	61.188	安科生物	61.315	舒泰神	61.450	三生制药	61.549	步长制药	61.707	润都股份	62.229
52	复旦复华	61.076	莱美药业	61.106	东阳光	61.172	中佰集团	61.312	天宇股份	61.449	恩华制药	61.537	常山药业	61.676	天境生物	62.213
53	复旦张江	61.070	汉森制药	61.098	贵州百灵	61.168	康芝药业	61.292	海翔药业	61.439	新华制药	61.521	复宏汉霖-B	61.675	新华制药	62.200
54	海普瑞	61.054	溢多利	61.094	哈药股份	61.165	凯莱英	61.284	浙江医药	61.427	九芝堂	61.511	沃森生物	61.673	金斯瑞生物科技	62.197
55	同仁堂	61.052	千金药业	61.082	富祥药业	61.163	信邦制药	61.267	北陆药业	61.415	山河药辅	61.511	佐力药业	61.620	生物股份	62.118
56	东诚药业	61.051	片仔癀	61.077	天药股份	61.139	兄弟科技	61.176	天坛生物	61.401	贵州百灵	61.501	金斯瑞生物科技	61.615	国药现代	62.096
57	中牧股份	61.043	健康元	61.067	莱茵生物	61.136	方盛制药	61.176	广生堂	61.374	哈药股份	61.490	特一药业	61.567	溢多利	62.093

第四章 非器械类中国医药企业研发指数的构建

续表

排名	2013年		2014年		2015年		2016年		2017年		2018年		2019年		2020年	
58	鲁抗医药	61.011	双鹭药业	61.065	三生制药	61.119	千红制药	61.170	奥翔药业	61.369	同和药业	61.476	绿叶制药	61.561	白云山	62.081
59	双成药业	61.010	金河生物	61.042	北大医药	61.113	海思科	61.169	片仔癀	61.322	力生制药	61.466	奥赛康	61.550	东曜药业-B	62.039
60	太龙药业	60.998	天药股份	61.041	奇正藏药	61.100	丰原药业	61.165	联环药业	61.313	太极集团	61.453	珍宝岛	61.547	天宇股份	61.974
61	益盛药业	60.995	海普瑞	61.034	瑞普生物	61.079	沃森生物	61.163	绿叶制药	61.310	晨光生物	61.450	福安药业	61.538	东北制药	61.943
62	誉衡药业	60.972	东诚药业	61.023	丰原药业	61.074	亚太药业	61.151	众生药业	61.291	九洲药业	61.427	昆药集团	61.528	晨光生物	61.905
63	兄弟科技	60.949	金陵药业	61.020	金城医药	61.073	晨光生物	61.138	奥赛康	61.281	东北制药	61.424	九洲药业	61.528	片仔癀	61.869
64	普洛药业	60.946	金城医药	61.013	特一药业	61.068	博腾股份	61.136	神威药业	61.268	奥赛康	61.419	赛隆药业	61.527	哈三联	61.817
65	沃森生物	60.946	安科生物	61.009	永安药业	61.052	康臣药业	61.129	益佰制药	61.266	健友股份	61.393	药明康德	61.515	国药股份	61.787
66	长春高新	60.944	睿智医药	60.990	山河药辅	61.035	双成药业	61.105	东诚药业	61.260	丰原药业	61.384	长春高新	61.511	红日药业	61.785
67	中新药业	60.940	海正英特龙	60.980	广济药业	61.030	山河药辅	61.094	安科生物	61.251	药明康德	61.374	健友股份	61.505	华润双鹤	61.774
68	恩华药业	60.933	诚志股份	60.979	康臣药业	61.026	汉森制药	61.094	东阳光药	61.218	长春高新	61.366	新华制药	61.497	辰欣药业	61.760
69	中化国际	60.919	普洛药业	60.979	亚太药业	61.015	哈药股份	61.073	康弘药业	61.215	联环药业	61.364	国药股份	61.444	昆药集团	61.743
70	千红制药	60.914	东阳光	60.976	中恒集团	61.002	莱茵生物	60.984	中国医药	61.211	双鹭药业	61.327	太极集团	61.436	和铂医药-B	61.695
71	东宝生物	60.903	亿帆医药	60.968	双成药业	61.001	陇神戎发	60.975	莱茵生物	61.207	华润双鹤	61.320	东阿阿胶	61.427	恒大汽车	61.634
72	金陵药业	60.901	沃华医药	60.954	华润三九	60.993	神威药业	60.960	通化东宝	61.191	神威药业	61.313	康芝药业	61.425	佐力药业	61.634
73	东北制药	60.900	誉衡药业	60.952	普洛药业	60.984	司太立	60.949	恩华药业	61.162	海南海药	61.310	天宇股份	61.414	常山药业	61.612
74	亚太药业	60.899	华神科技	60.947	誉衡药业	60.975	亿胜生物科技	60.945	兴齐眼药	61.151	健康元	61.301	科兴生物	61.385	凯赛生物	61.602
75	沃华医药	60.897	天坛生物	60.945	中新药业	60.968	步长制药	60.925	赛托生物	61.149	兴齐眼药	61.287	贵州百灵	61.382	复宏汉霖-B	61.601
76	仁和药业	60.892	中化国际	60.925	东阳光药	60.960	太龙药业	60.923	华森制药	61.146	东阿阿胶	61.271	恩华药业	61.366	泽璟制药	61.600
77	金河生物	60.882	沃华医药	60.923	华润双鹤	60.949	珍宝岛	60.898	振东制药	61.124	新和成	61.269	东阳光药	61.363	长春高新	61.588
78	生物股份	60.865	千红制药	60.898	红日药业	60.945	红日药业	60.865	诚志股份	61.122	九典制药	61.264	诚意药业	61.362	绿叶制药	61.583

49

续表

排名	2013年		2014年		2015年		2016年		2017年		2018年		2019年		2020年	
79	西藏药业	60.863	中国医疗集团	60.897	亿帆医药	60.944	东阳光	61.022	九芝堂	61.120	舒泰神	61.240	华熙生物	61.357	司太立	61.558
80	康臣药业	60.859	北陆药业	60.880	沃华药业	60.937	挚锐制药	61.016	海王生物	61.098	中恒集团	61.221	神威药业	61.343	联环药业	61.536
81	北陆药业	60.858	兄弟科技	60.879	龙津药业	60.936	德展健康	61.008	中牧股份	61.096	天宇股份	61.216	普利制药	61.343	奥赛康	61.536
82	亿帆医药	60.854	生物股份	60.866	上海莱士	60.930	海普瑞	61.006	博雅生物	61.095	亿胜生物科技	61.210	智飞生物	61.332	千红制药	61.533
83	交大昂立	60.852	紫鑫药业	60.863	海普瑞	60.924	易明医药	60.998	天药股份	61.093	康泰生物	61.193	歌礼制药-B	61.314	健康元	61.521
84	健民集团	60.850	我武生物	60.856	华神科技	60.912	普洛药业	60.995	山河药辅	61.088	北陆药业	61.152	山河药辅	61.298	百奥泰	61.518
85	莱美药业	60.840	中国医药	60.846	新开源	60.905	金河生物	60.988	国药股份	61.084	博腾股份	61.135	海辰药业	61.295	仙琚制药	61.468
86	中国医疗集团	60.839	康臣药业	60.845	金陵药业	60.903	香雪制药	60.983	仙琚制药	61.081	鲁抗医药	61.117	奥翔药业	61.244	同利药业	61.442
87	万泽股份	60.839	吉林长龙药业	60.841	联环药业	60.892	力生制药	60.965	珍宝岛	61.073	昂利康	61.106	康臣药业	61.243	康希诺	61.428
88	仟源医药	60.838	万泽股份	60.839	未名药业	60.889	舒泰神	60.958	永安药业	61.069	中智药业	61.104	海利生物	61.240	海特生物	61.424
89	亿胜生物科技	60.827	德展健康	60.822	花园生物	60.886	莱升药业	60.956	中生北控生物科技	61.051	莱茵生物	61.092	通化东宝	61.239	九洲药业	61.409
90	盈康生命	60.826	金活医药集团	60.819	睿智药业	60.877	九芝堂	60.937	博腾股份	61.049	康辰药业	61.081	丰原药业	61.227	振东制药	61.405
91	德展健康	60.826	广济药业	60.815	润达医疗	60.877	星湖科技	60.937	千红制药	61.046	紫鑫药业	61.078	联环药业	61.215	神州细胞	61.392
92	中关村	60.820	益佰制药	60.807	舒泰神	60.870	长春高新	60.934	司太立	61.026	富祥药业	61.073	天药股份	61.180	贵州百灵	61.383
93	振东制药	60.776	瑞普生物	60.804	国药股份	60.863	国药股份	60.930	瑞普生物	61.020	亚宝药业	61.067	鲁抗医药	61.171	神威药业	61.366
94	瑞普生物	60.767	益盛药业	60.740	紫鑫药业	60.859	金斯瑞生物科技	60.930	精华制药	61.008	方盛制药	61.058	博腾股份	61.171	健友股份	61.315

续表

排名	2013年		2014年		2015年		2016年		2017年		2018年		2019年		2020年	
95	益佰制药	60.737	桂林三金	60.735	中生北控生物科技	60.851	浙江医药	60.925	诚意药业	61.008	司太立	61.050	莱茵生物	61.165	中化国际	61.315
96	亚太药业	60.671	星湖科技	60.709	通化金马	60.847	海南海药	60.925	凯莱英	61.006	珍宝岛	61.045	康辰药业	61.160	舒泰神	61.303
97	上海凯宝	60.658	朗生医药	60.707	四环金马	60.839	国药控股	60.922	海王英特龙	61.000	奥翔药业	61.017	白云山	61.159	立方制药	61.300
98	佛慈制药	60.651	神威药业	60.699	同仁堂科技	60.838	华神科技	60.917	绿康生化	60.973	振东制药	61.015	同仁堂	61.156	微芯生物	61.293
99	片仔癀	60.614	中生北控生物科技	60.690	中智药业	60.833	海顺新材	60.916	国药控股	60.972	海普瑞	61.007	九典制药	61.149	科前生物	61.292
100	神威药业	60.609	新开源	60.676	万泽股份	60.830	生物股份	60.902	金河生物	60.963	普洛药业	61.006	北大医药	61.149	天坛生物	61.287

2013~2020年,百强研发能力指数极差分别为5.277、9.889、5.039、3.658、6.147、11.356、11.879和12.057。其中,2020年差异最大,2016年差异最小。从历年排在第25名和第50名的企业研发能力指数看,处于第25名的企业研发能力指数范围在61.510~62.906,2020年处于第25名的企业研发能力指数是62.906;处于第50名的企业研发能力指数范围在61.095~62.273,2020年处于第50名的企业研发能力指数是62.273。非器械类中国医药企业研发能力指数分布情况显示,我国处于行业领先的企业较少并且企业研发能力主要集中于中下水平,但是与行业领先企业的差异正逐步缩小,正向中上水平靠拢。

从历年研发指数前10名企业情况来看,恒瑞医药、百济神州、人福医药、华海药业、翰森制药、科伦药业自参与排名以来多次进入前十。同时,部分企业研发指数水平也存在较大变动,如2020年排名前10的企业变动较大的有:第6名的智飞生物2013年排在十强之外,2014年、2015年和2017年甚至排在百强之外,2020年首次进入前10名;第8名的贝达药业2016年排在十强之外,2019年退出百强,但在2020年研发排名大幅提升,首次进入前10名;第9名的千金药业2013年排在十强之外,2015年和2016年甚至跌出百强,但在随后几年,其研发排名大幅提升,2018年首次进入前10名,2020年又再次进入前10名;第10名的四环医药2013年排在十强之外,此后几年基本维持在前30名,2020年首次进入前10名。

第五章 非器械类中国医药企业研发指数分析

第一节 整体情况

经无量纲化处理后，非器械类中国医药企业研发指数分值均在60到100之间，越接近100则表明企业研发水平越高，详见表5-1和图5-1。总体来看，2013~2020年，纳入样本范围的非器械类中国医药企业数量持续增长且研发水平整体有所提高，而其中处于领先地位企业的研发水平提升幅度更显著。研发指数分值的均值整体呈稳步上升趋势，中位数呈先上升后下降再上升的趋势，从四分位数来看，非器械类中国医药企业研发水平正往更高水平移动，且研发水平越领先的企业增长幅度越大；但研发水平整体还有较大上升空间，各年之间变化不大，平均数保持在60.732~61.018之间，中位数保持在60.500左右，距100分仍存在较大的差距。具体地，均值从2013年的60.749上升到2020年的61.018；中位数从2013年的60.574上升到2016年的60.661，后下降到2018年的60.502，再上升到2020年的60.619；最大值出现在2020年，为73.344，各年的最小值均为60.000。

表5-1　　　　　　非器械类中国医药企业研发指数历年分值情况

指标	2013年	2014年	2015年	2016年	2017年	2018年	2019年	2020年
样本量	206	220	245	262	296	309	333	386
平均值	60.749	60.732	60.741	60.788	60.818	60.908	60.942	61.018
中位数	60.574	60.490	60.569	60.661	60.600	60.502	60.587	60.619
最小值	60.000	60.000	60.000	60.000	60.000	60.000	60.000	60.000
P1	60.000	60.000	60.000	60.000	60.000	60.000	60.000	60.000

续表

指标	2013年	2014年	2015年	2016年	2017年	2018年	2019年	2020年
P25	60.032	60.028	60.028	60.029	60.035	60.040	60.066	60.062
P75	61.076	61.079	61.074	61.129	61.150	61.264	61.298	61.300
P99	64.582	64.065	63.311	64.415	64.469	65.835	66.679	68.105
最大值	65.885	70.565	65.868	64.560	67.111	72.363	73.028	73.344

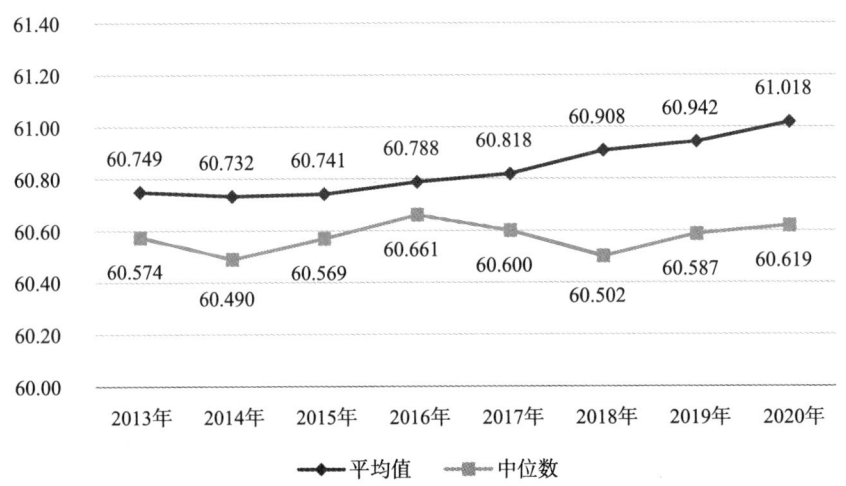

图 5-1 非器械类中国医药企业研发指数历年平均值和中位数

2020年，非器械类中国医药企业研发指数排名前十的企业分别为恒瑞医药、百济神州、人福医药、华海药业、翰森制药、智飞生物、科伦药业、贝达药业、千金药业和四环医药，详见表5-2。2020年，排名第一的恒瑞医药研发指数分值为73.344，排名第十的四环医药研发指数分值为64.551，差距约为9分。从研发投入、研发阶段性成果、研发最终成果、研发质量和研发支持5个一级指标来看，研发指数分值排名前十企业的优势也略有差异。恒瑞医药的领先地位主要依靠较好的研发成果（含阶段性成果和最终成果）；百济神州的主要优势则在于研发投入力度大，但研发成果有待进一步提高；人福医药、华海药业、翰森制药和智飞生物主要优势均在于最终研发成果。

表 5-2 2020年非器械类中国医药企业研发指数排名前20企业的一级指标指数

排名	公司简称	股票代码	研发投入指数	阶段性成果指数	最终成果指数	研发质量指数	研发支持指数	最终研发指数
1	恒瑞医药	600276	17.439	18.206	19.979	11.720	6.000	73.344
2	百济神州	06160	19.661	15.212	18.800	10.059	6.200	69.932
3	人福医药	600079	15.470	15.233	20.821	10.931	6.800	69.255
4	华海药业	600521	15.369	15.078	20.000	11.658	6.000	68.105

续表

排名	公司简称	股票代码	研发投入指数	阶段性成果指数	最终成果指数	研发质量指数	研发支持指数	最终研发指数
5	翰森制药	03692	15.638	14.632	21.326	10.137	6.000	67.734
6	智飞生物	300122	15.286	13.607	22.800	9.645	6.000	67.338
7	科伦药业	002422	15.751	14.161	19.832	9.221	7.600	66.565
8	贝达药业	300558	15.557	13.335	20.800	9.701	6.000	65.393
9	千金药业	600479	15.055	14.135	17.979	9.454	8.200	64.822
10	四环医药	00460	15.414	13.978	19.663	9.496	6.000	64.551
11	东阳光	600673	15.305	14.103	19.137	9.635	6.000	64.181
12	先声药业	02096	15.613	13.771	18.968	9.504	6.000	63.857
13	君实生物	688180	16.150	13.200	18.800	9.506	6.000	63.656
14	天士力	600535	15.311	14.060	17.137	10.172	6.800	63.480
15	海正药业	600267	15.240	14.101	17.811	10.190	6.000	63.342
16	海翔药业	002099	15.079	13.439	16.800	10.379	7.600	63.297
17	京新药业	002020	15.155	13.554	17.137	9.828	7.600	63.274
18	广生堂	300436	15.062	13.794	16.968	10.197	7.200	63.221
19	翰宇药业	300199	15.112	14.188	16.968	10.407	6.533	63.209
20	海思科	002653	15.413	13.422	19.137	9.212	6.000	63.183

2020年非器械类中国医药企业研发指数排名前20企业的分布情况，详见表5-3。由表5-3可知，排名前20的企业上市地主要分布在上交所、深交所和港交所，其企业数分别为8家、8家和6家，占比分别为40%、40%和30%，其中，百济神州在港交所和美国NASDAQ两地上市，君实生物在上交所和港交所两地上市，贝达药业在深交所和港交所两地上市。

从境内上市板块来看，排名前20的企业主要集中在主板，共11家；创业板次之，共4家；科创板1家，占比分别为55%、20%和5%，可见，排名前20的企业中，主板企业是研发主力军，而其他板块与主板存在一定差距。

从实际运营地来看，排名前20企业主要来自浙江省，共5家；江苏省、广东省和北京市分别有3家、2家和2家；此外，重庆、西藏、天津、四川、上海、湖南、湖北和福建都分别有1家企业进入前20。从地区分布来看，东部、西部和中部地区企业占比分别为75%、15%和10%。

从全球行业分类标准（GICS）来看，排名前20的企业主要集中在制药行业，共19家。其中，东阳光是一家多元业务企业，在GICS行业分类、证监会行业分类、中信行业分类和国民经济行业分类中属于金属制造行业，但在同花顺行业分类和申万行业分类中则属于医药生物中的化学制药行业。此外，2020年，生物科技企业智飞生物的研发指数排名也进入到前20。

表5-3　　2020年非器械类中国医药企业研发指数排名前20企业分布情况

排名	公司简称	研发指数	上市地	境内上市板块	实际运营地	GICS细分行业
1	恒瑞医药	73.344	上交所	主板	江苏省	制药
2	百济神州	69.932	港交所/美国NASDAQ		北京市	制药
3	人福医药	69.255	上交所	主板	湖北省	制药
4	华海药业	68.105	上交所	主板	浙江省	制药
5	翰森制药	67.734	港交所		江苏省	制药
6	智飞生物	67.338	深交所	创业板	重庆市	生物科技
7	科伦药业	66.565	深交所	主板	四川省	制药
8	贝达药业	65.393	深交所/港交所	创业板	浙江省	制药
9	千金药业	64.822	上交所	主板	湖南省	制药
10	四环医药	64.551	港交所		北京市	制药
11	东阳光	64.181	上交所	主板	广东省	金属与采矿
12	先声药业	63.857	港交所		江苏省	制药
13	君实生物	63.656	上交所/港交所	科创板	上海市	制药
14	天士力	63.48	上交所	主板	天津市	制药
15	海正药业	63.342	上交所	主板	浙江省	制药
16	海翔药业	63.297	深交所	主板	浙江省	制药
17	京新药业	63.274	深交所	主板	浙江省	制药
18	广生堂	63.221	深交所	创业板	福建省	制药
19	翰宇药业	63.209	深交所	创业板	广东省	制药
20	海思科	63.183	深交所	主板	西藏自治区	制药

第二节　上市地与境内上市板块

一、各上市地非器械类中国医药企业研发指数

根据非器械类中国医药企业研发水平相关数据，现将纳入研究范围的企业按照上市地进行分类，共分为4大类：上交所、深交所、港交所和美股[①]。样本企业中，除美股样本企业数量在2020年前低于10外，其余上市地样本企业数量均远大于10，其

---

① 2013～2020年间，有部分企业同时在多地上市，根据上市时间先后顺序，以最先上市地作为企业上市地。美股是指在美国纳斯达克证券交易所、美国纽约证券交易所、美国证券交易所上市的公司。

中,深交所样本企业数量最多,上交所次之。2020年,样本企业中四类上市地企业数量分别为:上交所上市企业128家,占比33.161%;深交所上市企业175家,占比45.337%;港交所上市企业71家,占比18.394%;美股上市企业12家,占比3.108%。

2013~2020年间,按上市地划分的非器械类中国医药企业研发指数均值详见图5-2和表5-4。总体来看,四类上市地样本企业的研发指数均值均呈上升趋势,其中,美股上升趋势最为显著,且各类上市地样本企业研发指数均值间的差距呈缩小趋势。

表5-4 非器械类中国医药企业各上市地研发指数历年平均值

上市地	2013年	2014年	2015年	2016年	2017年	2018年	2019年	2020年
港交所(平均值)	60.452	60.604	60.510	60.650	60.472	60.789	61.068	60.966
美国(平均值)	60.211	60.165	60.154	60.706	60.914	61.058	61.024	61.211
上交所(平均值)	60.918	60.928	60.790	60.834	61.018	61.105	61.136	61.173
深交所(平均值)	60.723	60.661	60.778	60.796	60.779	60.822	60.782	60.912

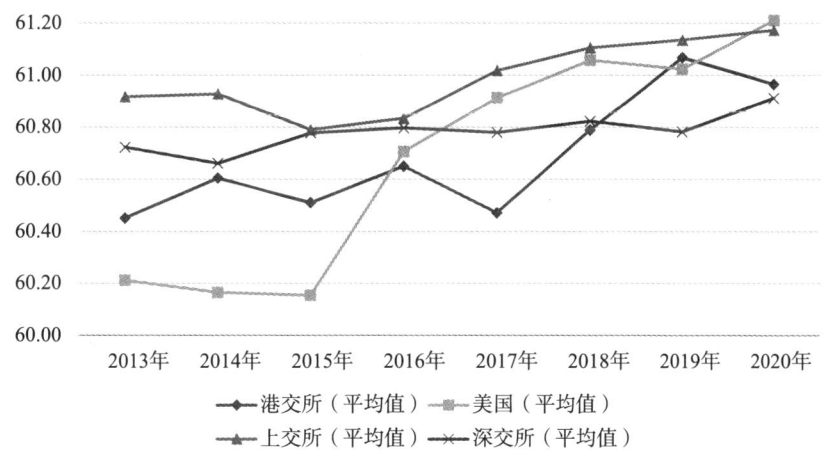

图5-2 非器械类中国医药企业各上市地研发指数历年平均值

具体地,上交所样本企业研发指数均值常年保持第一,2013年平均值为60.918,2020年平均值为61.173,上升0.255,上升百分比为0.419%,除2015年有所下降外,其余年份较上一年均有所增长。

深交所样本企业均值在2017年之前一直排名第二,但2017年以后,先后被美股和港交所反超,导致2019年和2020年其排名均在四类上市地末位。2013年,深交所样本企业平均值为60.723,2020年平均值为60.912,上升0.189,上升百分比为0.311%,整体上升幅度相对较小。

港交所样本企业均值在2019年反超深交所,排名第二,其2013年平均值为60.452,2020年平均值为60.966,上升0.514,上升百分比为0.850%,整体上升幅度高于上交所和深交所。2018年和2019年,其上升幅度较大,分别上升0.317和0.279,上升百分比分别为0.524%和0.459%。

2016年之前,美股样本企业均值均低于其他三类上市地样本企业均值,但在2016年一跃超过港交所,又在2017年超过深交所,更是在2020年跃升至第一,相比其他上市地,其研发指数呈较好的发展趋势。2013~2020年,美股样本企业均值升幅较大,2013年平均值为60.211,2020年平均值为61.211,上升1.000,上升百分比为1.661%,为各类上市地样本企业升幅最大。

2013~2020年间,按上市地划分的非器械医药企业研发指数中位数详见图5-3和表5-5。总体来看,与均值情况有所不同,四类上市地样本企业的研发指数中位数出现了不同程度的波动,且各类上市地样本企业研发指数中位数的差距呈放大趋势,尤其是美股,其中位数常年排名靠后,与其他上市地存在一定差距,而考虑到美股平均值到后期增长显著,说明美股研发水平近几年两极化现象较为明显。

表5-5　　　　　　非器械类中国医药企业各上市地研发指数历年中位数

上市地	2013年	2014年	2015年	2016年	2017年	2018年	2019年	2020年
港交所（中位数）	60.208	60.695	60.361	60.186	60.077	60.363	60.421	60.298
美国（中位数）	60.240	60.243	60.215	60.206	60.201	60.101	60.000	60.178
上交所（中位数）	60.614	60.449	60.415	60.617	60.719	60.633	60.809	60.782
深交所（中位数）	60.658	60.505	60.810	60.792	60.656	60.515	60.574	60.620

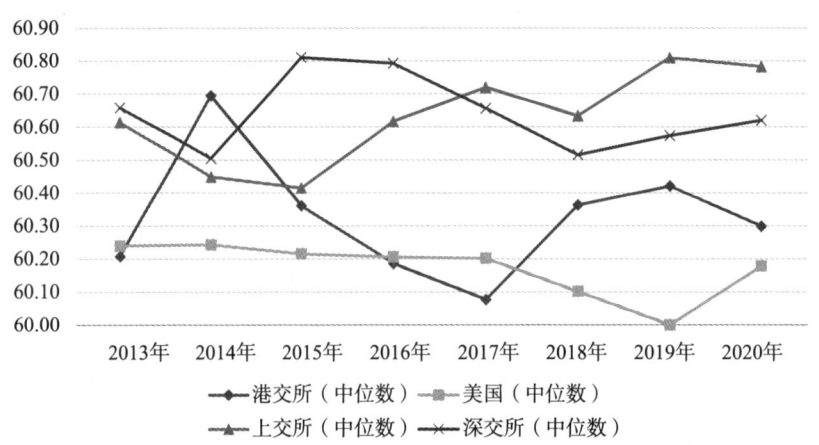

图5-3　非器械类中国医药企业各上市地研发指数历年中位数

具体地,上交所样本企业研发指数中位数在2016年以后常年保持第一,2013年中位数为60.614,2020年中位数为60.782,上升0.168,上升百分比为0.277%,除2014年、2015年和2018年有所下降外,其余年份较上一年均有所增长。

深交所样本企业中位数常年保持第二,但在2015年和2016年,超过港交所,排名在四类上市地中居于首位。2013年,深交所样本企业中位数为60.658,2020年中位数为60.620,下降0.038,下降百分比为0.626%,整体水平有所下降。

港交所样本企业中位数在2014年反超其他上市地,排名第一,但在2018年之前降幅显著。其2013年中位数为60.208,2020年中位数为60.298,上升0.090,上升百分比为0.149%,整体上升幅度低于上交所;2014年到2017年,其下降幅度较大,下降0.618,下降百分比为1.018%。

2013~2020年,美股样本企业中位数相对较为稳定,为各类上市地样本企业变动幅度最小。2018年之前,美股样本企业中位数低于其他上市地样本企业,在2018年和2019年更是呈下降趋势,分别下降0.100和0.101,下降百分比分别为0.166%和0.168%。

二、境内各上市板块非器械类医药企业历年研发指数

2013~2020年间,除来自科创板的样本企业数量在2020年前低于10外,其他境内上市板块的样本企业数量均远大于10,其中,来自主板的样本企业数量最多,创业板次之。以2020年为例,样本企业中,210家来自主板,占比69.307%,67家来自创业板,占比22.112%,26家来自科创板,占比8.581%。

非器械类中国医药企业境内各上市板块研发指数历年平均值详见图5-4和表5-6。总体来看,2013~2020年间,主板和创业板样本企业历年研发指数的均值呈上升趋势,且创业板上升幅度较大,总体领先于主板,而在2019年有较大优势的科创板则呈相反趋势,出现大幅下降趋势,但境内各板块样本企业研发指数均值差异不大。

表5-6　　　非器械类中国医药企业境内各上市板块研发指数历年平均值

板块	2013年	2014年	2015年	2016年	2017年	2018年	2019年	2020年
创业板(平均值)	60.815	60.837	60.888	60.955	60.927	60.958	60.877	61.075
科创板(平均值)	—	—	—	—	—	—	61.310	61.020
主板(平均值)	60.788	60.736	60.755	60.770	60.847	60.915	60.915	61.006

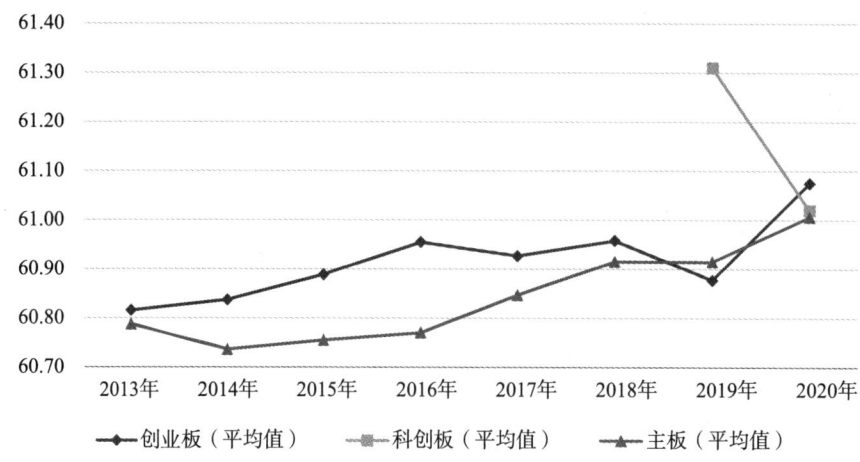

图 5-4 非器械类中国医药企业境内各上市板块研发指数历年平均值

具体地，除 2019 年外，创业板样本企业历年均值均领先于主板，2013 年平均值为 60.815，2020 年平均值为 61.075，上升 0.260，上升百分比为 0.428%，整体上升趋势良好。

主板样本企业均值略低于其他板块，2013 年平均值为 60.788，2020 年平均值为 61.006，上升 0.218，上升百分比为 0.359%，整体上升趋势略低于创业板。

科创板样本企业均值在 2019 年位列第一，但在 2020 年大幅下降，导致 2020 年其样本企业均值低于创业板。2019 年平均值为 61.310，2020 年平均值为 61.020，下降 0.290，下降百分比为 0.473%

非器械类中国医药企业境内各上市板块研发指数历年中位数详见图 5-5 和表 5-7。总体来看，2013~2020 年间，主板和创业板样本企业历年研发指数的中位数呈上下波动，且创业板样本企业历年研发指数中位数均领先主板；科创板样本企业研发指数中位数保持稳定，且领先于主板和创业板。此外，创业板和主板样本企业研发指数中位数与均值的差异呈放大趋势，说明主板和创业板的研发水平两极化程度均有所增加，其中，主板两极化程度相对较高。

表 5-7　非器械类中国医药企业境内各上市板块研发指数历年中位数

板块	2013 年	2014 年	2015 年	2016 年	2017 年	2018 年	2019 年	2020 年
创业板（中位数）	60.826	60.804	60.812	60.877	60.834	60.657	60.758	60.811
科创板（中位数）	—	—	—	—	—	—	61.050	61.062
主板（中位数）	60.587	60.431	60.569	60.607	60.632	60.473	60.594	60.552

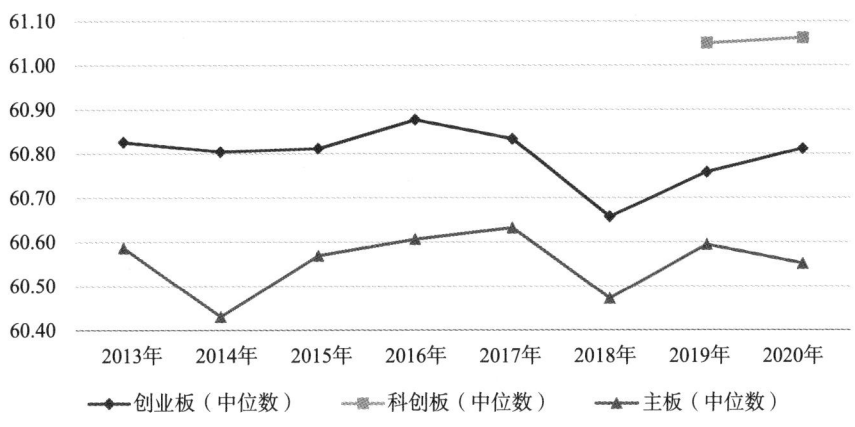

图 5-5 非器械类中国医药企业境内各上市板块研发指数历年中位数

具体地，创业板样本企业历年中位数均领先于主板样本企业，2013 年中位数为 60.826，2020 年中位数为 60.811，下降 0.015，下降百分比为 0.025%，整体呈下降趋势。2018 年，其下降幅度较大，为 0.177，下降百分比为 0.291%。

主板样本企业中位数常年低于其他板块，2013 年中位数为 60.587，2020 年中位数为 60.552，下降 0.035，下降百分比为 0.058%，整体下降趋势略高于创业板。2014 年和 2018 年，其下降幅度较大，分别为 0.156 和 0.159，下降百分比分别为 0.257% 和 0.262%。2020 年，主板中位数比均值低 0.454，远超当年其他上市板块均值与中位数的差距，两极化现象较为显著。

科创板样本企业中位数在 2019 年和 2020 年位列第一。2019 年中位数为 61.050，2020 年中位数为 61.062，上升 0.012，上升百分比为 0.020%。

第三节 实际运营地

考虑到境外上市公司出于组织架构设计和税收筹划等原因，多将其注册地选在开曼群岛等地，且企业的实际运营和研发等多受其实际运营地影响，我们此处选择实际运营地对样本企业进行分析。根据 2020 年数据统计，样本企业共 386 家，分布在我国 30 个省、自治区、直辖市（以下简称省）。其中样本企业数量较多的省份为：浙江省 49 家，占比 12.694%；广东省 46 家，占比 11.917%；北京市 41 家，占比 10.622%；上海市 39 家，占比 10.104%；江苏省 36 家，占比 9.326%；山东省 20 家，占比 5.181%；湖北省 14 家，占比 3.627%；湖南省 13 家，占比 3.369%；四川省 10 家，占比 2.591%。其他省份样本企业数量均在 10 家以内。各省份样本企业数量及占比详见表 5-8。

表 5-8　　　　　非器械类中国医药样本企业实际运营地分布情况

省份	医药企业数量	占比	省份	医药企业数量	占比
安徽省	4	1.036%	江西省	6	1.554%
北京市	41	10.622%	辽宁省	5	1.295%
福建省	6	1.554%	内蒙古自治区	3	0.777%
甘肃省	2	0.518%	青海省	2	0.518%
广东省	46	11.917%	山东省	20	5.181%
广西壮族自治区	8	2.073%	山西省	5	1.295%
贵州省	6	1.554%	陕西省	5	1.295%
海南省	7	1.813%	上海市	39	10.104%
河北省	6	1.554%	四川省	10	2.591%
河南省	7	1.813%	天津市	8	2.073%
黑龙江省	6	1.554%	西藏自治区	6	1.554%
湖北省	14	3.627%	新疆维吾尔自治区	2	0.518%
湖南省	13	3.368%	云南省	7	1.813%
吉林省	8	2.073%	浙江省	49	12.694%
江苏省	36	9.326%	重庆市	9	2.332%
			全部省份	386	100.000%

2013~2020 年非器械类中国医药样本企业中各省历年研发指数均值详见表 5-9。总体来看，各省份间研发指数均值整体呈上升趋势，但上升趋势较为缓慢。2013~2020 年研发指数均值增长幅度最大的省份为江苏省，增长 1.407%。而其他个别省份如安徽省、山西省有所起伏，但起伏不大。再从各省份历年研发指数均值差距来看，差距有所增加但普遍较小，2013~2020 年研发指数均值差距有小幅度增加，2013 年省份间的最大差距为 1.35，2020 年最大差距为 1.54，增长 14.07%。

表 5-9　　　　　2013~2020 年非器械类中国医药企业研发指数各省平均值

省份	2013 年	2014 年	2015 年	2016 年	2017 年	2018 年	2019 年	2020 年
安徽省	61.470	61.274	60.858	61.202	61.091	61.596	61.847	61.388
北京市	60.678	60.613	60.679	60.693	60.843	60.824	60.966	61.035
福建省	60.614	61.077	61.477	60.471	60.917	60.817	60.863	61.051
甘肃省	60.651	60.209	60.209	60.654	60.214	60.427	60.219	60.735
广东省	60.811	60.700	60.644	60.772	60.601	60.731	60.715	60.847

续表

省份	2013年	2014年	2015年	2016年	2017年	2018年	2019年	2020年
广西壮族自治区	60.601	60.463	60.371	60.407	60.299	60.316	60.611	60.629
贵州省	60.297	60.494	60.641	61.177	60.876	60.703	60.698	60.477
海南省	60.512	60.190	60.650	60.726	60.372	60.588	60.689	60.761
河北省	61.354	61.527	61.575	61.428	61.648	61.801	61.702	61.738
河南省	60.450	60.344	60.827	60.972	61.019	60.621	60.479	60.587
黑龙江省	60.912	60.551	60.486	60.541	60.546	60.784	60.543	60.562
湖北省	60.657	60.365	60.627	60.436	60.773	60.882	60.889	61.292
湖南省	60.577	60.853	60.659	60.709	60.916	61.009	60.804	61.140
吉林省	60.400	60.573	60.404	60.363	60.688	60.473	60.489	60.514
江苏省	60.688	61.245	60.897	60.938	60.888	61.471	61.791	61.542
江西省	60.560	60.742	61.095	60.643	60.968	60.819	60.560	60.747
辽宁省	60.311	60.579	60.657	61.039	60.920	60.864	61.028	61.019
内蒙古自治区	60.884	60.645	60.036	60.928	60.577	60.594	60.640	61.009
青海省	60.134	60.466	60.311	60.652	60.866	60.286	60.322	60.465
山东省	60.542	60.516	60.797	60.710	60.970	60.933	60.877	60.887
山西省	60.544	60.567	60.511	60.573	60.841	60.530	60.648	60.486
陕西省	60.200	60.158	60.249	60.270	60.253	60.227	60.096	60.201
上海市	60.772	60.754	60.629	60.898	60.782	60.844	61.080	61.050
四川省	61.098	60.839	60.941	60.915	60.953	61.531	61.131	61.329
天津市	61.485	61.197	61.246	61.220	61.468	61.678	61.469	61.447
西藏自治区	61.365	60.979	60.758	60.615	60.612	60.705	60.875	60.882
新疆维吾尔自治区	60.421	60.424	60.828	60.513	60.448	60.322	60.199	60.312
云南省	60.928	60.823	60.670	60.682	60.788	60.410	60.810	60.795
浙江省	60.965	60.933	60.920	60.940	60.994	61.114	60.955	61.032
重庆市	60.942	60.646	60.926	60.963	60.706	61.089	60.907	61.333
全部省份	60.749	60.732	60.741	60.788	60.818	60.908	60.942	61.018

具体地，河北省研发指数均值除了2013年排名第四和2019年排名第三以外，其他年份排名均为第一。河北省2013年研发指数均值为61.354，2020年研发指数均值为61.738，上升0.626%。安徽省和天津市常年排名前五。安徽省2013年研发指数均值为61.470，2020年研发指数均值为61.388，下降0.133%。天津市2013年研发指数均值为61.485，2020年研发指数均值为61.447，下降0.062%。江苏省2019年和2020年研发指数均值排名第二，而江苏省2013年研发指数均值仅仅排名第13，可见，江苏省研发指数均值上升幅度相对较大。各省2013~2020年研发指数均值排名详见表5-10。

表 5–10　　非器械类中国医药企业各省历年研发指数平均值排名

排名	2013 年	2014 年	2015 年	2016 年	2017 年	2018 年	2019 年	2020 年
1	天津市	河北省	河北省	河北省	河北省	河北省	安徽省	河北省
2	安徽省	安徽省	福建省	天津市	天津市	天津市	江苏省	江苏省
3	西藏自治区	江苏省	天津市	安徽省	安徽省	安徽省	河北省	天津市
4	河北省	天津市	江西省	贵州省	河南省	四川省	天津市	安徽省
5	四川省	福建省	四川省	辽宁省	浙江省	江苏省	四川省	重庆市
6	浙江省	西藏自治区	重庆市	河南省	山东省	浙江省	上海市	四川省
7	重庆市	浙江省	浙江省	重庆市	江西省	重庆市	辽宁省	湖北省
8	云南省	湖南省	江苏省	浙江省	四川省	湖南省	北京市	湖南省
9	黑龙江省	四川省	安徽省	江苏省	辽宁省	山东省	浙江省	福建省
10	内蒙古自治区	云南省	新疆维吾尔自治区	内蒙古自治区	福建省	湖北省	重庆市	上海市
11	广东省	上海市	河南省	四川省	湖南省	辽宁省	湖北省	北京市
12	上海市	江西省	山东省	上海市	江苏省	上海市	山东省	浙江省
13	江苏省	广东省	西藏自治区	广东省	贵州省	北京市	西藏自治区	辽宁省
14	北京市	重庆市	北京市	海南省	青海省	江西省	福建省	内蒙古自治区
15	湖北省	内蒙古自治区	云南省	山东省	北京市	福建省	云南省	山东省
16	甘肃省	北京市	湖南省	湖南省	山西省	黑龙江省	湖南省	西藏自治区
17	福建省	辽宁省	辽宁省	北京市	云南省	广东省	广东省	广东省
18	广西壮族自治区	吉林省	海南省	云南省	上海市	西藏自治区	贵州省	云南省
19	湖南省	山西省	广东省	甘肃省	湖北省	贵州省	海南省	海南省
20	江西省	黑龙江省	贵州省	青海省	重庆市	河南省	山西省	江西省
21	山西省	山东省	上海市	江西省	吉林省	内蒙古自治区	内蒙古自治区	甘肃省
22	山东省	贵州省	湖北省	西藏自治区	西藏自治区	海南省	广西壮族自治区	广西壮族自治区
23	海南省	青海省	山西省	山西省	广东省	山西省	江西省	河南省
24	河南省	广西壮族自治区	黑龙江省	黑龙江省	内蒙古自治区	吉林省	黑龙江省	黑龙江省
25	新疆维吾尔自治区	新疆维吾尔自治区	吉林省	新疆维吾尔自治区	黑龙江省	甘肃省	吉林省	吉林省
26	吉林省	湖北省	广西壮族自治区	福建省	新疆维吾尔自治区	云南省	河南省	山西省

续表

排名	2013年	2014年	2015年	2016年	2017年	2018年	2019年	2020年
27	辽宁省	河南省	青海省	湖北省	海南省	新疆维吾尔自治区	青海省	贵州省
28	贵州省	甘肃省	陕西省	广西壮族自治区	广西壮族自治区	广西壮族自治区	甘肃省	青海省
29	陕西省	海南省	甘肃省	吉林省	陕西省	青海省	新疆维吾尔自治区	新疆维吾尔自治区
30	青海省	陕西省	内蒙古自治区	陕西省	甘肃省	陕西省	陕西省	陕西省

如表5-10所示，2013年，非器械类中国医药企业研发指数均值排名前五的省份是天津市61.485，安徽省61.470，西藏自治区61.365，河北省61.354，四川省61.098。

2014年，非器械类中国医药企业研发指数均值排名前五的省份是河北省61.527，安徽省61.274，江苏省61.245，天津市61.197，福建省61.077。

2015年，非器械类中国医药企业研发指数均值排名前五的省份是河北省61.575，福建省61.477，天津市61.246，江西省61.095，四川省60.941。

2016年，非器械类中国医药企业研发指数均值排名前五的省份是河北省61.428，天津市61.220，安徽省61.202，贵州省61.177，辽宁省61.039。

2017年，非器械类中国医药企业研发指数均值排名前五的省份是河北省61.648，天津市61.468，安徽省61.091，河南省61.019，浙江省60.994。

2018年，非器械类中国医药企业研发指数均值排名前五的省份是河北省61.801，天津市61.678，安徽省61.596，四川省61.531，江苏省61.471。

2019年，非器械类中国医药企业研发指数均值排名前五的省份是安徽省61.847，江苏省61.791，河北省61.702，天津市61.469，四川省61.131。

2020年，非器械类中国医药企业研发指数均值排名前五的省份是河北省61.738，江苏省61.542，天津市61.447，安徽省61.388，重庆市61.333。

综上所述，非器械类中国医药企业研发指数均值相对较高的省份多集中在我国的东部和中部，其他地区的研发指数均值相对较低。

各省样本企业2013~2020年研发指数中位数详见表5-11。总体来看，各省份间研发指数中位数均有起伏，呈不同变动趋势。2013~2020年研发指数中位数有16个省份呈上升趋势，增长幅度最大的省份为山东省，增长0.991%；有14个省份呈下降趋势，下降幅度最大的省份为四川省，下降2.159%。2013~2020年各省份研发指数中位数差距较小,但各省份间差异逐渐加大,2013 年中位数最大差距为 1.47,2020 年中位数最大差距为 1.73,增长 17.69%。

表 5-11　　　　非器械类中国医药企业各省历年研发指数中位数

省份	2013 年	2014 年	2015 年	2016 年	2017 年	2018 年	2019 年	2020 年
安徽省	61.470	61.274	61.068	61.165	61.088	61.511	61.298	61.151
北京市	60.472	60.676	60.678	60.415	60.246	60.420	60.498	60.451
福建省	60.614	61.077	61.477	60.624	61.147	60.467	60.900	60.586
甘肃省	60.651	60.209	60.209	60.654	60.214	60.427	60.219	60.735
广东省	60.457	60.819	60.644	60.446	60.379	60.314	60.376	60.484
广西壮族自治区	60.289	60.002	60.005	60.050	60.001	60.001	60.028	60.044
贵州省	60.221	60.457	60.579	61.384	61.266	60.608	60.637	60.420
海南省	60.549	60.212	60.738	60.925	60.318	60.505	60.567	60.359
河北省	61.484	61.531	61.842	61.138	61.466	61.450	61.916	61.758
河南省	60.393	60.324	60.475	61.016	60.705	60.296	60.116	60.251
黑龙江省	60.972	60.485	60.235	60.539	60.603	60.578	60.385	60.198
湖北省	60.276	60.073	60.333	60.031	60.308	60.423	60.495	60.470
湖南省	60.176	60.498	60.221	60.250	60.555	60.255	60.295	60.643
吉林省	60.215	60.550	60.061	60.129	60.884	60.322	60.084	60.305
江苏省	60.126	60.221	60.314	60.855	60.235	60.776	60.773	60.651
江西省	60.473	60.766	61.163	60.866	60.998	60.670	60.586	60.719
辽宁省	60.033	60.039	60.579	61.360	61.151	61.287	60.794	60.618
内蒙古自治区	60.882	60.866	60.022	60.902	60.458	60.478	60.059	60.855
青海省	60.134	60.466	60.311	60.652	60.866	60.286	60.322	60.465
山东省	60.323	60.154	60.771	60.527	60.910	60.887	60.887	60.921
山西省	60.776	60.503	60.676	60.580	60.854	60.498	60.442	60.059
陕西省	60.013	60.015	60.016	60.018	60.018	60.019	60.018	60.035
上海市	60.885	60.644	60.414	60.601	60.303	60.420	60.473	60.983
四川省	61.404	60.947	60.912	60.475	60.029	60.450	60.169	60.078
天津市	61.225	60.923	61.027	60.965	61.020	60.935	60.958	61.311
西藏自治区	61.421	61.375	60.569	60.868	60.458	60.208	60.854	60.554
新疆维吾尔自治区	60.421	60.424	60.828	60.513	60.448	60.322	60.199	60.312
云南省	60.946	60.850	60.812	60.747	60.584	60.136	60.674	60.922
浙江省	60.487	60.610	60.569	60.543	60.890	60.803	60.812	60.525
重庆市	61.098	60.305	60.678	60.545	60.405	60.464	61.149	60.811
全部省份	60.574	60.490	60.569	60.661	60.600	60.502	60.587	60.619

具体地,河北省研发指数中位数除了 2016 年排名第四和 2018 年排名第二以外,其他年份排名均为第一。河北省 2013 年研发指数中位数为 61.484,2020 年研发指数

中位数为 61.758，上升 0.446%。安徽省常年排名前五，2013 年研发指数中位数为 61.470，2020 年研发指数中位数为 61.151，下降 0.519%。各省 2013~2020 年研发指数中位数排名详见表 5-12。

表 5-12　　非器械类中国医药企业各省历年研发指数中位数排名

排名	2013 年	2014 年	2015 年	2016 年	2017 年	2018 年	2019 年	2020 年
1	河北省	河北省	河北省	贵州省	河北省	安徽省	河北省	河北省
2	安徽省	西藏自治区	福建省	辽宁省	贵州省	河北省	安徽省	天津市
3	西藏自治区	安徽省	江西省	安徽省	辽宁省	辽宁省	重庆市	安徽省
4	四川省	福建省	安徽省	河北省	福建省	天津市	天津市	上海市
5	天津市	四川省	天津市	河南省	安徽省	山东省	福建省	云南省
6	重庆市	天津市	四川省	天津市	天津市	浙江省	山东省	山东省
7	黑龙江省	内蒙古自治区	新疆维吾尔自治区	海南省	江西省	江苏省	西藏自治区	内蒙古自治区
8	云南省	云南省	云南省	内蒙古自治区	山东省	江西省	浙江省	重庆市
9	上海市	广东省	山东省	西藏自治区	浙江省	贵州省	辽宁省	甘肃省
10	内蒙古自治区	江西省	海南省	江西省	吉林省	黑龙江省	江苏省	江西省
11	山西省	北京市	北京市	江苏省	青海省	海南省	云南省	江苏省
12	甘肃省	上海市	重庆市	云南省	山西省	山西省	贵州省	湖南省
13	福建省	浙江省	山西省	甘肃省	河南省	内蒙古自治区	江西省	辽宁省
14	海南省	吉林省	广东省	青海省	黑龙江省	福建省	海南省	福建省
15	浙江省	山西省	贵州省	福建省	云南省	重庆市	北京市	西藏自治区
16	江西省	湖南省	辽宁省	上海市	湖南省	四川省	湖北省	浙江省
17	北京市	黑龙江省	西藏自治区	山西省	内蒙古自治区	甘肃省	上海市	广东省
18	广东省	青海省	浙江省	重庆市	西藏自治区	湖北省	山西省	湖北省
19	新疆维吾尔自治区	贵州省	河南省	浙江省	新疆维吾尔自治区	北京市	黑龙江省	青海省
20	河南省	新疆维吾尔自治区	上海市	黑龙江省	重庆市	上海市	广东省	北京市
21	山东省	河南省	湖北省	山东省	广东省	吉林省	青海省	贵州省
22	广西壮族自治区	重庆市	江苏省	新疆维吾尔自治区	海南省	新疆维吾尔自治区	湖南省	海南省

续表

排名	2013年	2014年	2015年	2016年	2017年	2018年	2019年	2020年
23	湖北省	江苏省	青海省	四川省	湖北省	广东省	甘肃省	新疆维吾尔自治区
24	贵州省	海南省	黑龙江省	广东省	上海市	河南省	新疆维吾尔自治区	吉林省
25	吉林省	甘肃省	湖南省	北京市	北京市	青海省	四川省	河南省
26	湖南省	山东省	甘肃省	湖南省	江苏省	湖南省	河南省	黑龙江省
27	青海省	湖北省	吉林省	吉林省	甘肃省	西藏自治区	吉林省	四川省
28	江苏省	辽宁省	内蒙古自治区	广西壮族自治区	四川省	云南省	内蒙古自治区	山西省
29	辽宁省	陕西省	陕西省	湖北省	陕西省	陕西省	广西壮族自治区	广西壮族自治区
30	陕西省	广西壮族自治区	广西壮族自治区	陕西省	广西壮族自治区	广西壮族自治区	陕西省	陕西省

如表5-12所示，2013年，非器械类中国医药企业研发指数中位数排名前五的省份是河北省61.484，安徽省61.470，西藏自治区61.421，四川省61.404，天津市61.225。

2014年，非器械类中国医药企业研发指数中位数排名前五的省份是河北省61.531，西藏自治区61.375，安徽省61.274，福建省61.077，四川省60.947。

2015年，非器械类中国医药企业研发指数中位数排名前五的省份是河北省61.842，福建省61.477，江西省61.163，安徽省61.068，天津市61.027。

2016年，非器械类中国医药企业研发指数中位数排名前五的省份是贵州省61.384，辽宁省61.360，安徽省61.165，河北省61.138，河南省61.016。

2017年，非器械类中国医药企业研发指数中位数排名前五的省份是河北省61.466，贵州省61.266，辽宁省61.151，福建省61.147，安徽省61.088。

2018年，非器械类中国医药企业研发指数中位数排名前五的省份是安徽省61.511，河北省61.450，辽宁省61.287，天津市60.935，山东省60.887。

2019年，非器械类中国医药企业研发指数中位数排名前五的省份是河北省61.916，安徽省61.298，重庆市61.149，天津市60.958，福建省60.900。

2020年，非器械类中国医药企业研发指数中位数排名前五的省份是河北省61.758，天津市61.311，安徽省61.151，上海市60.983，云南省60.922。

综上所述，与研发指数均值的分布类似，非器械类中国医药企业研发指数各省中位数相对较高的省份多集中在我国的东部和中部，其他地区的研发指数中位数相对较低。

第四节 细分行业

从 GICS（全球行业分类标准）子行业分类来看，我国非器械类医药样本企业主要分布在制药、生物科技、医疗保健服务、药品零售、医疗保健设备与用品五大细分行业。[①] 2013~2020 年该五大细分行业中，医疗保健设备与用品企业数最少，其余四大细分行业历年企业数目均在 10 家以上。其中，制药企业数量始终远超其他细分行业，历年企业数均在 100 家以上。以 2020 年为例，制药、生物科技、医疗保健服务、药品零售和医疗保健设备与用品五大细分行业企业数量分别为 246 家（占比 63.731%）、33 家（占比 8.549%）、26 家（占比 6.736%）、22 家（占比 5.699%）和 15 家（占比 3.886%）。

五大细分行业历年研发指数均值详见表 5-13 和图 5-6。由表 5-13 可知，五大细分行业研发指数均值范围在 60.076 到 61.278 之间，且总体呈上升趋势，其中，制药、生物科技和医疗保健设备与用品行业的研发指数均值上升幅度相对较大，2013 年至 2020 年的年均增长率分别为 0.074%、0.074% 和 0.046%，而整体研发水平普遍靠后的医疗保健服务和药品零售行业的研发指数均值上升幅度较小，且期间存在一定波动，2013 年至 2020 年其年均增长率分别为 0.024% 和 0.017%。

相对水平方面，2013 年至 2020 年，制药行业研发平均水平普遍领先于其他行业，生物科技行业次之；原排名靠后的医疗保健设备与用品行业后来居上，其研发指数均值从 2014 年的最低水平跃升至 2020 年的第三名，反超了药品零售和医疗保健服务行业；药品零售和医疗保健服务的研发指数平均水平差距较小，但药品零售研发指数均值普遍更低，研发水平处于五大细分行业中最低水平。以 2020 年为例，制药、生物科技、医疗保健设备与用品、医疗保健服务和药品零售细分行业样本企业研发指数均值分别为 61.278、61.084、60.475、60.314 和 60.215，制药和生物科技细分行业研发水平占有领先优势。

表 5-13   非器械类中国医药企业五大细分行业研发指数历年平均值

细分行业	2013 年	2014 年	2015 年	2016 年	2017 年	2018 年	2019 年	2020 年	年均增长率
生物科技	60.771	60.768	60.763	60.705	60.711	60.792	61.256	61.084	0.074%
药品零售	60.142	60.138	60.145	60.170	60.318	60.244	60.216	60.215	0.017%
医疗保健服务	60.213	60.245	60.399	60.224	60.297	60.208	60.254	60.314	0.024%

[①] 医疗保健服务主要包括保健护理产品经销商、保健护理服务、保健护理机构和管理型保健护理；医疗保健设备与用品包括医疗保健设备和医疗保健用品。

续表

细分行业	2013年	2014年	2015年	2016年	2017年	2018年	2019年	2020年	年均增长率
医疗保健设备与用品	60.280	60.076	60.166	60.196	60.324	60.505	60.413	60.475	0.046%
制药	60.961	60.940	60.946	61.036	61.045	61.182	61.181	61.278	0.074%

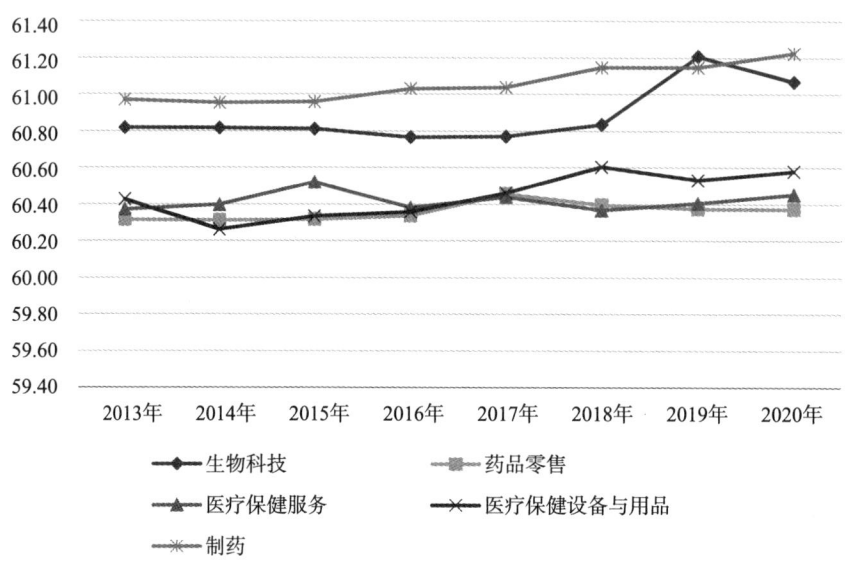

图5-6 非器械类中国医药企业五大细分行业研发指数历年平均值

五大细分行业历年研发指数中位数详见表5-14和图5-7。由表5-14可知，五大细分行业研发指数中位数范围在60.001~60.944之间，小于均值的分布范围，且研发指数中位数在发展趋势方面的表现和均值也略有差别。2013~2020年，只有医疗保健设备与用品和制药行业的研发指数中位数有较为明显的增长趋势，期间年均增长率分别为0.039%和0.015%，低于均值的年均增长率；而药品零售和医疗保健服务历年研发指数中位数几乎不变；生物科技行业的研发指数中位数除了在2017年显著降低外，其他年份都在60.850上下波动。

表5-14　　非器械类中国医药企业五大细分行业研发指数历年中位数

细分行业	2013年	2014年	2015年	2016年	2017年	2018年	2019年	2020年	年均增长率
生物科技	60.944	60.877	60.812	60.836	60.442	60.586	60.918	60.784	-0.038%
药品零售	60.002	60.001	60.003	60.004	60.004	60.006	60.009	60.015	0.003%
医疗保健服务	60.013	60.016	60.084	60.024	60.009	60.022	60.021	60.012	0.000%
医疗保健设备与用品	60.002	60.002	60.011	60.003	60.281	60.315	60.096	60.167	0.039%
制药	60.854	60.831	60.843	60.885	60.870	60.819	60.874	60.917	0.015%

第五章 非器械类中国医药企业研发指数分析

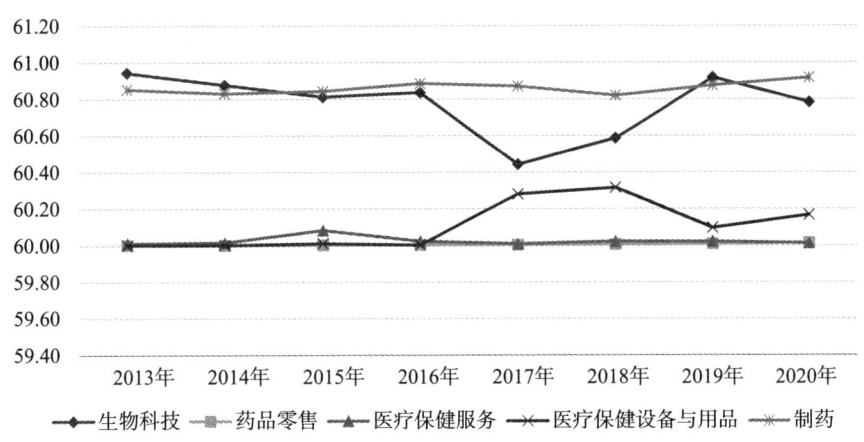

图 5-7 非器械类中国医药企业五大细分行业研发指数历年中位数

相对水平方面,研发指数中位数的表现与均值相似。2013~2020年,制药行业研发水平普遍领先于其他行业,生物科技次之,但相比于均值间的差距,二者中位数的差距相对不大;医疗保健设备与用品后来居上,其研发指数中位数从2017年开始从最低水平跃升至第三名,且一直保持第三名;药品零售和医疗保健服务的研发指数中位数相差不大,但药品零售研发指数中位数更低,研发水平始终处于五大细分行业中最低水平。以2020年为例,制药、生物科技、医疗保健设备与用品、药品零售和医疗保健服务行业样本企业研发指数中位数分别为60.917、60.784、60.167、60.015和60.012,制药和生物科技细分行业研发水平占有相对领先优势。

第六章 非器械类中国医药企业研发指数一级指标分析

第一节 研发投入

一、整体情况

如表 6-1 和图 6-1 所示，我国非器械类医药企业研发投入指数持续上涨，2018 年和 2019 年增速尤为显著。从数值来看，各年平均值均高于中位数且差距自 2018 年起显著增大，说明非器械类中国医药企业研发投入指数呈右偏分布，研发投入进一步拉大了企业间的差距，存在部分高研发投入企业，而最大值的增长情况，进一步说明研发投入越靠前的企业其优势越来越大。具体来看，非器械类中国医药企业研发投入指数均值从 2013 年的 15.041 增长至 2020 年的 15.157，中位数由 2013 年的 15.025 增长至 2020 年的 15.055。最大值出现在 2019 年，为 21.679，略高于 2020 年的 19.661；最小值历年均为 15.000。

表 6-1　　非器械类中国医药企业历年研发投入指数情况

指标	2013 年	2014 年	2015 年	2016 年	2017 年	2018 年	2019 年	2020 年
平均值	15.041	15.045	15.051	15.063	15.072	15.114	15.155	15.157
中位数	15.025	15.027	15.029	15.035	15.037	15.044	15.055	15.055
最小值	15.000	15.000	15.000	15.000	15.000	15.000	15.000	15.000
P1	15.000	15.000	15.000	15.000	15.000	15.000	15.000	15.000
P25	15.010	15.010	15.012	15.014	15.015	15.019	15.022	15.021

续表

指标	2013年	2014年	2015年	2016年	2017年	2018年	2019年	2020年
P75	15.050	15.050	15.060	15.068	15.079	15.108	15.119	15.137
P99	15.290	15.330	15.461	15.600	15.805	16.293	16.958	16.951
最大值	15.339	15.385	15.512	16.302	16.744	18.302	21.679	19.661

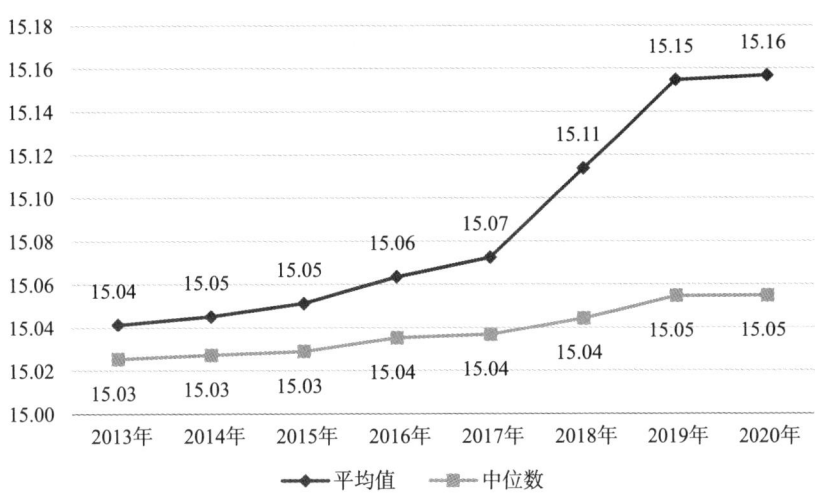

图6-1 非器械类中国医药企业历年研发投入指数平均值和中位数

2020年非器械类中国医药企业研发投入指数排名前20企业的分布情况详见表6-2。由表6-2可知，排名前20的企业来自港交所、上交所、美国NASDAQ和深交所的企业数分别为15家、6家、3家和1家，占比分别为75%、30%、15%和5%，其中，百济神州和再鼎医药在港交所和美国NASDAQ证券交易所两地上市，复星医药、君实生物和上海医药在上交所和港交所两地上市。可见，研发投入指数排名前20的企业中，港交所上市的企业是研发投入主力军，上交所次之，深交所最低。

表6-2　2020年非器械类中国医药企业研发投入指数排名前20的企业情况

排名	公司名称	研发投入指数	上市地	境内上市板块	实际运营地	GICS细分行业
1	百济神州	19.661	港交所/美国NASDAQ		北京市	制药
2	恒瑞医药	17.439	上交所	主板	江苏省	制药
3	天境生物	17.213	美国NASDAQ		上海市	制药
4	复星医药	16.951	上交所/港交所	主板	上海市	制药
5	基石药业	16.875	港交所		上海市	生物科技
6	嘉和生物	16.707	港交所		上海市	制药

续表

排名	公司名称	研发投入指数	上市地	境内上市板块	实际运营地	GICS细分行业
7	再鼎医药	16.178	港交所/美国NASDAQ		上海市	生物科技
8	君实生物	16.150	上交所/港交所	科创板	上海市	制药
9	信达生物	16.113	港交所		江苏省	制药
10	金斯瑞生物科技	15.964	港交所		江苏省	生命科学工具和服务
11	上海医药	15.953	上交所/港交所	主板	上海市	医疗保健服务
12	恒大汽车	15.867	港交所		广东省	医疗保健服务
13	亚盛医药	15.797	港交所		江苏省	制药
14	和铂医药	15.756	港交所		上海市	制药
15	科伦药业	15.751	深交所	主板	四川省	制药
16	健康元	15.639	上交所	主板	广东省	制药
17	翰森制药	15.638	港交所		江苏省	制药
18	神州细胞	15.626	上交所	科创板	北京市	制药
19	欧康维视生物	15.619	港交所		江苏省	医疗保健技术
20	复宏汉霖	15.618	港交所		上海市	制药

从境内上市板块来看，排名前20企业主要集中在主板，共5家；科创板次之，共两家，占比分别为25%和10%。

从实际运营地来看，排名前20企业来自上海市、江苏省、北京市、广东省和四川省，分别有9家、6家、2家、2家和1家。从地区分布来看，排名前20的企业主要分布于东部地区，占比95%，其次为西部地区，占比5%。

从全球行业分类标准（GICS）来看，排名前20的企业主要集中在制药行业，共14家，占比为70%。此外，还有生物科技和医疗保健服务企业各两家、医疗保健技术和生命科学工具和服务各一家。

二、上市地与境内上市板块

2013~2020年，按上市地划分的非器械类中国医药企业研发投入指数均值详见图6-2和表6-3。总体来看，四类上市地样本企业的研发投入指数均值均呈上升趋势。其中，美股上升趋势最为显著且具有显著的领先地位，各类上市地样本企业研发投入指数均值的差距呈放大趋势。美股高增长和高领先的研发投入为其研发指数水平的增长和优势作出了较大的贡献。

表6-3　　　　非器械类中国医药企业各上市地研发投入指数历年平均值

上市地	2013年	2014年	2015年	2016年	2017年	2018年	2019年	2020年
港交所（平均值）	15.024	15.032	15.030	15.030	15.028	15.156	15.342	15.230
美国（平均值）	15.022	15.032	15.021	15.275	15.369	15.569	15.455	15.713
上交所（平均值）	15.057	15.062	15.077	15.087	15.095	15.129	15.142	15.154
深交所（平均值）	15.036	15.038	15.042	15.051	15.060	15.077	15.088	15.091

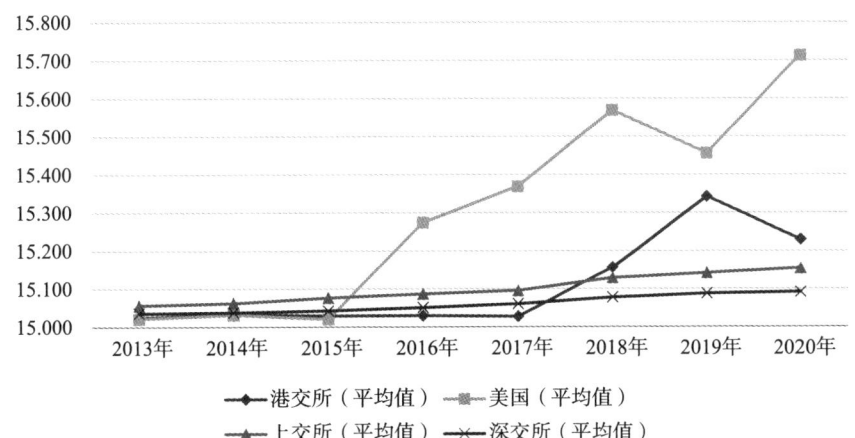

图6-2　非器械类中国医药企业各上市地研发投入指数历年平均值

具体地，上交所样本企业研发投入指数均值在2016年之前保持第一，但在2016年被美股反超，排至第二，在2018年又被港交所反超，排至第三。2013年平均值为15.057，2020年平均值为15.154，上升0.097，上升百分比为0.644%，整体呈逐年稳步上升趋势。

深交所样本企业均值常年低于上交所，其同样在2016年和2018年分别被美股和港交所反超。2013年，深交所样本企业平均值为15.036，2020年平均值为15.091，上升0.055，上升百分比为0.366%，整体上升幅度略低于上交所。

港交所样本企业均值在2018年反超上交所和深交所，排名第二，其2013年平均值为15.024，2020年平均值为15.230，上升0.206，上升百分比为1.371%，整体上升幅度高于上交所和深交所；2018年和2019年，其上升幅度较大，分别上升0.128和0.186，上升百分比分别为0.852%和1.227%。

2016年之前，美股样本企业均值低于其他三类上市地样本企业均值，但在2016年一跃超过其他上市地，排至第一，随后几年均保持第一的优势，且在2020年与其他上市地的最大差距已放大至0.622。2013年平均值为15.022，2020年平均值为15.713，上升0.691，上升百分比为4.600%，为各类上市地样本企业最大升幅。

2013~2020年，按上市地划分的非器械类中国医药企业研发投入指数中位数详见图6-3和表6-4。总体来看，四类上市地样本企业的研发投入指数中位数呈不同变化趋势，其中，美股样本企业的研发投入指数中位数呈下降趋势，与其他上市地的变化趋势相反，丧失了其原本的优势地位。此外，各类上市地样本企业研发投入指数中位数的差距呈略微放大趋势。

表6-4　　　　非器械类中国医药企业各上市地研发投入指数历年中位数

上市地	2013年	2014年	2015年	2016年	2017年	2018年	2019年	2020年
港交所（中位数）	15.005	15.005	15.007	15.005	15.002	15.011	15.027	15.016
美国（中位数）	15.026	15.043	15.015	15.006	15.001	15.001	15.000	15.022
上交所（中位数）	15.030	15.030	15.037	15.040	15.042	15.053	15.060	15.065
深交所（中位数）	15.026	15.028	15.029	15.040	15.039	15.048	15.059	15.056

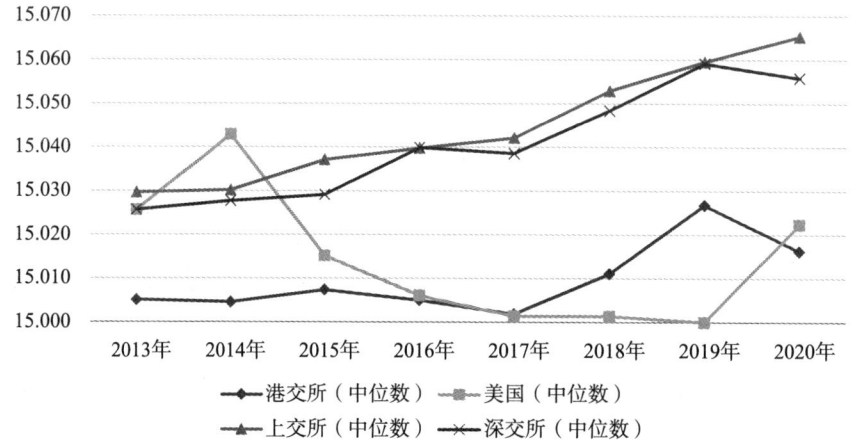

图6-3　非器械类中国医药企业各上市地研发投入指数历年中位数

具体地，上交所样本企业研发投入指数中位数常年保持第一。2013年中位数为15.030，2020年中位数为15.065，上升0.035，上升百分比为0.233%，整体呈逐年稳步上升趋势。

深交所样本企业中位数常年低于上交所，其在2015年超过美股，此后，常年排在第二。2013年，深交所样本企业中位数为15.026，2020年中位数为15.056，上升0.030，上升百分比为0.200%，整体上升幅度略低于上交所。2019~2020年，其变动趋势与上交所的变动趋势相反，呈下降趋势，下降了0.003，下降百分比为0.020%。

港交所样本企业中位数在2018年以前波动较小，但2018年和2019年的上升趋势显著，反超美股，排在第三。2013年中位数为15.005，2020年中位数为15.016，上升0.011，上升百分比为0.073%，整体上升幅度低于上交所和深交所；2018年和

2019年，其上升幅度相对较大，分别上升0.009和0.016，上升百分比分别为0.060%和0.107%。

2015年之前，美股样本企业中位数排名靠前，在2014年更是一跃超过其他上市地，排至第一，但在随后几年美股中位数呈下降趋势，更是在2017年被港交所超越，变动趋势与均值相反，说明美股研发投入水平两极化程度愈发显著，高研发投入的企业优势更加明显。2013年其中位数为15.026，2020年中位数为15.022，下降0.004，下降百分比为0.027%，为各类上市地样本企业变动幅度最小。2015年，其下降幅度较大，下降了0.028，下降百分比为0.186%；2020年，其上升幅度也较大，上升了0.022，上升百分比为0.147%。

境内各上市板块非器械类中国医药企业历年研发投入指数均值详见图6-4和表6-5。总体来看，2013~2020年，主板样本企业历年研发投入指数均值领先创业板，且各板块样本企业历年研发投入指数的均值均呈上升趋势，其中，科创板的上升趋势最为显著。各类上市板块样本企业研发投入指数均值的差距呈放大趋势。

表6-5　　非器械类中国医药企业境内各上市板块研发投入指数历年平均值

板块	2013年	2014年	2015年	2016年	2017年	2018年	2019年	2020年
创业板（平均值）	15.038	15.041	15.042	15.052	15.059	15.075	15.083	15.084
科创板（平均值）	—	—	—	—	—	—	15.071	15.154
主板（平均值）	15.045	15.048	15.058	15.067	15.077	15.102	15.116	15.124

图6-4　非器械类中国医药企业境内各上市板块研发投入指数历年平均值

具体地，创业板样本企业历年研发投入指数均值均落后于主板，2013年平均值为15.038，2020年平均值为15.084，上升0.046，上升百分比为0.306%，整体上升趋势良好。

主板样本企业均值常年领先于创业板,2013 年平均值为 15.045,2020 年平均值为 15.124,上升 0.079,上升百分比为 0.525%,整体上升幅度略高于创业板。2013~2020 年,主板与创业板之间样本企业研发投入指数均值差距显著放大,从 2013 年的 0.007,到 2020 年的 0.040,差距放大了 0.033。

科创板样本企业均值在 2019 年排名靠后,但在 2020 年一跃反超其他板块。2019 年平均值为 15.071,2020 年平均值为 15.154,上升 0.083,上升百分比为 0.551%,上升幅度远超当年其他板块研发投入指数均值的上升幅度。

境内各上市板块非器械类中国医药企业历年研发投入指数的中位数详见图 6-5 和表 6-6。总体来看,2013~2020 年,各板块样本企业历年研发投入指数的中位数呈上升趋势,且科创板上升趋势最为显著,但与均值情况有所不同,创业板样本企业历年研发投入指数中位数均领先主板,且各类上市板块样本企业研发投入指数中位数的差距较小并保持稳定。

表 6-6 非器械类中国医药企业境内各上市板块研发投入指数历年中位数

板块	2013 年	2014 年	2015 年	2016 年	2017 年	2018 年	2019 年	2020 年
创业板(中位数)	15.034	15.037	15.039	15.042	15.038	15.053	15.065	15.061
科创板(中位数)	—	—	—	—	—	—	15.060	15.095
主板(中位数)	15.025	15.028	15.029	15.039	15.041	15.046	15.059	15.055

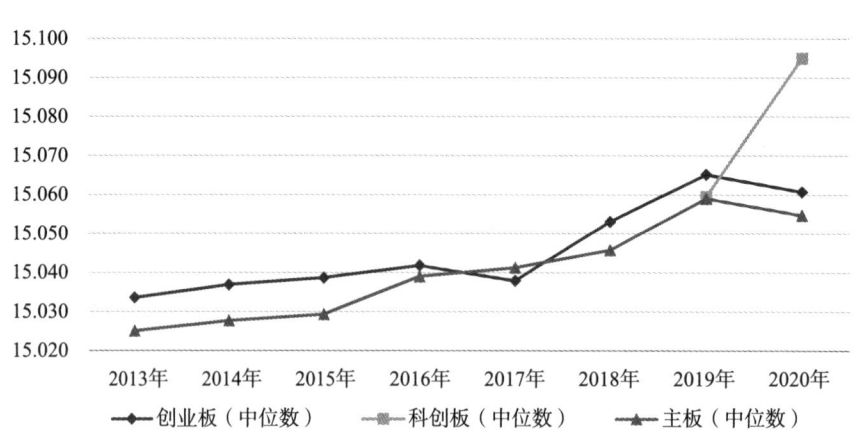

图 6-5 非器械类中国医药企业境内各上市板块研发投入指数历年中位数

具体地,创业板样本企业研发投入指数历年中位数总体领先于主板样本企业,2013 年中位数为 15.034,2020 年中位数为 15.061,上升 0.027,上升百分比为 0.180%,整体上升趋势良好。2017 年和 2020 年,出现两次小幅下降,均下降了 0.004,下降百分比均为 0.027%。

主板样本企业研发投入指数中位数常年低于其他板块,2013 年中位数为 15.025,2020 年中位数为 15.055,上升 0.030,上升百分比为 0.200%,整体上升趋势略高于创业板。2020 年,同样出现小幅下降,下降了 0.004,下降百分比为 0.027%。

科创板样本企业研发投入指数中位数在 2019 年落后于创业板,但在 2020 年反超创业板,排至第一。2019 年中位数为 15.060,2020 年中位数为 15.095,上升 0.035,上升百分比为 0.232%,该变动趋势与当年其他板块中位数的变动趋势相反。

三、实际运营地

2013~2020 年,按实际运营地划分的非器械类中国医药企业研发投入指数均值详见表 6-7。总体来看,2013~2020 年,各省份研发投入指数均值呈逐渐上升趋势。30 个样本省份中仅黑龙江省的研发投入指数均值出现下降,下降 0.139%。上海市研发投入指数均值上升幅度最大,涨幅为 2.085%。2013 年四川省研发投入指数均值最大,为 15.087,甘肃省最小,为 15.010,2020 年上海市研发投入指数均值最大,为 15.375,甘肃省最小,为 15.011。各省间研发投入指数均值差距增加,2013 年均值最大差异为 0.077,2020 年均值最大差异为 0.364,增长 372.727%。

表 6-7 非器械类中国医药企业各实际运营地研发投入指数历年平均值

省份	2013 年	2014 年	2015 年	2016 年	2017 年	2018 年	2019 年	2020 年
安徽省	15.022	15.049	15.023	15.032	15.050	15.062	15.078	15.062
北京市	15.033	15.036	15.053	15.104	15.112	15.180	15.205	15.244
福建省	15.045	15.041	15.040	15.047	15.042	15.052	15.043	15.051
甘肃省	15.010	15.009	15.009	15.013	15.014	15.015	15.015	15.011
广东省	15.046	15.046	15.052	15.054	15.062	15.088	15.094	15.124
广西壮族自治区	15.018	15.015	15.012	15.014	15.012	15.011	15.023	15.034
贵州省	15.018	15.020	15.025	15.048	15.047	15.041	15.042	15.039
海南省	15.034	15.032	15.035	15.041	15.046	15.054	15.081	15.084
河北省	15.072	15.073	15.077	15.089	15.106	15.141	15.138	15.165
河南省	15.026	15.027	15.032	15.044	15.052	15.050	15.053	15.055
黑龙江省	15.079	15.055	15.060	15.055	15.064	15.066	15.060	15.058
湖北省	15.032	15.043	15.047	15.051	15.061	15.073	15.075	15.077
湖南省	15.014	15.024	15.022	15.031	15.035	15.046	15.049	15.053
吉林省	15.028	15.034	15.041	15.049	15.058	15.067	15.081	15.087
江苏省	15.047	15.052	15.067	15.081	15.092	15.201	15.340	15.285

续表

省份	2013年	2014年	2015年	2016年	2017年	2018年	2019年	2020年
江西省	15.021	15.020	15.021	15.030	15.043	15.054	15.059	15.060
辽宁省	15.032	15.036	15.047	15.055	15.060	15.083	15.103	15.119
内蒙古自治区	15.019	15.020	15.034	15.045	15.071	15.066	15.065	15.075
青海省	15.022	15.031	15.045	15.061	15.064	15.067	15.083	15.108
山东省	15.036	15.042	15.044	15.065	15.067	15.104	15.111	15.105
山西省	15.026	15.026	15.033	15.042	15.058	15.057	15.063	15.061
陕西省	15.018	15.016	15.018	15.032	15.025	15.022	15.019	15.024
上海市	15.061	15.074	15.087	15.095	15.117	15.298	15.518	15.375
四川省	15.087	15.086	15.085	15.089	15.124	15.146	15.183	15.172
天津市	15.078	15.080	15.089	15.088	15.113	15.166	15.148	15.172
西藏自治区	15.044	15.057	15.056	15.041	15.055	15.063	15.080	15.097
新疆维吾尔自治区	15.012	15.011	15.000	15.029	15.029	15.042	15.054	15.024
云南省	15.063	15.076	15.073	15.088	15.080	15.094	15.075	15.063
浙江省	15.054	15.055	15.059	15.068	15.079	15.105	15.111	15.105
重庆市	15.040	15.040	15.049	15.050	15.050	15.066	15.075	15.092
全部省份	15.041	15.045	15.051	15.063	15.072	15.114	15.155	15.157

具体地，2014~2020年，四川省、天津市、上海市样本企业研发投入指数均值一直排名前五。2018~2020年，样本企业研发投入指数均值排名前五的省份均为上海市、江苏省、北京市、四川省、天津市；其中，上海市、江苏省、北京市一直排名前三。

北京市样本企业研发投入指数均值2013年排名仅为第15，2016年上升至排名第一，随后一直排名前五。北京市2013样本企业研发投入指数均值为15.033，2020年为15.244，涨幅为1.404%，上涨幅度排名第三。

上海市样本企业研发投入指数均值2013年排名第6，随后一直排名前五，2018~2020年排名均为第一。上海市样本企业研发投入指数均值2013年为15.061，2020年为15.375，涨幅为2.085%，上涨幅度排名第一。

江苏省样本企业研发投入指数均值2013年排名第8，2018年上升至第二，随后一直保持第二。江苏省样本企业研发投入指数均值2013年为15.047，2020年为15.285，涨幅为1.582%，上涨幅度排名第二。

2013~2020年，按实际运营地划分的非器械类中国医药企业研发投入指数中位数详见表6-8。总体来看，2013~2020年，各省份研发投入指数中位数呈逐渐上升趋势，其中，河北省涨幅最大，涨幅为0.637%。2013~2020年，30个样本省份中仅陕西省、黑龙江省、云南省研发投入指数中位数出现下降，降幅分别为0.007%、0.053%、0.186%。2013年黑龙江省研发投入指数中位数最大，为15.075，贵州省最小，为15.008，2020年河北省研发投入指数中位数最大，为15.156，甘肃省最小，为15.011。各省间研发投入指数中位数差距增加，2013年中位数最大差异为0.067，2020年中位数最大差异为0.145，增长116.418%。

表6-8 非器械类中国医药企业各实际运营地研发投入指数历年中位数

省份	2013年	2014年	2015年	2016年	2017年	2018年	2019年	2020年
安徽省	15.022	15.049	15.022	15.022	15.038	15.052	15.051	15.047
北京市	15.028	15.033	15.044	15.048	15.031	15.035	15.054	15.094
福建省	15.045	15.041	15.040	15.052	15.035	15.044	15.035	15.051
甘肃省	15.010	15.009	15.009	15.013	15.014	15.015	15.015	15.011
广东省	15.030	15.025	15.027	15.026	15.030	15.040	15.047	15.050
广西壮族自治区	15.011	15.002	15.002	15.002	15.001	15.001	15.010	15.024
贵州省	15.008	15.007	15.013	15.032	15.023	15.029	15.032	15.026
海南省	15.026	15.031	15.031	15.044	15.035	15.027	15.055	15.038
河北省	15.060	15.058	15.065	15.084	15.097	15.126	15.147	15.156
河南省	15.019	15.021	15.034	15.035	15.042	15.048	15.052	15.053
黑龙江省	15.075	15.040	15.061	15.045	15.061	15.065	15.068	15.067
湖北省	15.019	15.022	15.024	15.024	15.035	15.032	15.046	15.039
湖南省	15.009	15.023	15.017	15.023	15.025	15.041	15.036	15.035
吉林省	15.023	15.024	15.027	15.034	15.033	15.043	15.066	15.035
江苏省	15.013	15.015	15.023	15.022	15.038	15.063	15.110	15.084
江西省	15.018	15.019	15.021	15.027	15.036	15.038	15.040	15.045
辽宁省	15.033	15.037	15.054	15.045	15.035	15.050	15.076	15.070
内蒙古自治区	15.026	15.021	15.022	15.035	15.047	15.047	15.057	15.053
青海省	15.022	15.031	15.045	15.061	15.064	15.067	15.083	15.108
山东省	15.034	15.036	15.037	15.042	15.038	15.054	15.068	15.067
山西省	15.030	15.022	15.028	15.032	15.035	15.053	15.045	15.049
陕西省	15.013	15.015	15.016	15.018	15.015	15.011	15.014	15.012
上海市	15.026	15.029	15.025	15.028	15.031	15.039	15.048	15.052
四川省	15.032	15.031	15.035	15.036	15.029	15.031	15.032	15.057
天津市	15.054	15.056	15.057	15.059	15.079	15.076	15.106	15.128
西藏自治区	15.033	15.032	15.034	15.029	15.039	15.033	15.040	15.040
新疆维吾尔自治区	15.012	15.011	15.000	15.029	15.029	15.042	15.054	15.024
云南省	15.058	15.055	15.050	15.053	15.057	15.068	15.069	15.030
浙江省	15.033	15.037	15.029	15.038	15.038	15.045	15.058	15.044
重庆市	15.029	15.042	15.040	15.047	15.044	15.058	15.084	15.064
全部省份	15.025	15.027	15.029	15.035	15.037	15.044	15.055	15.055

具体地,河北省研发投入指数中位数排名常年靠前,2013年研发投入指数中位数排名第二,2014~2020年均排名第一。

天津市2013~2020年研发投入指数中位数均排名前五,除了2013年排名第四,2014~2020年均排名前三。天津市研发投入指数中位数2013年为15.054,2020年为15.128,涨幅为0.492%,上涨幅度排名第三。

江苏省研发投入指数中位数2013年为15.013,排名仅为第24;2017年上升至15.038,排名第11;2019年上升至15.110,排名第二;2020年为15.084,排名第五。2013~2020年涨幅为0.473%,上涨幅度排名第四。

青海省研发投入指数中位数2013年为15.022,排名第19,2016年上升至15.061,排名第二,2020年为15.108,排名第三。2013~2020年涨幅为0.572%,上涨幅度排名第二。

北京市研发投入指数中位数2013年为15.028,排名第14,2019年为15.054,排名第14,2020年上升至15.094,排名第四。2013~2020年涨幅为0.439%,上涨幅度排名第五。

四、细分行业

我国非器械类医药企业五大细分行业历年研发投入指数均值详见表6-9和图6-6。由表6-9可知,五大细分行业研发投入指数均值范围主要集中在15.009~15.219区间,且总体呈上升趋势。其中,生物科技和制药行业的研发投入指数均值增长较快,医疗保健服务和医疗保健设备与用品行业次之,药品零售行业最慢。2013年至2020年期间,各行业研发投入指数均值的年均增长率从大到小依次为0.166%(生物科技)、0.123%(制药)、0.069%(医疗保健服务)、0.030%(医疗保健设备与用品)和0.010%(药品零售)。

表6-9　非器械类中国医药企业五大细分行业研发投入指数历年平均值

细分行业	2013年	2014年	2015年	2016年	2017年	2018年	2019年	2020年	年均增长率
生物科技	15.043	15.056	15.079	15.087	15.087	15.113	15.387	15.219	0.166%
药品零售	15.010	15.010	15.009	15.010	15.011	15.016	15.018	15.020	0.010%
医疗保健服务	15.025	15.029	15.031	15.030	15.039	15.052	15.062	15.098	0.069%
医疗保健设备与用品	15.004	15.005	15.006	15.006	15.011	15.032	15.039	15.036	0.030%
制药	15.051	15.055	15.061	15.078	15.088	15.142	15.169	15.181	0.123%

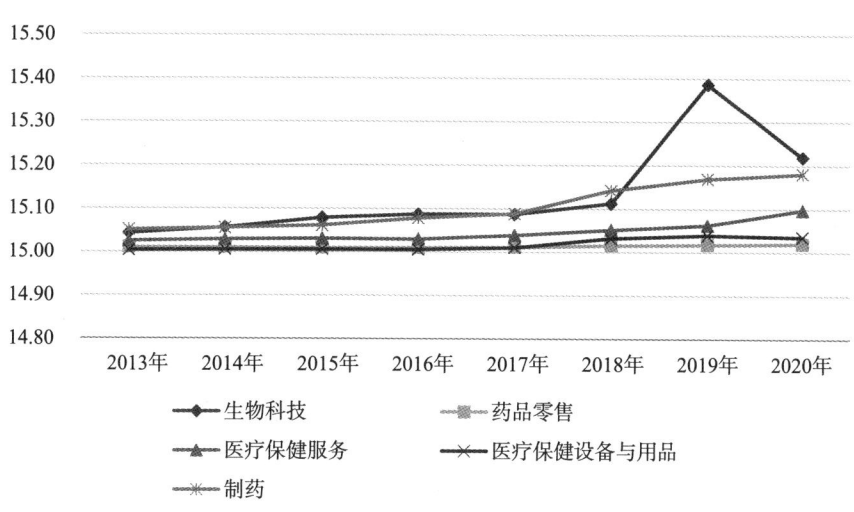

图 6-6 非器械类中国医药企业五大细分行业研发投入指数历年平均值

相对水平方面，2013 年至 2020 年期间，制药和生物科技行业的研发投入平均水平总体相当，且始终领先于其他细分行业，但在 2019 年，生物科技研发投入指数均值由 15.113 大幅提升至 15.387，明显高于制药行业，二者差距有所放大。2020 年生物科技研发投入指数均值虽回归正常水平，但仍比制药行业分值高 0.038，明显高于历史水平；此外，凭着相对较高的增速，医疗保健服务研发投入指数均值历年稳居行业第三；医疗保健设备与用品研发投入自 2018 年起开始发力，超越药品零售行业，跃居行业第四。以 2020 年为例，生物科技、制药、医疗保健服务、医疗保健设备与用品和药品零售行业样本企业研发投入指数均值分别为 15.219、15.181、15.098、15.036 和 15.020。

五大细分行业历年研发投入指数中位数详见表 6-10 和图 6-7。由表 6-10 可知，五大细分行业研发投入指数中位数范围在 15.000~15.102 之间，小于均值的分布范围，且研发投入指数中位数在发展趋势方面的表现和均值也略有差别。2013~2020 年，生物科技和制药行业研发投入指数中位数的增速同样处于相对较高水平，但明显低于其均值的增速，期间年均增长率分别为 0.043% 和 0.030%，可见，其研发投入水平的提高主要集中在头部企业，尤其制药行业的均值与生物科技行业相当，而中位数却更低，说明制药行业研发投入水平的两极化现象更为明显；医疗保健设备与用品的研发投入指数中位数增速与其均值增速相当，期间年均增长率为 0.030%，在五大细分行业中增速排名第二；药品零售和医疗保健服务增速最慢，期间年均增长率分别为 0.011% 和 0.009%。

表6-10 非器械类中国医药企业五大细分行业研发投入指数历年中位数

细分行业	2013年	2014年	2015年	2016年	2017年	2018年	2019年	2020年	年均增长率
生物科技	15.046	15.052	15.065	15.065	15.065	15.102	15.098	15.091	0.043%
药品零售	15.002	15.001	15.001	15.002	15.001	15.005	15.006	15.014	0.011%
医疗保健服务	15.000	15.000	15.001	15.001	15.001	15.002	15.010	15.010	0.009%
医疗保健设备与用品	15.001	15.002	15.003	15.003	15.005	15.018	15.023	15.033	0.030%
制药	15.032	15.034	15.038	15.046	15.047	15.057	15.069	15.063	0.030%

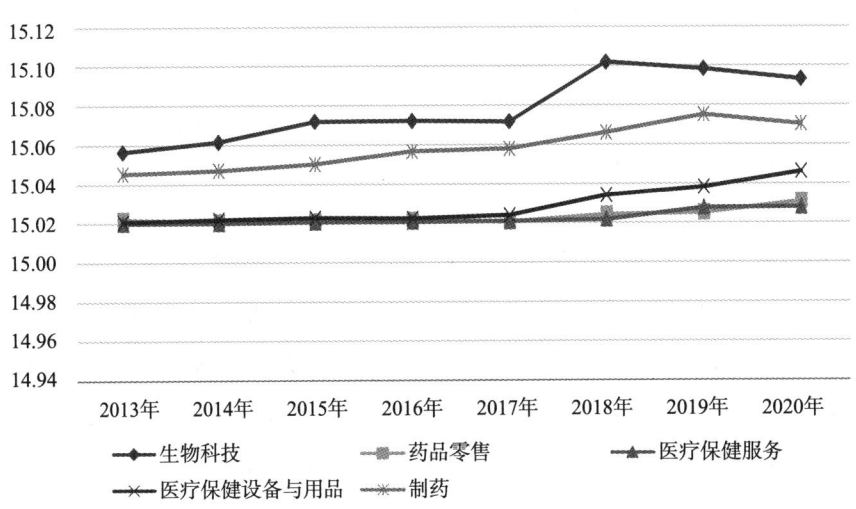

图6-7 非器械类中国医药企业五大细分行业研发投入指数历年中位数

相对水平方面，研发投入指数中位数的表现与均值也略有差别。2013~2020年，生物科技行业的研发投入指数中位数明显高于其他细分行业，制药行业次之，二者历年均保持0.025左右的差距；此外，自医疗保健设备与用品于2017年发力以来，研发投入指数中位数超越了药品零售和医疗保健服务行业，跃居第三；而药品零售和医疗保健服务的研发投入指数中位数水平相当，处于五大细分行业中最低水平。以2020年为例，生物科技、制药、医疗保健设备与用品、药品零售、医疗保健服务行业样本企业研发投入指数中位数分别为15.091、15.063、15.033、15.014和15.010。

第二节 阶段性成果

一、整体情况

如表6-11和图6-8所示，我国非器械类医药企业阶段性成果指数分值在2017年略有上涨，整体较为稳定，但仅有不到一半的企业拥有阶段性成果。具体地，阶段性成果指数均值在2017年之前均为13.300，2017年上涨至13.400并在此后几年持续保持该水平。根据研究设计，企业阶段性成果指数最低分值为13.200，而我国非器械类医药企业阶段性成果中位数历年均为13.200，P75（3/4分位数）分值历年均大于等于13.300，说明历年拥有阶段性成果的企业（拥有发明专利授权或有新药/仿制药进入临床试验阶段）占比处于1/4与1/2之间。阶段性成果指数分值最大值整体呈上升趋势，2013年为15.200，2020年增至18.200，说明非器械类中国医药头部企业的阶段性成果增长态势较为乐观。

表6-11 非器械类中国医药企业历年阶段性成果指数情况

指标	2013年	2014年	2015年	2016年	2017年	2018年	2019年	2020年
平均值	13.300	13.300	13.300	13.300	13.400	13.400	13.400	13.400
中位数	13.200	13.200	13.200	13.200	13.200	13.200	13.200	13.200
最小值	13.200	13.200	13.200	13.200	13.200	13.200	13.200	13.200
P1	13.200	13.200	13.200	13.200	13.200	13.200	13.200	13.200
P25	13.200	13.200	13.200	13.200	13.200	13.200	13.200	13.200
P75	13.300	13.300	13.400	13.300	13.300	13.400	13.400	13.400
P99	14.200	14.400	14.300	14.400	15.000	15.500	14.800	15.100
最大值	15.200	14.700	15.600	14.600	15.600	16.300	16.900	18.200

2020年非器械类中国医药企业阶段性成果指数排名前20企业的分布情况详见表6-12。由表6-12可知，阶段性成果指数排名前20的企业主要来自上交所和深交所。排名前20的企业来自上交所、深交所、港交所和美国NASDAQ的企业数分别为10家、7家、3家和1家，占比分别为50%、35%、15%和5%，其中，百济神州在港交所和美国NASDAQ两地上市。

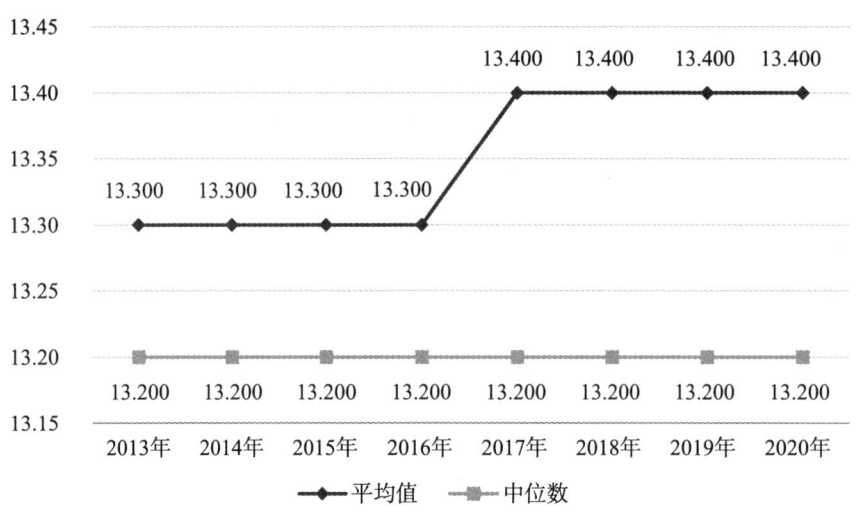

图 6-8 非器械类中国医药企业历年阶段性成果指数平均值和中位数

表 6-12 2020 年非器械类中国医药企业阶段性成果指数排名前 20 的企业情况

排名	公司名称	阶段性成果指数	上市地	境内上市板块	实际运营地	GICS 细分行业
1	恒瑞医药	18.206	上交所	主板	江苏省	制药
2	人福医药	15.233	上交所	主板	湖北省	制药
3	百济神州	15.212	港交所/美国 NASDAQ		北京市	制药
4	华海药业	15.078	上交所	主板	浙江省	制药
5	新和成	14.939	深交所	主板	浙江省	制药
6	翰森制药	14.632	港交所		江苏省	制药
7	康缘药业	14.591	上交所	主板	江苏省	制药
8	国药现代	14.529	上交所	主板	上海市	制药
9	众生药业	14.466	深交所	主板	广东省	制药
10	以岭药业	14.285	深交所	主板	河北省	制药
11	翰宇药业	14.188	深交所	创业板	广东省	制药
12	辰欣药业	14.186	上交所	主板	山东省	制药
13	科伦药业	14.161	深交所	主板	四川省	制药
14	天宇股份	14.141	深交所	创业板	浙江省	制药
15	千金药业	14.135	上交所	主板	湖南省	制药
16	东阳光	14.103	上交所	主板	广东省	金属与采矿
17	华领医药	14.101	港交所		上海市	制药
18	海正药业	14.101	上交所	主板	浙江省	制药
19	仙琚制药	14.086	深交所	主板	浙江省	制药
20	天士力	14.060	上交所	主板	天津市	制药

从境内上市板块来看，排名前 20 企业主要集中在主板，共 15 家；创业板次之，共两家，占比分别为 75% 和 10%。

从实际运营地来看，排名前 20 企业主要来自浙江省、江苏省、广东省和上海市，均属于东部，其阶段性成果指数进入前 20 的企业数分别为 5 家、3 家、3 家和 2 家，占比共计 65%。另外，北京市、河北省、湖北省、湖南省、山东省、四川省和天津市各有 1 家企业阶段性成果指数进入前 20，地理位置主要涵盖东部和中部地区，只有四川省属于西部地区。

从全球行业分类标准（GICS）来看，排名前 20 的企业均属于制药行业。其中，东阳光是一家多元业务企业，在 GICS 行业分类、证监会行业分类、中信行业分类和国民经济行业分类中属于金属制造行业，但在同花顺行业分类和申万行业分类中则属于医药生物中的化学制药行业。

二、上市地与境内上市板块

2013～2020 年，按上市地划分的非器械类中国医药企业阶段性成果指数均值详见图 6-9 和表 6-13。总体来看，四类上市地样本企业的阶段性成果指数均值均呈上升趋势。其中，美股上升趋势最为显著，且各类上市地样本企业阶段性成果指数均值的差距依旧存在，但美股与其他上市地的差距有所缩小。

表 6-13　非器械类中国医药企业各上市地阶段性成果指数历年平均值

上市地	2013 年	2014 年	2015 年	2016 年	2017 年	2018 年	2019 年	2020 年
港交所（平均值）	13.260	13.332	13.316	13.298	13.321	13.304	13.351	13.334
美国（平均值）	13.200	13.200	13.200	13.299	13.376	13.316	13.250	13.377
上交所（平均值）	13.378	13.380	13.381	13.384	13.433	13.499	13.489	13.470
深交所（平均值）	13.306	13.320	13.327	13.323	13.322	13.366	13.359	13.369

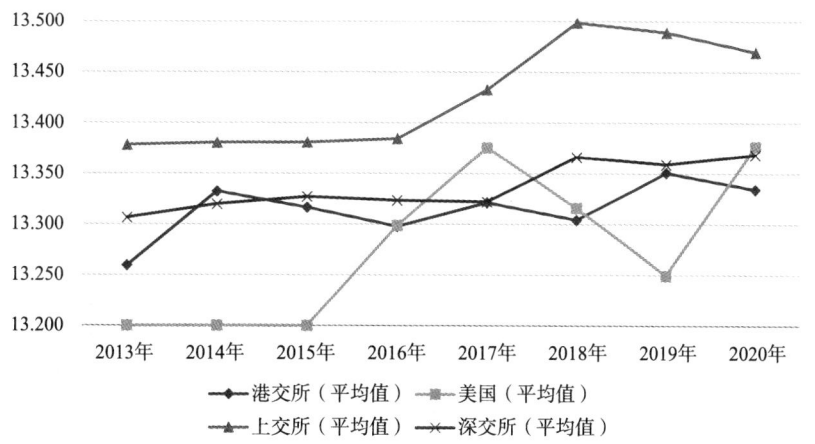

图 6-9　非器械类中国医药企业各上市地阶段性成果指数历年平均值

具体地，上交所样本企业阶段性成果指数均值常年保持第一。2013年平均值为13.378，2020年平均值为13.470，上升0.092，上升百分比为0.688%，整体呈上升趋势。尤其在2016~2018年期间，出现大幅上升，上升了0.115，上升百分比为0.859%。

深交所样本企业均值常年低于上交所。2013年，深交所样本企业平均值为13.306，2020年平均值为13.369，上升0.063，上升百分比为0.473%，整体上升幅度略低于上交所。

港交所样本企业均值在2014年反超深交所，排名第二，但随后又被深交所赶超，常年低于深交所。其2013年平均值为13.260，2020年平均值为13.334，上升0.074，上升百分比为0.558%，整体上升幅度高于深交所；2014年，其上升幅度较大，上升0.072，上升百分比为0.543%。

2016年之前，美股样本企业均值均低于其他三类上市地样本企业均值，但在2016年超过港交所，上升一名，随后次年又超过了深交所，整体波动幅度较大。2013年平均值为13.200，2020年平均值为13.377，上升0.177，上升百分比为1.341%，为各类上市地样本企业升幅最大。在2015~2017年期间，出现大幅上升，上升了0.176，上升百分比为1.333%。美股与其他上市地的差距，从2013年的0.178下降至2020年的0.093，缩小了0.085。

2013~2020年，按上市地划分的非器械类中国医药企业阶段性成果指数中位数详见图6-10和表6-14。总体来看，与均值情况有所不同，四类上市地样本企业的阶段性成果指数中位数呈不同变化趋势。其中，上交所和港交所样本企业的阶段性成果指数中位数波动较大，而美股常年保持在较低水平。此外，各类上市地样本企业阶段性成果指数中位数的差距依然存在。

表6-14 非器械类中国医药企业各上市地阶段性成果指数历年中位数

上市地	2013年	2014年	2015年	2016年	2017年	2018年	2019年	2020年
港交所（中位数）	13.218	13.237	13.218	13.218	13.200	13.227	13.237	13.200
美国（中位数）	13.200	13.200	13.200	13.200	13.200	13.200	13.200	13.200
上交所（中位数）	13.237	13.237	13.255	13.237	13.237	13.273	13.282	13.310
深交所（中位数）	13.237	13.237	13.255	13.237	13.237	13.237	13.237	13.237

具体地，上交所样本企业阶段性成果指数中位数常年保持第一。2013年中位数为13.237，2020年中位数为13.310，上升0.073，上升百分比为0.551%，整体呈上升趋势，尤其在2017年以后，上升趋势显著。

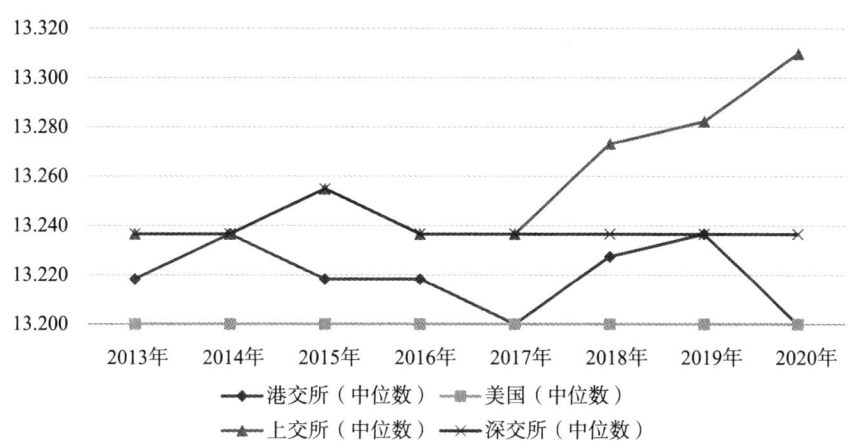

图 6-10 非器械类中国医药企业各上市地阶段性成果指数历年中位数

2018年以前,深交所样本企业中位数与上交所保持一致,但在随后几年,因深交所中位数保持稳定,与上交所拉开差距。2013年,深交所样本企业中位数为13.237,2020年中位数为13.237,整体保持不变。2015年,深交所出现上升趋势,上升了0.018,上升百分比为0.136%。

港交所样本企业中位数历年波动较大,在2020年下降趋势显著,与美股一起排在末位。2013年中位数为13.218,2020年中位数为13.200,下降0.018,下降百分比为0.136%,整体变动趋势与其他上市地变动趋势不同;2020年,其下降幅度较大,下降0.037,下降百分比为0.280%。

与均值情况不同,美股样本企业中位数常年排在末位,2013年中位数为13.200,2020年中位数为13.200,整体保持稳定,说明绝大部分美股样本企业无阶段性成果,其近几年阶段性成果均值的增长主要得益于排名靠前企业的阶段性成果。

非器械类中国医药企业境内各上市板块历年阶段性成果指数均值详见图6-11和表6-15。总体来看,2013~2020年,创业板和主板样本企业历年阶段性成果指数的均值呈上升趋势,而科创板则呈相反趋势,在2020年,出现大幅下降。主板与创业板样本企业阶段性成果指数均值的差距呈放大趋势。

表 6-15 非器械类中国医药企业境内各上市板块阶段性成果指数历年平均值

板块	2013 年	2014 年	2015 年	2016 年	2017 年	2018 年	2019 年	2020 年
创业板(平均值)	13.339	13.381	13.366	13.357	13.333	13.364	13.362	13.358
科创板(平均值)	—	—	—	—	—	—	13.520	13.392
主板(平均值)	13.331	13.332	13.341	13.342	13.371	13.429	13.419	13.431

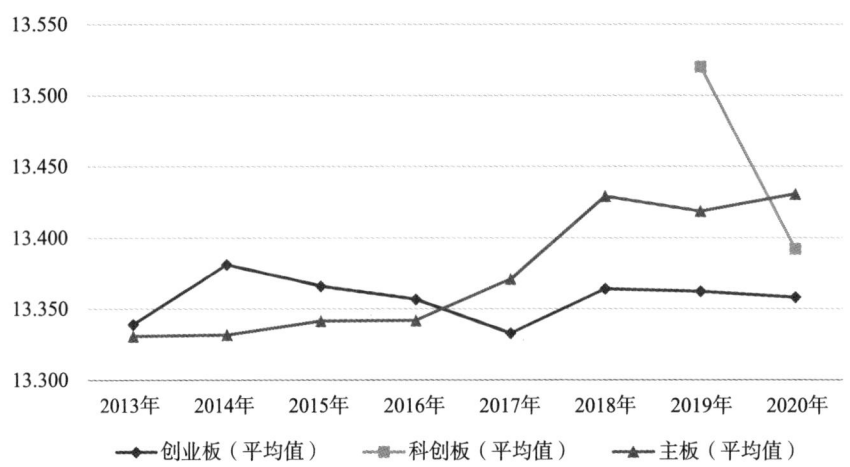

图 6-11 非器械类中国医药企业境内各上市板块阶段性成果指数历年平均值

具体地，2017 年以前，创业板样本企业历年均值均高于主板，但从 2017 年被主板反超，排在末位。2013 年平均值为 13.339，2020 年平均值为 13.358，上升 0.019，上升百分比为 0.142%，整体上升幅度较小。

2017 年以前，主板样本企业均值落后于创业板，但在 2017 年反超创业板。2013 年平均值为 13.331，2020 年平均值为 13.431，上升 0.100，上升百分比为 0.750%，整体上升趋势高于创业板。2013~2020 年，主板与创业板样本企业阶段性成果指数均值差距出现变化，在 2013 年，创业板均值高于主板均值 0.008，到 2020 年，主板均值高于创业板均值 0.073，差距变动了 0.081。

科创板样本企业均值在 2019 年领先于其他板块，但在 2020 年被主板反超。2019 年平均值为 13.520，2020 年平均值为 13.392，下降 0.128，下降百分比为 0.947%，变动幅度远超当年其他板块均值的变动幅度。

非器械类中国医药企业境内各上市板块历年阶段性成果指数的中位数详见图 6-12 和表 6-16。总体来看，2013~2020 年，与均值情况有所不同，主板与创业板样本企业历年阶段性成果指数的中位数呈上下波动趋势。相较于均值，各类上市板块样本企业阶段性成果指数中位数的差距较小且呈缩小趋势。

表 6-16 非器械类中国医药企业境内各上市板块阶段性成果指数历年中位数

板块	2013 年	2014 年	2015 年	2016 年	2017 年	2018 年	2019 年	2020 年
创业板（中位数）	13.237	13.292	13.255	13.273	13.237	13.255	13.237	13.273
科创板（中位数）	—	—	—	—	—	—	13.475	13.356
主板（中位数）	13.237	13.237	13.255	13.237	13.237	13.237	13.255	13.264

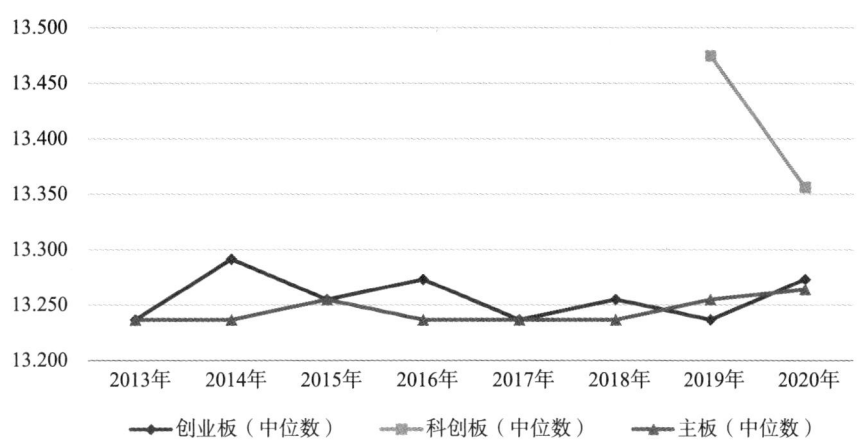

图6-12 非器械类中国医药企业境内各上市板块阶段性成果指数历年中位数

具体地，创业板样本企业历年中位数领先于主板样本企业，2013年中位数为13.237，2020年中位数为13.273，上升0.036，上升百分比为0.272%，整体上升幅度较小。2014年，出现大幅上升，上升0.055，上升百分比为0.416%。

主板样本企业中位数除2019年外均低于其他板块，但在2019年，首次超过创业板，上升一位。2013年中位数为13.237，2020年中位数为13.264，上升0.027，上升百分比为0.204%，整体上升趋势低于创业板。2019年，出现小幅上升，上升0.018，上升百分比为0.136%。

科创板样本企业中位数远高于其他板块，但在2020年出现大幅下降，缩小了与其他板块中位数的差距。2019年中位数为13.475，2020年中位数为13.356，下降0.119，下降百分比为0.883%，该变动幅度远超当年其他板块中位数的变动幅度。

三、实际运营地

2013~2020年，按实际运营地划分的非器械类中国医药企业阶段性成果指数均值详见表6-17。总体来看，2013~2020年30个实际运营地中有19个省的阶段性成果指数均值呈缓慢上升趋势。其中，增长幅度最大的是江苏省，为1.740%，增长幅度最小的是重庆市，为0.030%。2013~2020年，30个实际运营地中有10个省的阶段性成果指数均值呈缓慢下降趋势。其中，下降幅度最大的是安徽省，为3.029%。下降幅度最小的是贵州省，为0.068%。2013~2020年间仅甘肃省一个省份的阶段性成果指数均值先下降后上升，2020年阶段性成果指数均值相较于2013年变化幅度为0。2013年安徽省阶段性成果指数均值最大，为13.798，新疆维吾尔自治区最小，为13.209。

2020年河北省阶段性成果指数均值最大,为13.650,新疆维吾尔自治区最小,为13.218。各省间差异缩小,2013年均值最大差异为0.589,2020年均值最大差异为0.432,减少26.655%。

表6-17 非器械类中国医药企业各实际运营地历年阶段性成果指数平均值

省份	2013年	2014年	2015年	2016年	2017年	2018年	2019年	2020年
安徽省	13.798	13.749	13.336	13.402	13.373	13.427	13.464	13.380
北京市	13.288	13.291	13.312	13.330	13.387	13.317	13.359	13.391
福建省	13.456	13.603	13.548	13.292	13.310	13.462	13.384	13.342
甘肃省	13.237	13.200	13.200	13.237	13.200	13.218	13.200	13.237
广东省	13.300	13.341	13.325	13.360	13.343	13.397	13.417	13.390
广西壮族自治区	13.359	13.418	13.269	13.298	13.234	13.264	13.326	13.294
贵州省	13.282	13.310	13.296	13.374	13.313	13.361	13.325	13.273
海南省	13.229	13.211	13.251	13.229	13.221	13.243	13.360	13.292
河北省	13.584	13.589	13.533	13.421	13.490	13.645	13.659	13.650
河南省	13.214	13.255	13.375	13.401	13.365	13.356	13.313	13.315
黑龙江省	13.316	13.259	13.270	13.310	13.313	13.317	13.338	13.237
湖北省	13.292	13.228	13.275	13.288	13.408	13.353	13.385	13.485
湖南省	13.282	13.304	13.308	13.321	13.457	13.559	13.350	13.378
吉林省	13.282	13.279	13.239	13.318	13.271	13.306	13.281	13.319
江苏省	13.336	13.334	13.449	13.395	13.448	13.545	13.605	13.568
江西省	13.232	13.324	13.431	13.255	13.301	13.304	13.243	13.280
辽宁省	13.243	13.292	13.374	13.405	13.379	13.370	13.478	13.405
内蒙古自治区	13.261	13.249	13.200	13.243	13.261	13.218	13.273	13.224
青海省	13.237	13.328	13.292	13.420	13.438	13.310	13.328	13.410
山东省	13.285	13.322	13.366	13.303	13.369	13.450	13.466	13.483
山西省	13.248	13.284	13.284	13.270	13.297	13.325	13.277	13.300
陕西省	13.255	13.237	13.249	13.279	13.233	13.248	13.229	13.229
上海市	13.306	13.345	13.287	13.298	13.342	13.359	13.359	13.376
四川省	13.298	13.407	13.302	13.384	13.501	13.502	13.371	13.359
天津市	13.722	13.621	13.557	13.527	13.520	13.770	13.536	13.470
西藏自治区	13.404	13.407	13.330	13.270	13.274	13.323	13.307	13.264
新疆维吾尔自治区	13.209	13.209	13.625	13.274	13.218	13.339	13.209	13.218
云南省	13.456	13.485	13.379	13.401	13.375	13.359	13.403	13.410
浙江省	13.308	13.352	13.357	13.337	13.349	13.384	13.361	13.384
重庆市	13.370	13.303	13.371	13.394	13.274	13.492	13.368	13.374
全部省份	13.323	13.338	13.341	13.338	13.357	13.397	13.395	13.396

具体地,2013~2020年,天津市和河北省阶段性成果指数均值一直排名前五。其中,天津市2016~2018年阶段性成果指数均值排名第一。2019~2020年,河北省阶段性成果指数均值排名第一。

天津市2020年阶段性成果指数均值虽然仍排名前五,但其阶段性成果指数均值呈下降趋势,2013年阶段性成果指数均值为13.722,排名第二。2020年阶段性成果指数均值下降至13.470,排名第五,下降幅度为1.836%,是降幅第二大的省。

安徽省2013年阶段性成果指数均值为13.798,排名第一,2014年阶段性成果指数均值为13.749,排名第一。2020年阶段性成果指数均值下降至13.380,排名第十二,相较于2013年下降幅度为3.029%。

福建省2013~2015年阶段性成果指数均值一直排名前五,2020年下降至13.342,排名第十七。福建省2020年阶段性成果指数均值相较于2013年下降0.847%。

江苏省2013年阶段性成果指数均值为13.336,排名第九。2020年阶段性成果指数均值增至13.568,排名第二。江苏省2020年阶段性成果指数均值相较于2013年增长1.740%,增长幅度排名第一。

山东省2013年阶段性成果指数均值为13.285,排名第十七。2020年阶段性成果指数均值增至13.483,排名第四。山东省2020年阶段性成果指数均值相较于2013年增长1.490%,增长幅度排名第二。

表6-18 非器械类中国医药企业各实际运营地历年阶段性成果指数中位数

省份	2013年	2014年	2015年	2016年	2017年	2018年	2019年	2020年
安徽省	13.798	13.749	13.316	13.365	13.365	13.494	13.403	13.338
北京市	13.227	13.218	13.218	13.218	13.200	13.218	13.227	13.237
福建省	13.456	13.603	13.548	13.328	13.292	13.310	13.273	13.255
甘肃省	13.237	13.200	13.200	13.237	13.200	13.218	13.200	13.237
广东省	13.218	13.237	13.227	13.218	13.209	13.209	13.218	13.227
广西壮族自治区	13.227	13.200	13.200	13.209	13.200	13.200	13.200	13.200
贵州省	13.237	13.301	13.273	13.346	13.273	13.383	13.365	13.273
海南省	13.200	13.200	13.237	13.237	13.200	13.200	13.218	13.255
河北省	13.346	13.383	13.383	13.421	13.476	13.569	13.586	13.558
河南省	13.209	13.246	13.255	13.237	13.200	13.292	13.227	13.237
黑龙江省	13.273	13.209	13.200	13.273	13.246	13.237	13.246	13.209
湖北省	13.237	13.200	13.237	13.200	13.237	13.246	13.237	13.264
湖南省	13.218	13.273	13.200	13.237	13.218	13.274	13.218	13.237

续表

省份	2013年	2014年	2015年	2016年	2017年	2018年	2019年	2020年
吉林省	13.237	13.237	13.200	13.209	13.273	13.255	13.200	13.264
江苏省	13.200	13.209	13.237	13.237	13.218	13.292	13.273	13.273
江西省	13.227	13.310	13.310	13.237	13.273	13.292	13.227	13.255
辽宁省	13.200	13.200	13.310	13.310	13.310	13.273	13.237	13.200
内蒙古自治区	13.273	13.237	13.200	13.237	13.237	13.218	13.200	13.237
青海省	13.237	13.328	13.292	13.420	13.438	13.310	13.328	13.410
山东省	13.237	13.237	13.237	13.237	13.310	13.328	13.346	13.337
山西省	13.218	13.292	13.273	13.237	13.218	13.237	13.310	13.200
陕西省	13.200	13.200	13.200	13.200	13.200	13.200	13.200	13.200
上海市	13.255	13.237	13.218	13.227	13.218	13.255	13.255	13.255
四川省	13.237	13.310	13.273	13.237	13.200	13.218	13.218	13.200
天津市	13.346	13.301	13.401	13.383	13.420	13.533	13.383	13.383
西藏自治区	13.273	13.310	13.329	13.237	13.209	13.200	13.282	13.209
新疆维吾尔自治区	13.209	13.209	13.625	13.274	13.218	13.339	13.209	13.218
云南省	13.273	13.405	13.310	13.237	13.273	13.200	13.292	13.310
浙江省	13.237	13.237	13.255	13.237	13.255	13.237	13.237	13.237
重庆市	13.310	13.200	13.301	13.273	13.218	13.237	13.348	13.310
全部省份	13.237	13.237	13.237	13.237	13.237	13.237	13.237	13.237

2013~2020年，按实际运营地划分的非器械类中国医药企业阶段性成果指数中位数详见表6-18。总体来看，2013~2020年，30个实际运营地中有16个省份阶段性成果指数中位数呈缓慢上升趋势，增长幅度最大的是河北省，为1.588%，增长幅度最小的是广东省，为0.068%。2013~2020年，30个实际运营地中有8个省份阶段性成果指数中位数呈缓慢下降趋势，下降幅度最大的是安徽省，为3.334%，下降幅度最小的是山西省，为0.136%。2013~2020年，30个实际运营地中有5个省份阶段性成果指数中位数先下降后上升，2020年阶段性成果指数中位数相较于2013年变化幅度为0；此外，陕西省的中位数一直为13.200，变化幅度为0。2013年安徽省阶段性成果指数中位数最大，为13.798，陕西省最小，为13.200。2020年河北省阶段性成果指数中位数最大，为13.558，四川省最小，为13.200。各省份间差异缩小，2013年中位数最大差异为0.598，2020年中位数最大差异为0.358，减少40.134%。

具体地，河北省2013~2020年阶段性成果指数中位数一直排名前五，其中2016~2020年阶段性成果指数中位数一直排名第一。河北省2013年阶段性成果指数中位数为13.346,排名第三。2020年阶段性成果指数中位数为13.558,排名第一。河北省2020年阶段性成果指数中位数相较于2013年增长1.588%,增长幅度排名第一。

安徽省阶段性成果指数中位数2013~2020年一直排名前五。2013年阶段性成果指数中位数为13.798,排名第一。2020年阶段性成果指数中位数下降至13.338,排名第四。安徽省2020年阶段性成果指数中位数相较于2013年下降3.334%,下降幅度最大。

福建省2013年阶段性成果指数中位数为13.456,排名第二。2020年下降至13.255,排名第十二。福建省2020年阶段性成果指数中位数相较于2013年下降1.494%,下降幅度排名第二。

青海省2013年阶段性成果指数中位数为13.237,排名第十五。2020年阶段性成果指数中位数增至13.410,排名第二。青海省2020年阶段性成果指数中位数相较于2013年增长1.307%,增长幅度排名第二。

江苏省2013年阶段性成果指数中位数为13.200,排名第二十八。2020年阶段性成果指数中位数增至13.273,排名第九,增长0.553%,增长幅度排名第四。

四、细分行业

我国非器械类医药企业各主要细分行业历年阶段性成果指数均值详见表6-19和图6-13。由表6-19可知,各主要细分行业阶段性成果指数均值范围主要集中在13.203~13.456区间,且总体呈上升趋势。其中,制药、生物科技和医疗保健设备与用品行业的阶段性成果指数均值增长较快,2013年至2020年,其年均增长率分别为0.092%、0.069%和0.065%。不过,生物科技和医疗保健设备与用品行业的阶段性成果指数在2020年有较为明显的下降。此外,药品零售和医疗保健服务行业的阶段性成果指数增长较慢,2013年至2020年,其年均增长率分别为0.045%和0.038%。

表6-19 非器械类中国医药企业各主要细分行业历年阶段性成果指数平均值

细分行业	2013年	2014年	2015年	2016年	2017年	2018年	2019年	2020年	年均增长率
生物科技	13.299	13.331	13.341	13.357	13.320	13.380	13.420	13.363	0.069%
药品零售	13.203	13.205	13.214	13.215	13.241	13.251	13.223	13.245	0.045%
医疗保健服务	13.234	13.239	13.250	13.246	13.259	13.254	13.277	13.268	0.038%
医疗保健设备与用品	13.209	13.237	13.218	13.229	13.228	13.267	13.320	13.270	0.065%
制药	13.365	13.381	13.383	13.377	13.405	13.456	13.440	13.451	0.092%

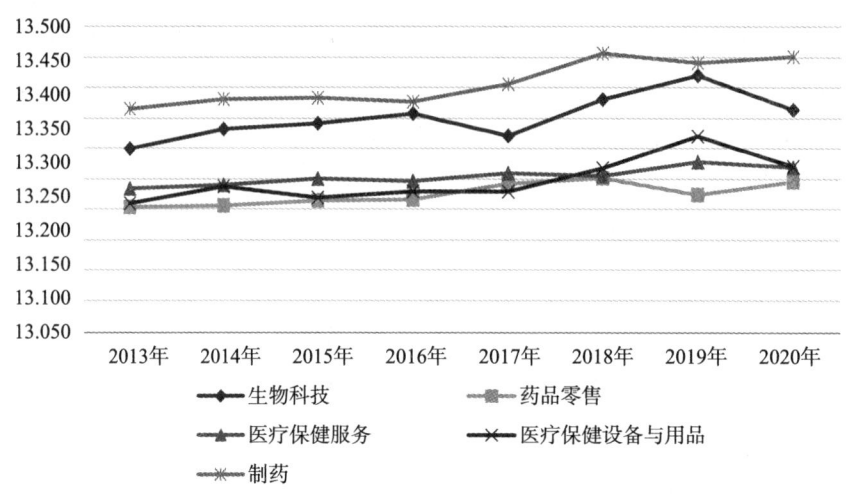

图 6-13　非器械类中国医药企业各主要细分行业历年阶段性成果指数平均值

相对水平方面，2013年至2020年，制药和生物科技行业的阶段性成果指数均值始终领先于其他行业，分别位居第一和第二；此外，医疗保健设备与用品的阶段性成果指数均值自2018年起明显提高，由2017年的13.228提高至2018年的13.267，增长率为0.29%，行业排名也由第五跃升至第三；药品零售的阶段性成果指数最低，最近三年平均值均排名第五。以2020年为例，制药、生物科技、医疗保健设备与用品、医疗保健服务和药品零售行业样本企业阶段性成果指数均值分别为13.451、13.363、13.270、13.268和13.245。

各主要细分行业历年阶段性成果指数中位数详见表6-20和图6-14。由表6-20可知，各主要细分行业阶段性成果指数中位数在13.200~13.316之间，远小于均值的分布范围，且阶段性成果指数中位数在发展趋势方面的表现和均值有较大差异，并没有呈现明显的上升趋势。2013~2020年，药品零售和医疗保健服务行业的阶段性成果指数中位数始终保持在13.200；制药行业除在2017年有明显下降外，阶段性成果指数中位数大多保持在13.273；医疗保健设备与用品行业除在2018年有明显上升，阶段性成果指数中位数大多保持在13.200；只有生物科技行业的阶段性成果指数中位数有较为明显的波动，分别在2015年和2019年达到峰值，而在2017年和2018年达到谷值。

相对水平方面，阶段性成果指数中位数的表现与均值也略有差别。2013~2020年，制药和生物科技行业的阶段性成果指数中位数总体上领先于其他行业，均在13.273左右的水平波动。其中，生物科技行业的波动范围更大。此外，药品零售、医疗保健服务和医疗保健设备与用品行业的阶段性成果指数中位数处于同一水平，除医疗保健设备与用品行业中位数在2018年和2020年分别提高到13.237和13.218外，其余年份三个行业中位数均为 13.200。以 2020 年为例，制药、生物科技、医疗保健设备与用品、医疗保健服务和药品零售行业样本企业阶段性成果指数中位数分别为13.282、13.255、13.218、13.200 和 13.200。

表 6-20 非器械类中国医药企业各主要细分行业历年阶段性成果指数中位数

细分行业	2013 年	2014 年	2015 年	2016 年	2017 年	2018 年	2019 年	2020 年	年均增长率
生物科技	13.255	13.282	13.310	13.255	13.237	13.237	13.316	13.255	0.000%
药品零售	13.200	13.200	13.200	13.200	13.200	13.200	13.200	13.200	0.000%
医疗保健服务	13.200	13.200	13.200	13.200	13.200	13.200	13.200	13.200	0.000%
医疗保健设备与用品	13.200	13.200	13.200	13.200	13.200	13.237	13.200	13.218	0.020%
制药	13.273	13.273	13.273	13.273	13.255	13.273	13.273	13.282	0.010%

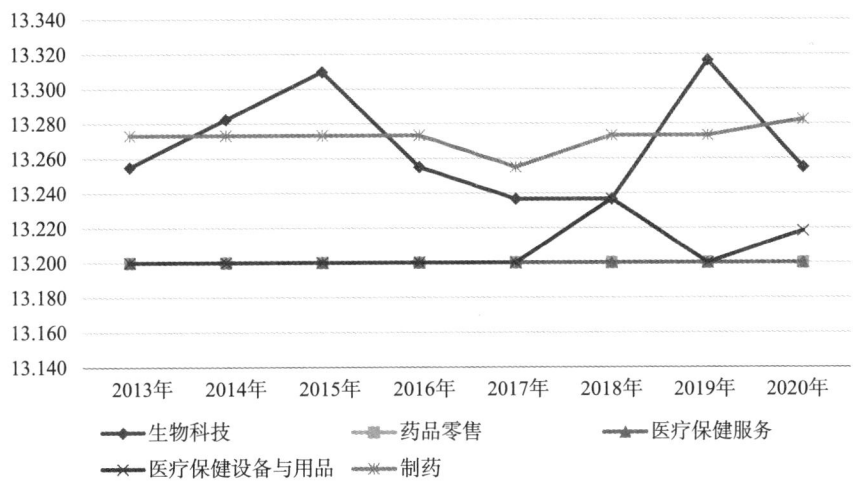

图 6-14 非器械类中国医药企业各主要细分行业历年阶段性成果指数中位数

第三节 最终成果

一、整体情况

如表 6-21 和图 6-15 所示，按照研究设计，我国非器械类医药企业最终成果指数分值最低值为 16.800，又由数据可知，我国非器械类医药企业最终成果指数分值整体偏低,仅在2020年略有上涨。具体地,最终成果指数均值常年维持在16.900,在2020年提升至17.000,中位数历年均保持在最低水平16.800。同时,我国非器械类医药企业最终成果指数P75(3/4分位数)分值历年均为16.800,说明仅有不到1/4的企业拥有最终成果,即不到1/4的企业拥有已经上市获批的创新药/非创新药。此外,最终成果指数分值最大值呈波动上升,由2013年的20.800波动增长至2019年的25.300,在2020年回落至22.800,但仍高于2013年的水平。

表6-21　　　　　　　非器械类中国医药企业历年最终成果指数情况

指标	2013年	2014年	2015年	2016年	2017年	2018年	2019年	2020年
平均值	16.900	16.900	16.900	16.900	16.900	16.900	16.900	17.000
中位数	16.800	16.800	16.800	16.800	16.800	16.800	16.800	16.800
最小值	16.800	16.800	16.800	16.800	16.800	16.800	16.800	16.800
P1	16.800	16.800	16.800	16.800	16.800	16.800	16.800	16.800
P25	16.800	16.800	16.800	16.800	16.800	16.800	16.800	16.800
P75	16.800	16.800	16.800	16.800	16.800	16.800	16.800	16.800
P99	18.000	17.800	18.000	19.100	18.100	18.800	18.800	20.800
最大值	20.800	23.800	18.700	20.800	18.800	22.500	25.300	22.800

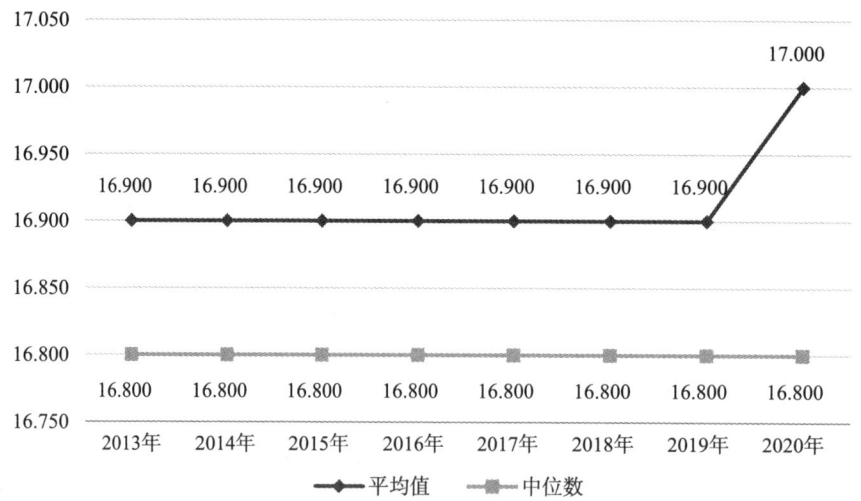

图6-15　非器械类中国医药企业历年最终成果指数平均值和中位数

2020年非器械类中国医药企业最终成果指数排名前20企业的分布情况详见表6-22。由表6-22可知,最终成果指数排名前20的企业中,港交所上市的企业最多,其次为上交所和深交所,美国NASDAQ最少。排名前20的企业来自港交所、上交所、深交所和美国NASDAQ的企业数分别为9家、7家、6家和1家,占比分别为45%、

35%、30%和5%。其中,贝达药业在深交所和港交所两地上市,百济神州在港交所和美国NASDAQ证券交易所两地上市,君实生物在上交所和港交所两地上市。

从境内上市板块来看,排名前20企业主要集中在主板,共9家;科创板和创业板次之,分别为两家,各板块企业数占比分别为45%、10%和10%。

从实际运营地来看,排名前20企业主要来自北京市、浙江省和江苏省,各有3家企业进入前20;广东省、湖北省和四川省各有两家企业进入前20;另外,黑龙江省、湖南省、上海市、西藏自治区和重庆市也各有1家企业进入前20。从地区分布来看,东部、西部、中部和东北部地区企业占比分别为60%、20%、15%和5%。

从全球行业分类标准(GICS)来看,排名前20的企业主要集中在制药行业,共18家。其中,东阳光是一家多元业务企业,在GICS行业分类、证监会行业分类、中信行业分类和国民经济行业分类中属于金属制造行业,但在同花顺行业分类和申万行业分类中则属于医药生物中的化学制药行业。此外,2020年,生物科技行业的智飞生物的最终成果指数排名也进入到前20。

表6-22 2020年非器械类中国医药企业最终成果指数排名前20企业情况

排名	公司名称	最终成果指数	上市地	境内上市板块	实际运营地	GICS细分行业
1	智飞生物	22.800	深交所	创业板	重庆市	生物科技
2	翰森制药	21.326	港交所		江苏省	制药
3	人福医药	20.821	上交所	主板	湖北省	制药
4	贝达药业	20.800	深交所/港交所	创业板	浙江省	制药
5	华海药业	20.000	上交所	主板	浙江省	制药
6	恒瑞医药	19.979	上交所	主板	江苏省	制药
7	科伦药业	19.832	深交所	主板	四川省	制药
8	四环医药	19.663	港交所		北京市	制药
9	东阳光	19.137	上交所	主板	广东省	金属与采矿
10	海思科	19.137	深交所	主板	西藏自治区	制药
11	先声药业	18.968	港交所		江苏省	制药
12	百济神州	18.800	港交所/美国NASDAQ		北京市	制药
12	君实生物	18.800	上交所/港交所	科创板	上海市	制药
12	诺诚健华	18.800	港交所		北京市	制药
12	歌礼制药	18.800	港交所		浙江省	制药
16	信立泰	18.316	深交所	主板	广东省	制药
16	苑东生物	18.316	上交所	科创板	四川省	制药
16	东阳光药	18.316	港交所		湖北省	制药

续表

排名	公司名称	最终成果指数	上市地	境内上市板块	实际运营地	GICS细分行业
16	哈三联	18.316	深交所	主板	黑龙江省	制药
20	千金药业	17.979	上交所	主板	湖南省	制药

二、上市地与境内上市板块

2013~2020年，按上市地划分的非器械类中国医药企业最终成果指数均值详见图6-16和表6-23。总体来看，四类上市地样本企业的最终成果指数均值呈不同程度的上升趋势，且各类上市地样本企业最终成果指数均值的差距依旧存在。

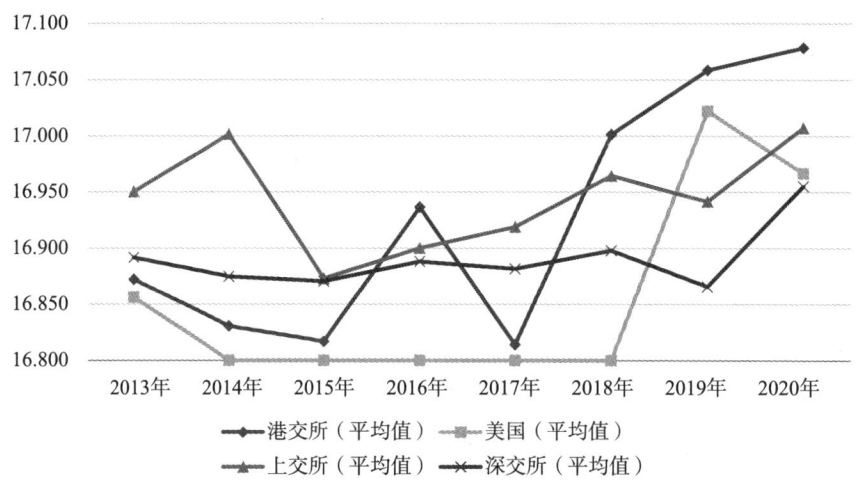

图6-16 非器械类中国医药企业各上市地最终成果指数历年平均值

具体地，上交所样本企业最终成果指数均值常年领先于深交所均值，但其在2018年被港交所反超，排在第二，在2019年又被美股反超，排在第三。2013年平均值为16.950，2020年平均值为17.007，上升0.057，上升百分比为0.336%，整体呈上升趋势。在2015年，出现大幅下降，下降0.129，下降百分比为0.759%。

深交所样本企业均值常年低于上交所，其同样在2018年和2019年分别被港交所和美股反超。2013年，深交所样本企业平均值为16.892，2020年平均值为16.955，上升0.063，上升百分比为0.373%，整体上升幅度略高于上交所。在2020年，出现大幅上升，上升0.089，上升百分比为0.528%。

港交所样本企业均值在2016年首次超过上交所和深交所，排名第一，在2018年又再次超过上交所和深交所，此后常年保持第一。其2013年平均值为16.872，2020

年平均值为 17.078，上升 0.206，上升百分比为 1.221%，为各类上市地样本企业升幅最大。2018 年，其上升幅度较大，上升 0.187，上升百分比为 1.112%。

2019 年之前，美股样本企业均值均低于其他三类上市地，但在 2019 年一跃超过上交所和深交所，排在第二。2013 年平均值为 16.856，2020 年平均值为 16.967，上升 0.111，上升百分比为 0.659%，整体上升幅度高于上交所和深交所。

表 6-23　　非器械类中国医药企业各上市地最终成果指数历年平均值

上市地	2013 年	2014 年	2015 年	2016 年	2017 年	2018 年	2019 年	2020 年
港交所（平均值）	16.872	16.831	16.817	16.937	16.814	17.001	17.059	17.078
美国（平均值）	16.856	16.800	16.800	16.800	16.800	16.800	17.022	16.967
上交所（平均值）	16.950	17.002	16.873	16.900	16.919	16.964	16.942	17.007
深交所（平均值）	16.892	16.875	16.871	16.888	16.882	16.898	16.866	16.955

2013~2020 年，按上市地划分的非器械类中国医药企业最终成果指数中位数详见表 6-24 和图 6-17。总体来看，与均值情况不同，四类上市地样本企业的最终成果指数中位数无差异，均为 16.800，这说明各上市地绝大部分样本企业无最终成果产出，各上市地最终成果指数均值的变动主要取决于头部企业的最终成果产出。

表 6-24　　非器械类中国医药企业各上市地最终成果指数历年中位数

上市地	2013 年	2014 年	2015 年	2016 年	2017 年	2018 年	2019 年	2020 年
港交所（中位数）	16.800	16.800	16.800	16.800	16.800	16.800	16.800	16.800
美国（中位数）	16.800	16.800	16.800	16.800	16.800	16.800	16.800	16.800
上交所（中位数）	16.800	16.800	16.800	16.800	16.800	16.800	16.800	16.800
深交所（中位数）	16.800	16.800	16.800	16.800	16.800	16.800	16.800	16.800

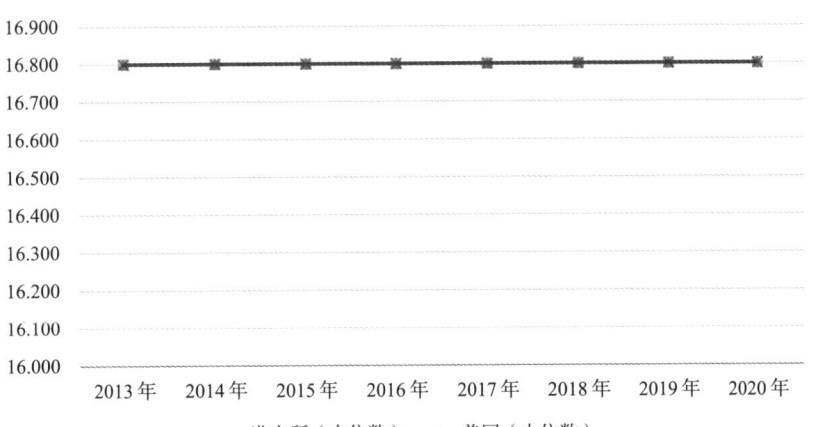

图 6-17　非器械类中国医药企业各上市地最终成果指数历年中位数

境内各上市板块非器械类中国医药企业历年最终成果指数均值详见表6-25和图6-18。总体来看，2013~2020年，境内各板块样本企业历年最终成果指数均值呈上升趋势。其中，创业板上升趋势最为显著，且创业板样本企业历年最终成果指数均值变动趋势与主板基本相似。在2015~2019年期间，各类上市板块样本企业最终成果指数均值的差距较小。

表6-25　非器械类中国医药企业境内各上市板块最终成果指数历年平均值

板块	2013年	2014年	2015年	2016年	2017年	2018年	2019年	2020年
创业板（平均值）	16.843	16.864	16.878	16.891	16.908	16.908	16.871	17.010
科创板（平均值）	—	—	—	—	—	—	16.884	16.891
主板（平均值）	16.927	16.933	16.870	16.893	16.891	16.926	16.902	16.978

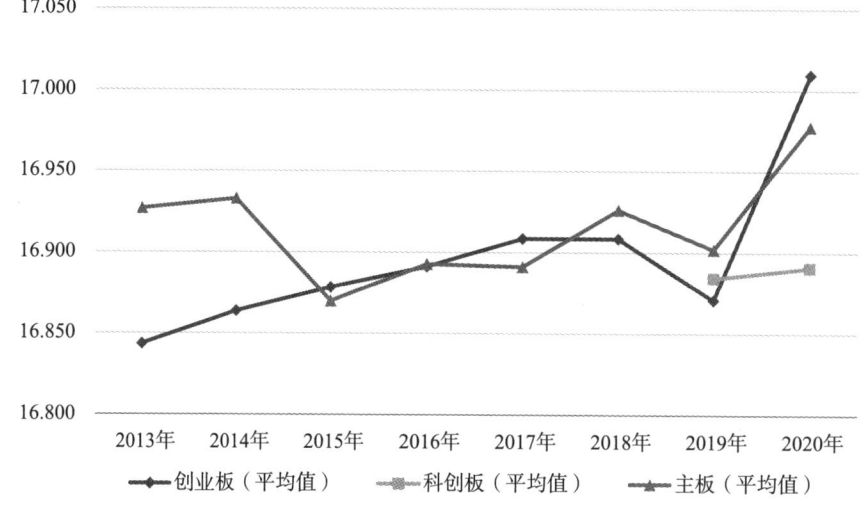

图6-18　非器械类中国医药企业境内各上市板块最终成果指数历年平均值

具体地，在2015年以前，创业板样本企业历年均值落后于主板，但在2015年及以后，与主板的差距较小。2013年平均值为16.843，2020年平均值为17.010，上升0.167，上升百分比为0.992%，整体上升趋势良好。在2020年，出现大幅上升，上升0.139，上升百分比为0.824%。

在2015年以前，主板样本企业均值领先于创业板，但在2015年及以后，与创业板的差距缩小。2013年其平均值为16.927，2020年平均值为16.978，上升0.051，上升百分比为0.301%，整体上升幅度低于创业板。在2020年，出现大幅上升，上升0.076，上升百分比为0.450%，上升幅度低于创业板。2013~2020年，主板与创业板之间样本企业最终成果指数均值差距有所缩小，从2013年的0.084，到2020年的

-0.032。

科创板样本企业均值在2019年排在第二,但在2020年被创业板反超。2019年平均值为16.884,2020年平均值为16.891,上升0.007,上升百分比为0.041%,上升幅度远低于当年其他板块均值的上升幅度。

2013~2020年,按境内各上市板块划分的非器械类中国医药企业最终成果指数中位数详见表6-26和图6-19。总体来看,与均值情况不同,各上市板块样本企业的最终成果指数中位数无差异,均为最低值16.800,这说明各上市板块绝大部分样本企业无最终成果产出,各上市板块最终成果均值的变动主要取决于头部企业的最终成果产出。

表6-26　非器械类中国医药企业境内各上市板块最终成果指数历年中位数

板块	2013年	2014年	2015年	2016年	2017年	2018年	2019年	2020年
创业板（中位数）	16.800	16.800	16.800	16.800	16.800	16.800	16.800	16.800
科创板（中位数）	—	—	—	—	—	—	16.800	16.800
主板（中位数）	16.800	16.800	16.800	16.800	16.800	16.800	16.800	16.800

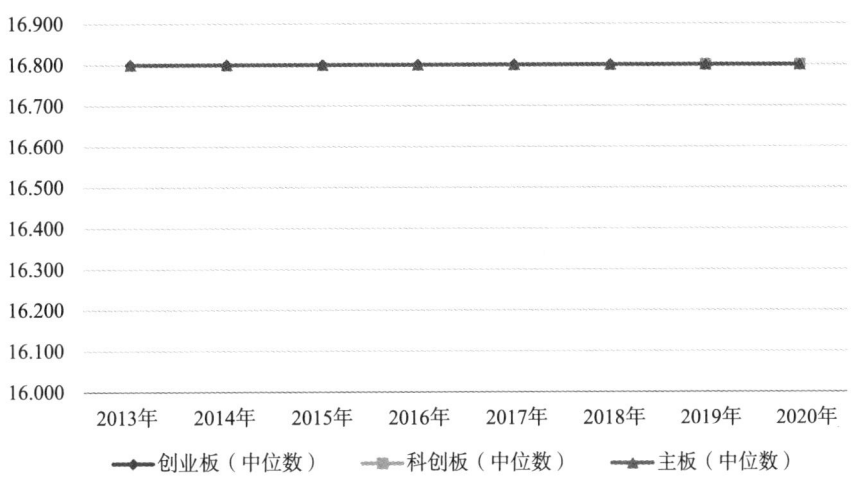

图6-19　非器械类中国医药企业境内各上市板块最终成果指数历年中位数

三、实际运营地

2013~2020年,按实际运营地划分的非器械类中国医药企业最终成果指数均值详见表6-27。总体来看,2013~2020年,30个实际运营地中有15个省的最终成果指数平均值呈缓慢上升趋势。其中,增长幅度最大的是重庆市,为3.125%。增长幅度最小的是云南省,为0.143%。2013~2020年,30个实际运营地中有9个省的最终成果指数均值呈缓慢下降趋势,下降幅度最大的是安徽省,为1.967%。下降幅度最小的是山东省,为0.012%。2013~2020年,30个实际运营地中有5个省的最终成果指数均值历年均无差异。2013~2020年间,只有广西壮族自治区最终成果指数均值出现先下降后上升的趋势,广西壮族自治区2020年最终成果指数均值相较于2013年变化幅度为0。2013年四川省最终成果指数均值最大,为17.193,10个省并列最小,为16.800,2020年重庆市最终成果指数均值最大,为17.523,9个省并列最小,为16.800。各省间差异增大,2013年均值最大差异为0.393,2020年均值最大差异为0.723,增长83.970%。

表6-27 非器械类中国医药企业各实际运营地最终成果指数历年平均值

省份	2013年	2014年	2015年	2016年	2017年	2018年	2019年	2020年
安徽省	17.137	16.800	16.800	16.912	16.800	16.856	17.025	16.800
北京市	16.851	16.876	16.859	16.847	16.902	16.898	16.962	17.054
福建省	16.800	16.800	16.968	16.800	16.884	16.800	16.800	16.828
甘肃省	16.800	16.800	16.800	16.800	16.800	16.800	16.800	16.800
广东省	17.032	16.861	16.842	16.927	16.851	16.862	16.880	16.935
广西壮族自治区	16.884	16.824	16.821	16.842	16.842	16.821	16.821	16.884
贵州省	16.842	16.842	16.884	17.179	17.002	16.800	16.800	16.800
海南省	16.901	16.834	16.901	16.935	16.828	16.940	16.856	16.896
河北省	16.800	16.968	16.867	16.901	17.002	16.834	16.912	16.968
河南省	16.884	16.800	16.800	17.002	17.137	16.800	16.800	16.800
黑龙江省	17.025	16.842	16.901	16.800	16.856	17.165	16.856	17.053
湖北省	16.894	16.819	16.817	16.800	16.814	16.926	16.884	17.208
湖南省	16.821	16.931	16.938	16.815	16.842	16.898	16.842	16.968
吉林省	16.821	16.842	16.821	16.800	16.842	16.800	16.968	16.800
江苏省	16.944	17.457	16.935	16.879	16.871	17.190	17.330	17.163
江西省	16.800	16.800	16.901	16.800	16.912	16.828	16.800	16.856
辽宁省	16.800	16.912	16.800	16.968	16.834	16.834	16.968	17.036
内蒙古自治区	16.800	16.800	16.800	16.800	16.800	16.800	16.800	16.800
青海省	16.800	16.800	16.800	16.800	16.800	16.800	16.800	16.800
山东省	16.861	16.839	16.865	16.872	16.884	16.968	16.847	16.859
山西省	16.935	16.834	16.867	16.968	17.036	16.935	16.935	16.834
陕西省	16.800	16.800	16.800	16.800	16.800	16.800	16.800	16.800
上海市	16.908	16.872	16.832	17.125	16.940	16.935	16.909	16.890
四川省	17.193	16.968	16.867	16.800	16.968	17.137	16.920	17.255
天津市	16.884	16.856	16.828	16.824	16.848	16.824	16.944	17.011

续表

省份	2013年	2014年	2015年	2016年	2017年	2018年	2019年	2020年
西藏自治区	17.137	16.968	16.968	16.834	16.856	17.025	17.025	17.218
新疆维吾尔自治区	16.800	16.800	16.800	16.800	16.800	16.800	16.800	16.800
云南省	16.800	16.800	16.834	16.834	16.856	16.800	16.828	16.824
浙江省	16.919	16.922	16.854	16.882	16.845	16.960	16.842	17.046
重庆市	16.992	17.011	17.032	17.137	17.137	17.212	17.006	17.523
全部省份	16.908	16.909	16.864	16.896	16.884	16.931	16.924	16.996

具体地，重庆市2013年最终成果指数均值为16.992，排名第六。2014~2020年重庆市最终成果指数均值一直排名前五，其中2015年、2018年、2020年重庆市最终成果指数均值排名第一。2020年重庆市最终成果指数均值为17.523，相较于2013年增长3.125%，增长幅度排名第一。

四川省2013年最终成果指数均值为17.193，排名第一。2016年下降至16.800，排名倒数第一。2020年增长为17.255，排名第二。

湖北省2013年最终成果指数均值为16.894，排名第十二。2020年增长至17.208，相较于2013年增长1.859%，增长幅度排名第二。

西藏自治区最终成果指数均值2013~2015年以及2018~2020年一直排名前五。西藏自治区2013年最终成果指数均值为17.137，排名第三。2016年下降为16.834，排名第十六。2020年增至17.218，排名第三。

江苏省2013年最终成果指数均值为16.944，排名第七。2020年增长至17.163，排名第五，相较于2013年增长1.292%，增长幅度排名第四。

2013~2020年，按实际运营地划分的非器械类中国医药企业最终成果指数中位数详见表6-28。总体来看，2013~2020年，30个实际运营地中有25个省历年最终成果指数中位数一直最低，为16.800。可见，各省大部分企业无最终成果产出，整体水平还有待加强。2013~2020年，30个实际运营地中只有辽宁省和河北省最终成果指数中位数呈上升趋势，其中，辽宁省2013年最终成果指数中位数为16.800，2020年增长至17.137，增长2.006%；河北省2013年最终成果指数中位数为16.800，2020年增长至16.968，增长1.000%。2013~2020年，30个实际运营地中有3个省出现下降趋势，分别是河南省、西藏自治区和安徽省。其中，河南省2013年最终成果指数中位数为16.884，2020年下降至16.800，下降0.498%；西藏自治区2013年最终成果指数中位数为16.968，2020年下降至16.800，下降0.990%；安徽省2013年最终成果指数中位数为17.137，2020年下降至16.800，下降1.967%。

表6-28　非器械类中国医药企业各实际运营地最终成果指数历年中位数

省份	2013年	2014年	2015年	2016年	2017年	2018年	2019年	2020年
安徽省	17.137	16.800	16.800	16.968	16.800	16.800	16.968	16.800
北京市	16.800	16.800	16.800	16.800	16.800	16.800	16.800	16.800
福建省	16.800	16.800	16.968	16.800	16.800	16.800	16.800	16.800
甘肃省	16.800	16.800	16.800	16.800	16.800	16.800	16.800	16.800
广东省	16.800	16.800	16.800	16.800	16.800	16.800	16.800	16.800
广西壮族自治区	16.800	16.800	16.800	16.800	16.800	16.800	16.800	
贵州省	16.800	16.800	16.800	16.968	16.800	16.800	16.800	16.800
海南省	16.800	16.800	16.800	16.800	16.800	16.800	16.800	16.800
河北省	16.800	16.800	16.800	16.800	16.800	16.800	16.800	16.968
河南省	16.884	16.800	16.800	16.800	16.800	16.800	16.800	16.800
黑龙江省	16.800	16.800	16.800	16.800	16.800	16.800	16.800	16.800
湖北省	16.800	16.800	16.800	16.800	16.800	16.800	16.800	16.800
湖南省	16.800	16.800	16.800	16.800	16.800	16.800	16.800	16.800
吉林省	16.800	16.800	16.800	16.800	16.800	16.800	16.800	16.800
江苏省	16.800	16.800	16.800	16.800	16.800	16.800	16.800	16.800
江西省	16.800	16.800	16.800	16.800	16.800	16.800	16.800	16.800
辽宁省	16.800	16.800	16.800	16.800	16.800	16.800	16.800	17.137
内蒙古自治区	16.800	16.800	16.800	16.800	16.800	16.800	16.800	16.800
青海省	16.800	16.800	16.800	16.800	16.800	16.800	16.800	16.800
山东省	16.800	16.800	16.800	16.800	16.800	16.800	16.800	16.800
山西省	16.800	16.800	16.800	16.800	16.800	16.800	16.800	16.800
陕西省	16.800	16.800	16.800	16.800	16.800	16.800	16.800	16.800
上海市	16.800	16.800	16.800	16.800	16.800	16.800	16.800	16.800
四川省	16.800	16.800	16.800	16.800	16.800	16.800	16.800	16.800
天津市	16.800	16.800	16.800	16.800	16.800	16.800	16.800	16.800
西藏自治区	16.968	16.800	16.800	16.800	16.800	16.800	16.800	16.800
新疆维吾尔自治区	16.800	16.800	16.800	16.800	16.800	16.800	16.800	16.800
云南省	16.800	16.800	16.800	16.800	16.800	16.800	16.800	16.800
浙江省	16.800	16.800	16.800	16.800	16.800	16.800	16.800	16.800
重庆市	16.800	16.884	16.800	16.800	16.800	16.800	16.800	16.800
全部省份	16.800	16.800	16.800	16.800	16.800	16.800	16.800	16.800

四、细分行业

我国非器械类医药企业各主要细分行业历年最终成果指数均值详见表6-29和图6-20。由表6-29可知，各主要细分行业最终成果指数均值范围主要集中在16.800~

17.057区间,且总体有所波动。其中,生物科技和制药行业的平均值波动较大,其在2013年至2020年期间的样本标准差分别为0.062和0.047;并且相较于2013年,生物科技和制药行业在2020年的最终成果指数均值提升程度最高,期间年均增长率分别为0.161%和0.093%。另外,医疗保健服务和医疗保健设备与用品行业分别呈波动下降和波动上升趋势,2013~2020年,其样本标准差分别为0.022和0.031,年均增长率分别为-0.043%和0.029%

相对水平方面,2013年至2020年,制药行业的最终成果指数均值明显领先于其他行业,历年均在16.950上下波动;其他行业则在16.800~17.012区间波动。以2020年为例,制药、生物科技、药品零售、医疗保健设备与用品和医疗保健服务样本企业最终成果指数均值分别为17.057、17.012、16.869、16.834和16.819。

表6-29 非器械类中国医药企业主要细分行业最终成果指数历年平均值

细分行业	2013年	2014年	2015年	2016年	2017年	2018年	2019年	2020年	年均增长率	样本标准差
生物科技	16.822	16.832	16.859	16.800	16.864	16.816	16.870	17.012	0.161%	0.062
药品零售	16.842	16.896	16.809	16.800	16.800	16.859	16.851	16.869	0.023%	0.033
医疗保健服务	16.870	16.800	16.836	16.811	16.809	16.808	16.800	16.819	-0.043%	0.022
医疗保健设备与用品	16.800	16.800	16.800	16.824	16.819	16.901	16.828	16.834	0.029%	0.031
制药	16.947	16.953	16.888	16.946	16.918	16.986	16.978	17.057	0.093%	0.047

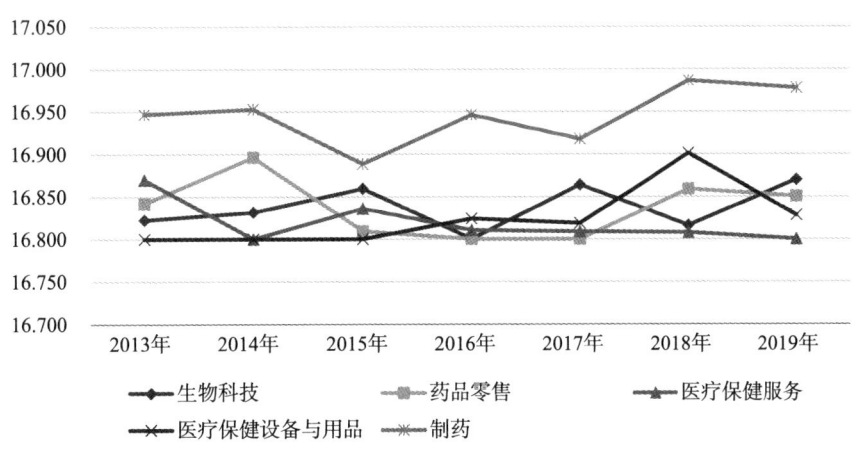

图6-20 非器械类中国医药企业主要细分行业最终成果指数历年平均值

各主要细分行业历年最终成果指数中位数详见表6-30和图6-21。由表6-30可知,各主要细分行业最终成果指数中位数历年来均为最低值16.800,并无波动,这说明各主要细分行业绝大部分样本企业并无最终成果产出,各主要细分行业最终成果均值的变动主要取决于头部企业的最终成果产出。

表6-30　　　　非器械类中国医药企业主要细分行业最终成果指数历年中位数

细分行业	2013年	2014年	2015年	2016年	2017年	2018年	2019年	2020年	年均增长率
生物科技	16.800	16.800	16.800	16.800	16.800	16.800	16.800	16.800	0.000%
药品零售	16.800	16.800	16.800	16.800	16.800	16.800	16.800	16.800	0.000%
医疗保健服务	16.800	16.800	16.800	16.800	16.800	16.800	16.800	16.800	0.000%
医疗保健设备与用品	16.800	16.800	16.800	16.800	16.800	16.800	16.800	16.800	0.000%
制药	16.800	16.800	16.800	16.800	16.800	16.800	16.800	16.800	0.000%

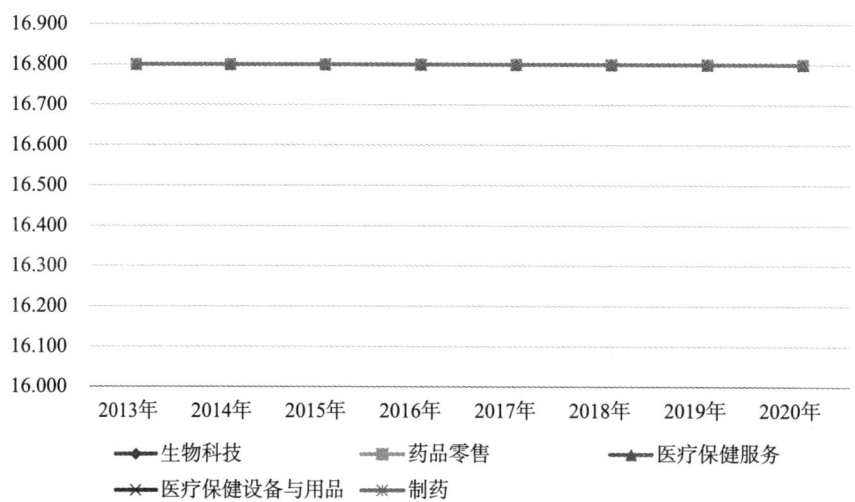

图6-21　非器械类中国医药企业主要细分行业最终成果指数历年中位数

第四节　研发质量

一、整体情况

如表6-31和图6-22所示，我国非器械类医药企业研发质量指数分值整体变化不大，有小幅下降趋势。2020年，我国非器械类医药企业研发质量指数均值为9.360，略低于2013年的9.430；中位数为9.210，略低于2013年的9.320。从最值来看，

2013 年至 2020 年，非器械类中国医药企业研发质量指数分值历年最小值均为 9.000，最大值呈先上升后下降的趋势，从 2014 年的 11.600 到 2017 年的 13.100 再到 2020 年的 11.700。

表 6-31　　　　　非器械类中国医药企业历年研发质量指数情况

指标	2013 年	2014 年	2015 年	2016 年	2017 年	2018 年	2019 年	2020 年
平均值	9.430	9.390	9.420	9.420	9.430	9.370	9.360	9.360
中位数	9.320	9.250	9.300	9.310	9.270	9.220	9.190	9.210
最小值	9.000	9.000	9.000	9.000	9.000	9.000	9.000	9.000
P1	9.000	9.000	9.000	9.000	9.000	9.000	9.000	9.000
P25	9.000	9.000	9.000	9.000	9.000	9.000	9.000	9.000
P75	9.800	9.800	9.800	9.800	9.800	9.700	9.730	9.680
P99	10.800	11.100	10.700	10.600	11.100	11.200	10.700	10.700
最大值	12.100	11.600	12.200	12.000	13.100	11.800	11.600	11.700

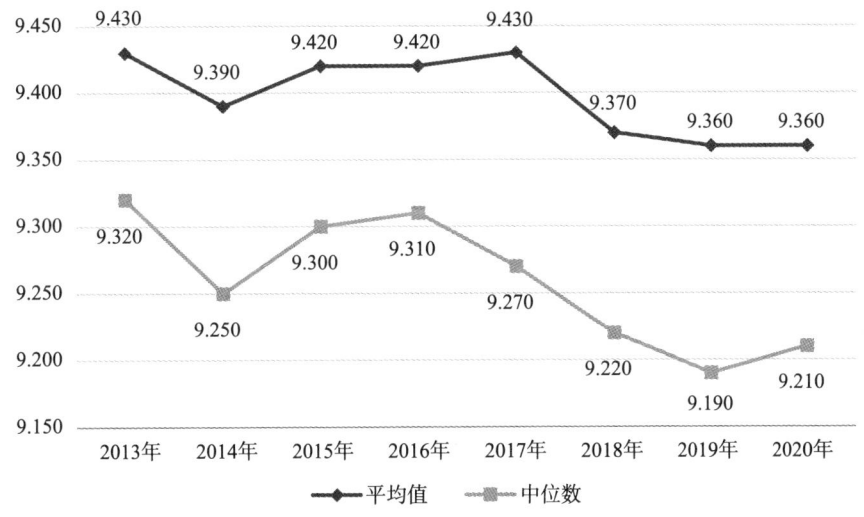

图 6-22　非器械类中国医药企业历年研发质量指数平均值和中位数

2020 年非器械类中国医药企业研发质量指数排名前 20 企业的分布情况详见表 6-32。由表 6-32 可知，2020 年排名前 20 的企业上市地最多的是上交所，其次是港交所和深交所。上市地是上交所、港交所、深交所和美国 NASDAQ 的企业数分别为 10 家、5 家、5 家和 1 家，占比分别为 50%、25%、25% 和 5%，其中，百济神州在港交所和美国 NASDAQ 证券交易所两地上市。

从境内上市板块来看，2020 年排名前 20 企业主要集中在主板，共 9 家；创业板次之，共 4 家；科创板最少，共两家，占比分别为 45%、20% 和 10%。

从实际运营地来看，2020年排名前20的企业实际运营地最多的是江苏省和浙江省，各有5家企业的研发质量指数进入前20；其次是广东省和天津市，各有两家企业进入前20；此外，北京市、福建省、海南省、湖北省、江西省、上海市也各有一家企业进入前20。从地区分布来看，排名前20的企业主要分布于东部地区，占比90%，其次为中部地区，占比10%。

从全球行业分类标准（GICS）来看，2020年排名前20的企业均属于制药这一细分行业。

表6-32　2020年非器械类中国医药企业研发质量指数排名前20的企业分布情况

排名	公司名称	研发质量指数	上市地	境内上市板块	实际运营地	GICS细分行业
1	恒瑞医药	11.720	上交所	主板	江苏省	制药
2	华海药业	11.658	上交所	主板	浙江省	制药
3	人福医药	10.931	上交所	主板	湖北省	制药
4	普利制药	10.719	深交所	创业板	海南省	制药
5	博瑞医药	10.680	上交所	科创板	江苏省	制药
6	亚盛医药	10.561	港交所		江苏省	制药
7	翰宇药业	10.407	深交所	创业板	广东省	制药
8	海翔药业	10.379	深交所	主板	浙江省	制药
9	同和药业	10.374	深交所	创业板	江西省	制药
10	广生堂	10.197	深交所	创业板	福建省	制药
11	海正药业	10.190	上交所	主板	浙江省	制药
12	天士力	10.172	上交所	主板	天津市	制药
13	维亚生物	10.146	港交所		上海市	制药
14	翰森制药	10.137	港交所		江苏省	制药
15	九洲药业	10.122	上交所	主板	浙江省	制药
16	康方生物	10.100	港交所		广东省	制药
17	奥翔药业	10.073	上交所	主板	浙江省	制药
18	泽璟制药	10.070	上交所	科创板	江苏省	制药
19	百济神州	10.059	港交所/美国NASDAQ		北京市	制药
20	天药股份	10.053	上交所	主板	天津市	制药

二、上市地与境内上市板块

2013~2020年，按上市地划分的非器械类中国医药企业研发质量指数均值详见表

6-33 和图 6-23。总体来看，除美股外，其余上市地样本企业的研发质量指数均值波动较小，且各类上市地样本企业研发质量指数均值的差距相对稳定。

表 6-33　　非器械类中国医药企业各上市地研发质量指数历年平均值

上市地	2013年	2014年	2015年	2016年	2017年	2018年	2019年	2020年
港交所（平均值）	9.286	9.400	9.316	9.373	9.298	9.318	9.305	9.308
美国（平均值）	9.000	9.000	9.000	9.213	9.249	9.184	9.112	9.088
上交所（平均值）	9.505	9.438	9.404	9.407	9.513	9.443	9.462	9.440
深交所（平均值）	9.429	9.373	9.454	9.439	9.410	9.344	9.332	9.343

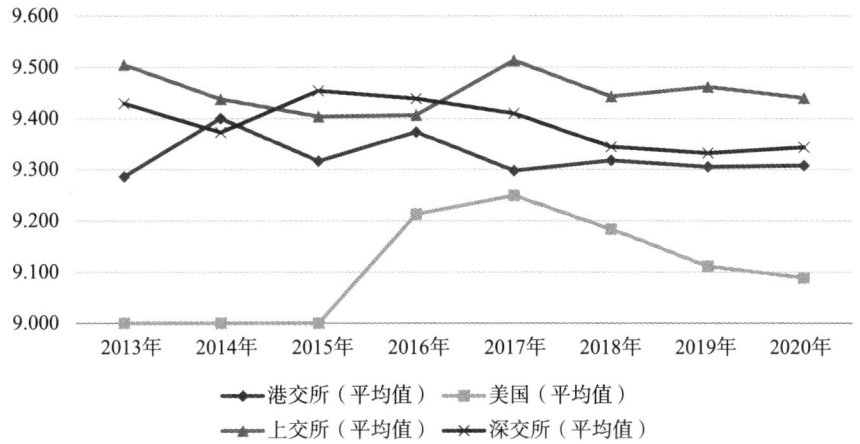

图 6-23　非器械类中国医药企业各上市地研发质量指数历年平均值

具体地，上交所样本企业研发质量指数均值常年保持第一，但在 2015 年和 2016 年被深交所反超，排在第二。上交所样本企业 2013 年研发质量指数均值为 9.505，2020 年平均值为 9.440，下降 0.065，下降百分比为 0.684%。

深交所样本企业研发质量指数平均值常年低于上交所，下降趋势明显。2013 年，深交所样本企业研发质量指数平均值为 9.429，2020 年平均值为 9.343，下降 0.086，下降百分比为 0.912%。

港交所样本企业研发质量指数平均值在 2014 年反超深交所，排名第二，但随后几年均落后于上交所和深交所，常年排在第三。其 2013 年研发质量指数平均值为 9.286，2020 年平均值为 9.308，上升 0.022，上升百分比为 0.237%，2014 年，其上升幅度较大，上升 0.114，上升百分比为 1.228%。

美股样本企业研发质量指数平均值低于其他三类上市地，2016 年之前，与其他上市地平均值差距较大，但在 2016 年出现大幅上升，与其他上市地均值的差距有所缩小。2013 年其平均值为 9.000，2020 年平均值为 9.088，上升 0.088，上升百分比为

0.978%，变动幅度在各类上市地样本企业中最大。在2016年，其出现大幅上升，上升0.213，上升百分比为2.367%，主要原因系研发质量指数排名靠前的百济神州自2016年起纳入美股样本企业，拉高了其均值。

2013~2020年，按上市地划分的非器械类中国医药企业研发质量指数中位数详见表6-34和图6-24。总体来看，四类上市地样本企业的研发质量指数中位数呈不同变化趋势。其中，美股样本企业的研发质量指数中位数始终处于最低水平，其余上市地样本企业研发质量指数中位数变动趋势与均值情况相似。此外，各类上市地样本企业研发质量指数中位数依然保持较大差距。

表6-34　　　　非器械类中国医药企业各上市地研发质量指数历年中位数

上市地	2013年	2014年	2015年	2016年	2017年	2018年	2019年	2020年
港交所（中位数）	9.086	9.379	9.155	9.114	9.005	9.208	9.140	9.091
美国（中位数）	9.000	9.000	9.000	9.000	9.000	9.000	9.000	9.000
上交所（中位数）	9.358	9.244	9.209	9.244	9.395	9.282	9.290	9.307
深交所（中位数）	9.404	9.272	9.450	9.436	9.244	9.204	9.183	9.198

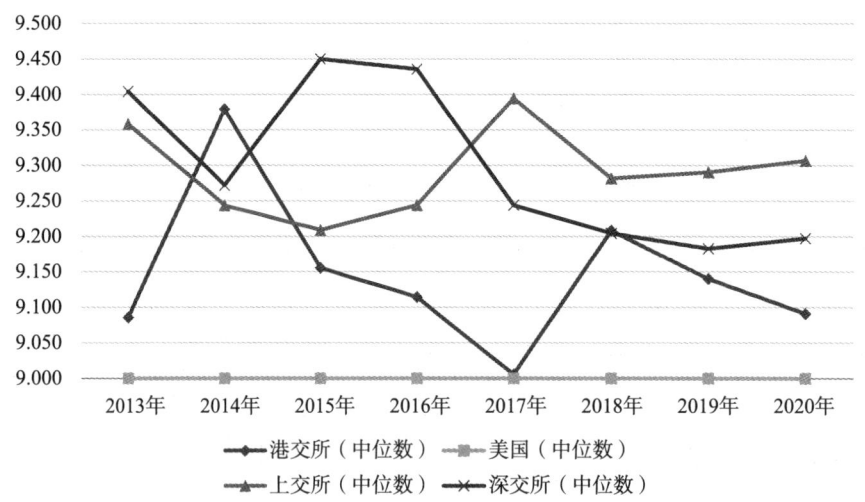

图6-24　非器械类中国医药企业各上市地研发质量指数历年中位数

具体地，在2016年以后，上交所样本企业研发质量指数中位数常年保持第一。2013年其中位数为9.358，2020年中位数为9.307，下降0.051，下降百分比为0.545%，整体呈略微下降趋势。2015年，上交所样本企业研发质量指数中位数达到最低，从2013年的9.358降至2015年的9.209，下降0.149，下降百分比为1.592%。

2017年以前，深交所样本企业中位数常年高于上交所，排名第一，但在2017年被上交所反超后一直排在第二。2013年,深交所样本企业研发质量指数中位数为9.404,2020年中位数为9.198,下降0.206,下降百分比为2.191%,整体下降幅度高于上交所。2015年,深交所样本企业研发质量指数中位数出现上升趋势,上升0.178,上升百分比为1.920%。

港交所样本企业中位数各年波动较大。2013年研发质量指数中位数为9.086,2020年中位数为9.091,上升0.005,上升百分比为0.055%,整体变动幅度低于上交所和深交所;2014年和2018年,其上升幅度较大,分别上升0.293和0.203,上升百分比分别为3.225%和2.254%。

美股样本企业研发质量指数中位数始终排在末位。2013年其中位数为9.000,2020年中位数为9.000,各年均无变动。

非器械类中国医药企业境内各上市板块研发质量指数历年均值详见表6-35和图6-25。总体来看,2013~2020年,各板块样本企业历年研发质量指数的均值呈下降趋势。创业板样本企业历年研发质量指数均值普遍高于主板。各类上市板块样本企业研发质量指数均值的差距较小。

表6-35　非器械类中国医药企业境内各上市板块研发质量指数历年平均值

板块	2013年	2014年	2015年	2016年	2017年	2018年	2019年	2020年
创业板(平均值)	9.472	9.435	9.491	9.526	9.492	9.430	9.357	9.394
科创板(平均值)	—	—	—	—	—	—	9.834	9.575
主板(平均值)	9.453	9.387	9.422	9.400	9.434	9.365	9.375	9.357

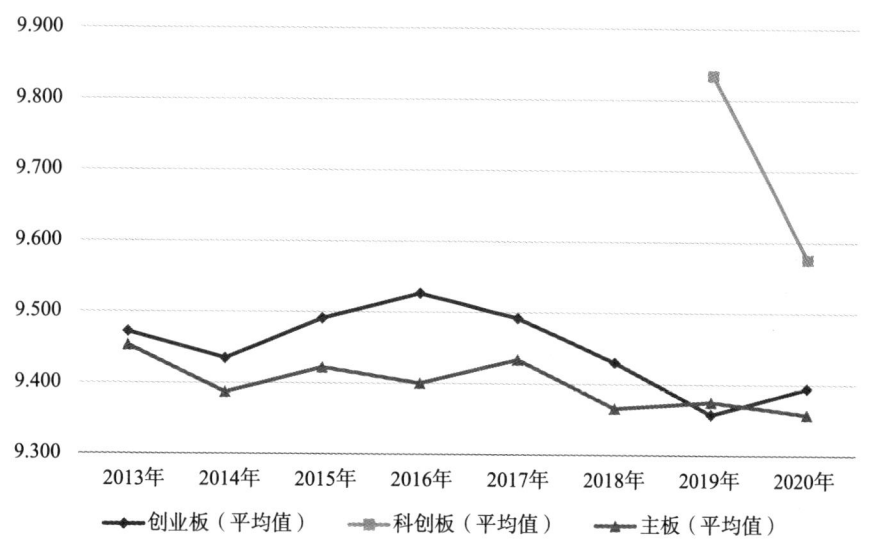

图6-25　非器械类中国医药企业境内各上市板块研发质量指数历年平均值

具体地，创业板样本企业历年研发质量指数均值常年领先于主板，仅在2019年，被主板反超。2013年其平均值为9.472，2020年平均值为9.394，下降0.078，下降百分比为0.823%，整体呈下降趋势。但在2014~2016年，其呈上升趋势，上升0.091，上升百分比为0.964%。

主板样本企业研发质量指数均值常年落后于创业板，2013年平均值为9.453，2020年平均值为9.357，下降0.096，下降百分比为1.016%，整体下降幅度略高于创业板。

科创板样本企业研发质量指数均值在2019年和2020年排在第一，但在2020年大幅下降，与其他板块研发质量指数均值差距缩小。2019年研发质量指数均值为9.834，2020年为9.575，下降0.259，下降百分比为2.634%，下降幅度远超当年主板均值的下降幅度。

非器械类中国医药企业境内各上市板块研发质量指数历年中位数详见表6-36和图6-26。总体来看，2013~2020年，境内各上市板块样本企业历年研发质量指数的中位数呈下降趋势。创业板样本企业历年研发质量指数中位数普遍高于主板，这与均值情况一致。相较于均值，各类上市板块样本企业研发质量指数中位数的差距呈缩小趋势。

表6-36 非器械类中国医药企业境内各上市板块研发质量指数历年中位数

板块	2013年	2014年	2015年	2016年	2017年	2018年	2019年	2020年
创业板（中位数）	9.594	9.531	9.422	9.587	9.521	9.325	9.211	9.218
科创板（中位数）	—	—	—	—	—	—	9.862	9.768
主板（中位数）	9.323	9.207	9.293	9.257	9.277	9.208	9.226	9.213

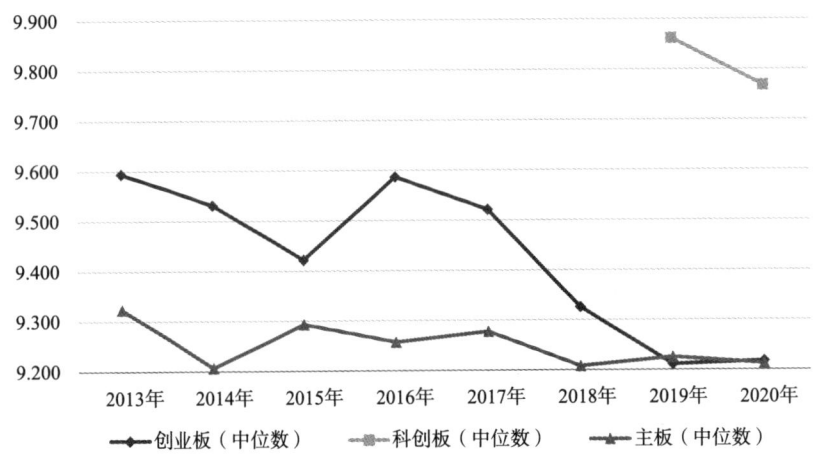

图6-26 非器械类中国医药企业境内各上市板块研发质量指数历年中位数

具体地,创业板样本企业历年研发质量指数中位数常年领先于主板,2013年研发质量指数中位数为9.594,2020年为9.218,下降0.376,下降百分比为3.919%,整体呈下降趋势。2016年,创业板样本企业历年研发质量指数中位数出现小幅上升,上升了0.165,上升百分比为1.751%。

主板样本企业研发质量指数中位数常年低于其他板块,仅在2019年,超过创业板。2013年中位数为9.323,2020年中位数为9.213,下降0.110,下降百分比为1.180%,整体下降幅度低于创业板。2015年,出现小幅上升,上升了0.086,上升百分比为0.934%。

科创板样本企业研发质量指数中位数在2019年和2020年均排在第一,但2020年出现小幅下降。2019年中位数为9.862,2020年中位数为9.768,下降0.094,下降百分比为0.953%,该下降幅度高于当年主板下降幅度。

三、实际运营地

2013~2020年,按实际运营地划分的非器械类中国医药企业研发质量指数均值详见表6-37。总体来看,2013~2020年,30个实际运营地中有14个省研发质量指数均值呈缓慢上升趋势,增长幅度最大的为江苏省,增长幅度为1.613%。增长幅度最小的为山东省,增长幅度为0.032%。2013~2020年,30个实际运营地中有16个省研发质量指数均值呈缓慢下降趋势,下降幅度最大的为西藏自治区,下降幅度为4.877%。下降幅度最小的为河南省,下降幅度为0.247%。2013年研发质量指数均值最大为内蒙古自治区9.804,最小为青海省9.076,2020年研发质量指数均值最大为安徽省9.646,最小为山西省9.092。各省间差异减小,2013年均值最大差异为0.728,2020年均值最大差异为0.554,减少23.901%。

表6-37 非器械类中国医药企业各实际运营地研发质量指数历年平均值

省份	2013年	2014年	2015年	2016年	2017年	2018年	2019年	2020年
安徽省	9.513	9.676	9.631	9.790	9.801	9.918	9.680	9.646
北京市	9.437	9.339	9.395	9.348	9.377	9.328	9.325	9.278
福建省	9.313	9.433	9.821	9.266	9.581	9.270	9.409	9.463
甘肃省	9.404	9.000	9.000	9.404	9.000	9.194	9.004	9.487
广东省	9.409	9.452	9.426	9.431	9.316	9.296	9.294	9.322
广西壮族自治区	9.306	9.177	9.245	9.228	9.186	9.195	9.215	9.191
贵州省	9.154	9.322	9.302	9.376	9.353	9.341	9.372	9.231

续表

省份	2013年	2014年	2015年	2016年	2017年	2018年	2019年	2020年
海南省	9.268	9.034	9.383	9.401	9.177	9.251	9.291	9.375
河北省	9.657	9.656	9.697	9.616	9.651	9.742	9.559	9.488
河南省	9.326	9.261	9.460	9.365	9.305	9.282	9.179	9.303
黑龙江省	9.492	9.394	9.255	9.377	9.313	9.236	9.255	9.181
湖北省	9.329	9.142	9.367	9.188	9.389	9.429	9.445	9.437
湖南省	9.234	9.313	9.209	9.287	9.315	9.240	9.163	9.247
吉林省	9.268	9.418	9.303	9.196	9.517	9.300	9.157	9.309
江苏省	9.360	9.402	9.447	9.584	9.477	9.535	9.516	9.511
江西省	9.407	9.398	9.582	9.398	9.579	9.499	9.325	9.419
辽宁省	9.236	9.273	9.336	9.491	9.528	9.457	9.359	9.340
内蒙古自治区	9.804	9.577	9.001	9.841	9.445	9.511	9.235	9.377
青海省	9.076	9.307	9.174	9.371	9.564	9.108	9.112	9.146
山东省	9.360	9.313	9.460	9.412	9.567	9.282	9.397	9.363
山西省	9.336	9.383	9.287	9.252	9.410	9.173	9.173	9.092
陕西省	9.127	9.106	9.182	9.159	9.196	9.158	9.047	9.148
上海市	9.497	9.424	9.390	9.370	9.341	9.242	9.247	9.378
四川省	9.343	9.377	9.486	9.342	9.058	9.313	9.285	9.284
天津市	9.801	9.640	9.639	9.666	9.759	9.689	9.613	9.593
西藏自治区	9.781	9.546	9.404	9.470	9.427	9.294	9.463	9.304
新疆维吾尔自治区	9.401	9.403	9.402	9.410	9.401	9.140	9.135	9.270
云南省	9.609	9.461	9.384	9.359	9.477	9.157	9.505	9.498
浙江省	9.617	9.549	9.547	9.561	9.630	9.553	9.520	9.398
重庆市	9.539	9.292	9.475	9.382	9.246	9.318	9.458	9.344
全部省份	9.432	9.391	9.416	9.416	9.426	9.367	9.361	9.361

具体地，河北省2013~2020年研发质量指数均值一直排名前五。河北省2013年研发质量指数均值为9.657，排名第四。2018年为9.742，排名第二。2020年下降为9.488，排名第五。

安徽省2014~2020年研发质量指数均值一直排名前五。2017~2020年安徽省研发质量指数均值一直排名第一。2013年安徽省研发质量指数均值为9.513，排名第八。2020年增长至9.646，排名第一。安徽省2020年研发质量指数均值相较于2013年增长1.398%，增长幅度排名第三。

天津市2013~2020年研发质量指数均值一直排名前三。2013年天津市研发质量指数均值为9.801，排名第二。2020年下降至9.593，排名第二。天津市2020年研发质量指数均值相较于2013年下降2.122%。

江苏省2013年研发质量指数均值为9.360，排名第十六。2020年增长至9.511，排名第三。江苏省2020年研发质量指数均值相较于2013年增长1.613%，增长幅度排名第一。

2013~2020年，按实际运营地划分的非器械类中国医药企业研发质量指数中位数详见表6-38。总体来看，2013~2020年，30个实际运营地中有12个省研发质量指数中位数呈上升趋势，增长幅度最大的为江苏省，增长幅度为3.236%；增长幅度最小的为辽宁省，增长幅度为0.122%。2013~2020年，30个实际运营地中有18个省出现下降趋势，下降幅度最大的为西藏自治区，下降幅度为7.110%；下降幅度最小的为吉林省，下降幅度为0.667%。2013年研发质量指数中位数最大的为云南省9.814，最小的为海南省、辽宁省、陕西省，研发质量指数中位数均为9.000。2020年研发质量指数中位数最大的为安徽省9.775，最小的为广西壮族自治区9.003。

表6-38 非器械类中国医药企业各实际运营地研发质量指数历年中位数

省份	2013年	2014年	2015年	2016年	2017年	2018年	2019年	2020年
安徽省	9.513	9.676	9.803	9.807	9.804	9.814	9.805	9.775
北京市	9.403	9.183	9.411	9.206	9.092	9.121	9.060	9.084
福建省	9.313	9.433	9.821	9.226	9.705	9.213	9.619	9.331
甘肃省	9.404	9.000	9.000	9.404	9.000	9.194	9.004	9.487
广东省	9.325	9.461	9.349	9.402	9.092	9.080	9.123	9.198
广西壮族自治区	9.243	9.000	9.003	9.039	9.000	9.000	9.000	9.003
贵州省	9.093	9.350	9.292	9.354	9.409	9.404	9.351	9.269
海南省	9.000	9.000	9.303	9.171	9.162	9.114	9.245	9.114
河北省	9.769	9.786	9.794	9.773	9.731	9.819	9.549	9.513
河南省	9.251	9.257	9.404	9.102	9.013	9.175	9.030	9.171
黑龙江省	9.652	9.352	9.005	9.376	9.300	9.115	9.135	9.053
湖北省	9.146	9.000	9.236	9.000	9.142	9.107	9.215	9.181
湖南省	9.045	9.164	9.004	9.196	9.205	9.002	9.014	9.070
吉林省	9.150	9.409	9.000	9.034	9.750	9.107	9.005	9.089
江苏省	9.115	9.166	9.236	9.782	9.235	9.479	9.400	9.410
江西省	9.412	9.394	9.565	9.285	9.531	9.294	9.176	9.154
辽宁省	9.000	9.002	9.309	9.784	9.807	9.579	9.171	9.011
内蒙古自治区	9.804	9.802	9.001	9.804	9.404	9.459	9.002	9.325
青海省	9.076	9.307	9.174	9.371	9.564	9.108	9.112	9.146

续表

省份	2013年	2014年	2015年	2016年	2017年	2018年	2019年	2020年
山东省	9.209	9.084	9.405	9.300	9.708	9.233	9.343	9.327
山西省	9.279	9.206	9.409	9.134	9.418	9.084	9.188	9.010
陕西省	9.000	9.000	9.000	9.000	9.000	9.004	9.004	9.030
上海市	9.776	9.329	9.111	9.404	9.094	9.218	9.132	9.317
四川省	9.227	9.325	9.804	9.222	9.000	9.136	9.140	9.021
天津市	9.732	9.658	9.769	9.594	9.686	9.674	9.602	9.646
西藏自治区	9.803	9.807	9.403	9.709	9.402	9.002	9.513	9.106
新疆维吾尔自治区	9.401	9.403	9.402	9.410	9.401	9.140	9.135	9.270
云南省	9.814	9.500	9.297	9.421	9.485	9.006	9.539	9.734
浙江省	9.309	9.238	9.485	9.296	9.801	9.409	9.359	9.147
重庆市	9.774	9.091	9.457	9.279	9.001	9.325	9.540	9.262
全部省份	9.318	9.252	9.303	9.310	9.268	9.217	9.193	9.209

具体地，安徽省2014~2020年研发质量指数中位数一直排名前五。安徽省2013年研发质量指数中位数为9.513，排名第九。2020年增长至9.775，排名第一。安徽省2020年研发质量指数中位数相较于2013年增长2.754%，增长幅度排名第二。

河北省2014~2020年研发质量指数中位数一直排名前五。河北省2013年研发质量指数中位数为9.769，排名第六。2015年增长至9.794，排名第四。2020年下降至9.513，排名第四。

天津市2018~2020年研发质量指数中位数一直排名第三。天津市2013年研发质量指数中位数为9.732，排名第七。2020年下降至9.646，排名第三。

江苏省2013年研发质量指数中位数为9.115，排名第二十四。2020年增长至9.410，排名第六。江苏省2020年研发质量指数中位数相较于2013年增长3.236%，增长幅度排名第一。

四、细分行业

我国非器械类医药企业各主要细分行业历年研发质量指数均值详见表6-39和图6-27。由表6-39可知，各主要细分行业研发质量指数均值主要集中在9.026~9.543区间，且生物科技和制药行业总体呈下降趋势；医疗保健设备与用品行业则自2014年起呈上升趋势；药品零售和医疗保健服务行业历年呈现较大波动，期间其样本标准差分别为0.056和0.078。总体而言，在2013年至2020年期间，生物科技、制药、药品零售、医疗保健服务和医疗保健设备与用品行业研发质量指数均值年均增长率分别为 -0.193%、-0.153%、0.047%、0.070%和 -0.080%。

表6-39　非器械类中国医药企业各主要细分行业研发质量指数历年平均值

细分行业	2013年	2014年	2015年	2016年	2017年	2018年	2019年	2020年	年均增长率	标准差
生物科技	9.540	9.487	9.413	9.395	9.382	9.379	9.413	9.411	-0.193%	0.053
药品零售	9.043	9.026	9.113	9.144	9.212	9.119	9.125	9.072	0.047%	0.056
医疗保健服务	9.084	9.177	9.245	9.138	9.190	9.094	9.115	9.129	0.070%	0.051
医疗保健设备与用品	9.268	9.034	9.142	9.137	9.244	9.285	9.210	9.216	-0.080%	0.078
制药	9.543	9.488	9.522	9.533	9.529	9.462	9.452	9.442	-0.153%	0.038

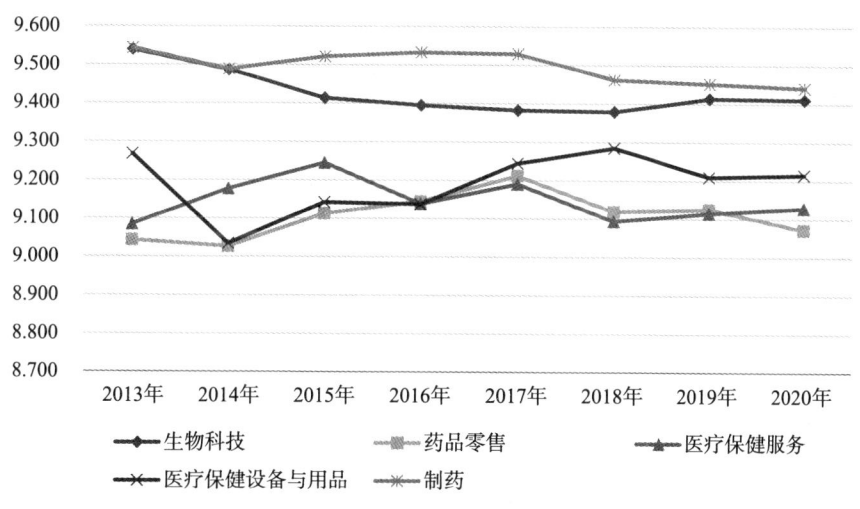

图6-27　非器械类中国医药企业各主要细分行业研发质量指数历年平均值

相对水平方面，2013年至2020年期间，制药行业的研发质量平均水平整体上领先于其他行业，但在近三年有所下降；生物科技行业次之，且在近三年有所上升。医疗保健设备与用品行业的研发质量则凭借2014年以来的持续增长，在2017年其研发质量指数均值从9.137提高到9.244，增长率达到1.171%，行业排名也从第五跃升至第三。以2020年为例，制药、生物科技、医疗保健设备与用品、医疗保健服务和药品零售行业样本企业研发质量指数均值分别为9.442、9.411、9.216、9.129和9.072。

各主要细分行业历年研发质量指数中位数详见表6-40和图6-28。由表6-40可知，各主要细分行业研发质量指数中位数在9.000~9.803之间，小于均值的分布范围。和均值相似，生物科技和制药行业的研发质量指数中位数总体呈下降趋势，2013～2020年，其年均增长率分别为-0.422%和-0.392%。而与均值不同的是，药品零售、医疗保健服务和医疗保健设备与用品行业的研发质量指数中位数历年的波动很小，2013～2020年，其样本标准差分别为0.000、0.002和0.043，年均增长率分别为0.000%、0.005%和0.110%。

表6-40　非器械类中国医药企业各主要细分行业研发质量指数历年中位数

细分行业	2013年	2014年	2015年	2016年	2017年	2018年	2019年	2020年	年均增长率	标准差
生物科技	9.803	9.768	9.297	9.425	9.388	9.326	9.389	9.518	-0.422%	0.182
药品零售	9.000	9.000	9.000	9.000	9.000	9.000	9.000	9.000	0.000%	0.000
医疗保健服务	9.001	9.001	9.002	9.005	9.000	9.005	9.006	9.004	0.005%	0.002
医疗保健设备与用品	9.001	9.000	9.000	9.000	9.114	9.077	9.013	9.070	0.110%	0.043
制药	9.594	9.405	9.514	9.565	9.480	9.358	9.312	9.334	-0.392%	0.101

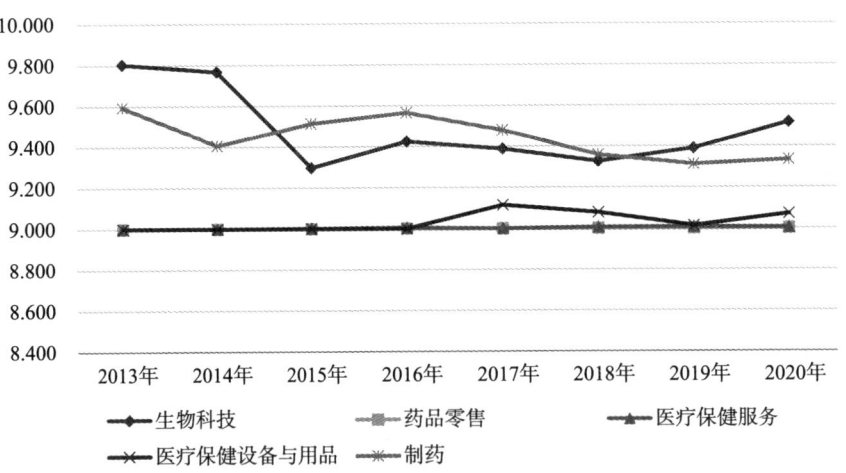

图6-28　非器械类中国医药企业各主要细分行业研发质量指数历年中位数

相对水平方面，研发质量指数中位数的表现与均值相似。2013～2020年，生物科技和制药行业的研发质量指数中位数明显高于其他行业，且生物科技行业在近三年有所上升，而制药行业在近三年有所下降。此外，药品零售、医疗保健服务和医疗保健设备与用品行业的研发质量指数中位数水平相当，基本都维持在9.000的水平。以2020年为例，生物科技、制药、医疗保健设备与用品、医疗保健服务和药品零售行业样本企业研发质量指数中位数分别为9.518、9.334、9.070、9.004和9.000。

第五节 研发支持

一、整体情况

如表6-41和图6-29所示,非器械类中国医药企业历年研发支持指数分值最低为6.000。整体上来看,我国非器械类医药企业研发支持指数分值水平偏低但呈稳定上升趋势。2013年至2020年,虽然非器械类中国医药企业研发支持指数分值中位数一直保持在最低水平,但均值从6.040稳定上升至6.110。研发支持指数P75(3/4分位数)分值历年均保持在6.000的最低水平,说明仅有不到1/4的企业拥有国家重大专项支持项目、国家级研发平台或者省部级研发平台[①]。但研发支持指数分值最大值稳步上涨,说明拥有国家重大专项支持项目、国家级研发平台或者省部级研发平台的头部企业处于持续提升中。

表6-41　　　　非器械类中国医药企业历年研发支持指数情况

指标	2013年	2014年	2015年	2016年	2017年	2018年	2019年	2020年
平均值	6.040	6.050	6.070	6.070	6.080	6.100	6.110	6.110
中位数	6.000	6.000	6.000	6.000	6.000	6.000	6.000	6.000
最小值	6.000	6.000	6.000	6.000	6.000	6.000	6.000	6.000
P1	6.000	6.000	6.000	6.000	6.000	6.000	6.000	6.000
P25	6.000	6.000	6.000	6.000	6.000	6.000	6.000	6.000
P75	6.000	6.000	6.000	6.000	6.000	6.000	6.000	6.000
P99	6.800	6.800	7.000	7.600	7.600	7.600	7.600	7.600
最大值	7.600	7.600	7.600	7.800	7.800	7.800	8.200	8.200

2020年非器械类中国医药企业研发支持指数排名前20企业的分布情况详见表6-42。由表6-42可知,排名前20的企业上市地主要是深交所,其次为上交所,其企业数分别为13家和7家,占比分别为65%和35%。

[①] 具体地,2013年共有23家企业获得国家重大专项、国家级研发平台和省部级研发平台,占当年样本企业总数的11.17%;2020年,这一企业数达到66家,占比17.10%。鉴于篇幅所限,相关图表并未在此列示。

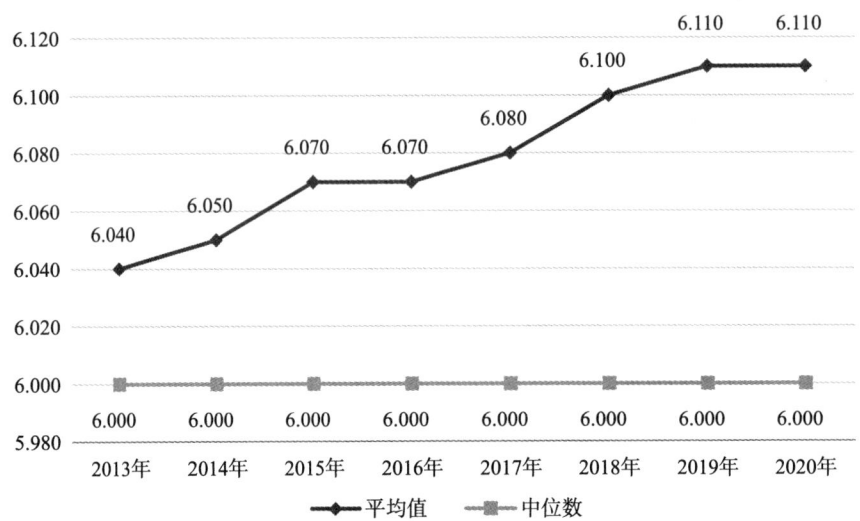

图 6-29 非器械类中国医药企业历年研发支持指数平均值和中位数

表 6-42 2020 年非器械类中国医药企业研发支持指数排名前 20 的企业分布情况

排名	公司名称	研发支持指数	上市地	境内上市板块	实际运营地	GICS 细分行业
1	千金药业	8.200	上交所	主板	湖南省	制药
2	九典制药	7.800	深交所	创业板	湖南省	医疗保健设备与用品
3	尔康制药	7.800	深交所	创业板	湖南省	制药
4	佐力药业	7.600	深交所	创业板	浙江省	制药
5	京新药业	7.600	深交所	主板	浙江省	制药
6	中恒集团	7.600	上交所	主板	广西壮族自治区	制药
7	海翔药业	7.600	深交所	主板	浙江省	制药
8	科伦药业	7.600	深交所	主板	四川省	制药
9	生物股份	7.600	上交所	主板	内蒙古自治区	制药
10	安科生物	7.600	深交所	创业板	安徽省	制药
11	广生堂	7.200	深交所	创业板	福建省	制药
12	片仔癀	7.000	上交所	主板	福建省	制药
13	海利生物	7.000	上交所	主板	上海市	制药
14	康弘药业	7.000	深交所	主板	四川省	制药
15	振东制药	6.800	深交所	创业板	山西省	制药
16	金城医药	6.800	深交所	创业板	山东省	制药
17	红日药业	6.800	深交所	创业板	天津市	制药
18	人福医药	6.800	上交所	主板	湖北省	制药
19	中牧股份	6.800	上交所	主板	北京市	生物科技
20	双鹭药业	6.800	深交所	主板	北京市	制药

从境内上市板块来看,排名前20的企业主要集中在主板,共12家;创业板次之,共8家,占比分别为60%和40%。

从实际运营地来看,排名前20企业实际运营地最多的是浙江省和湖南省,各有3家;其次为北京市、福建省和四川省,各有2家;此外,安徽省、广西壮族自治区、湖北省、内蒙古自治区、山东省、山西省、上海市和天津市各有1家企业进入前20。从地区分布来看,排名前20的企业分布于东部、中部和西部地区的企业占比分别为50%、30%和20%。

从全球行业分类标准(GICS)来看,排名前20的企业主要集中在制药行业,共18家;生物科技和医疗保健设备与用品企业各有1家。

二、上市地与境内上市板块

2013~2020年,按上市地划分的非器械类中国医药企业研发支持指数均值详见表6-43和图6-30。总体来看,除美股外,其余上市地样本企业的研发支持指数均值均呈上升趋势,且各类上市地样本企业研发支持指数均值的差距呈略微放大趋势。

表6-43 非器械类中国医药企业各上市地研发支持指数历年平均值

上市地	2013年	2014年	2015年	2016年	2017年	2018年	2019年	2020年
港交所(平均值)	6.010	6.009	6.031	6.012	6.011	6.009	6.011	6.016
美国(平均值)	6.133	6.133	6.133	6.120	6.120	6.189	6.185	6.067
上交所(平均值)	6.028	6.045	6.055	6.056	6.058	6.071	6.102	6.103
深交所(平均值)	6.059	6.055	6.083	6.095	6.105	6.136	6.138	6.154

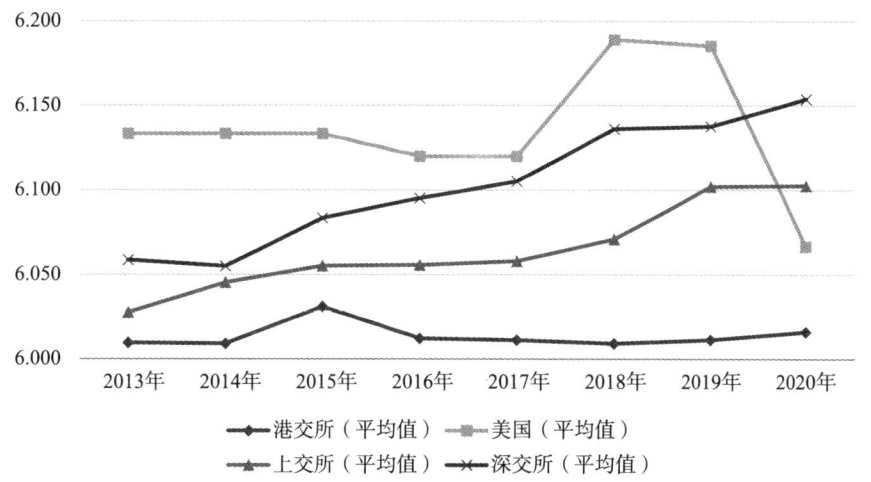

图6-30 非器械类中国医药企业各上市地研发支持指数历年平均值

具体地,上交所样本企业研发支持指数均值常年排名靠后,但在2020年超过美股,排在第二。2013年平均值为6.028,2020年平均值为6.103,上升0.075,上升百分比为1.244%,整体呈逐年稳步上升趋势。

深交所样本企业研发支持指数均值常年高于上交所,其同样在2020年超过美股。2013年,深交所样本企业研发支持指数平均值为6.059,2020年平均值为6.154,上升0.095,上升百分比为1.568%,整体上升幅度略高于上交所。深交所与上交所均值差距有所放大,从2013年的0.031到2020年的0.051,差距增加了0.020。

港交所样本企业研发支持指数均值常年排名末位,其2013年平均值为6.010,2020年平均值为6.016,上升0.006,上升百分比为0.100%,整体上升幅度远低于上交所和深交所;2015年,其上升幅度较大,上升0.022,上升百分比为0.366%。

2020年之前,美股样本企业研发支持指数均值一直高于其他三类上市地,但在2020年出现大幅下降,被上交所和深交所反超,排名第三。2013年美股样本企业研发支持指数均值为6.133,2020年平均值为6.067,下降0.066,下降百分比为1.076%。美股样本企业研发支持指数均值在2020年出现大幅下降,下降0.118,下降百分比为1.908%。

2013~2020年,按上市地划分的非器械类中国医药企业研发支持指数中位数详见表6-44和图6-31。总体来看,除美股外,其他上市地样本企业的研发支持指数中位数保持稳定,均为最低值6.000,这说明除美股外,其他上市地绝大部分样本企业未获得相关研发支持。此外,美股中位数虽然在2018年以前领先于其他上市地,但在2018年及以后,出现大幅下降,与其他上市地中位数差距缩小。

表6-44　　非器械类中国医药企业各上市地研发支持指数历年中位数

上市地	2013年	2014年	2015年	2016年	2017年	2018年	2019年	2020年
港交所(中位数)	6.000	6.000	6.000	6.000	6.000	6.000	6.000	6.000
美国(中位数)	6.200	6.200	6.200	6.200	6.200	6.100	6.000	6.000
上交所(中位数)	6.000	6.000	6.000	6.000	6.000	6.000	6.000	6.000
深交所(中位数)	6.000	6.000	6.000	6.000	6.000	6.000	6.000	6.000

非器械类中国医药企业境内各上市板块研发支持指数历年均值详见表6-45和图6-32。总体来看,2013~2020年,境内各上市板块样本企业历年研发支持指数均值呈上升趋势,且创业板样本企业历年研发支持指数均值领先主板和科创板。各类上市板块样本企业研发支持指数均值依旧存在较大差距。

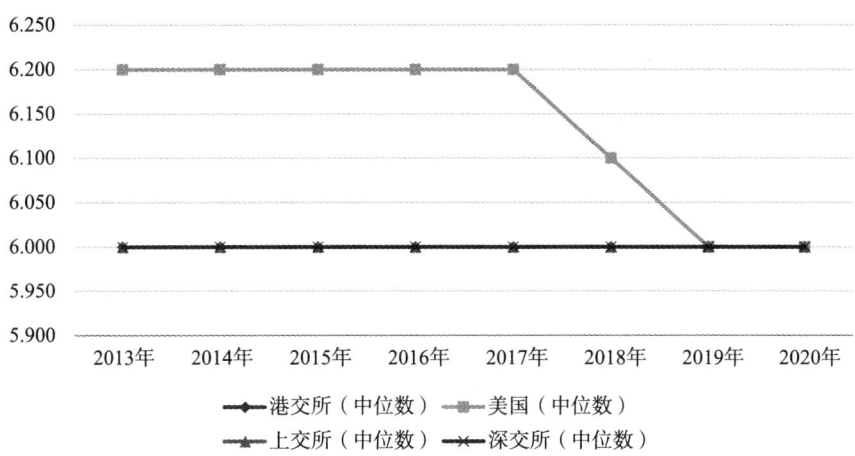

图 6-31 非器械类中国医药企业各上市地研发支持指数历年中位数

表 6-45　非器械类中国医药企业境内各上市板块研发支持指数历年平均值

境内上市板块	2013 年	2014 年	2015 年	2016 年	2017 年	2018 年	2019 年	2020 年
创业板（平均值）	6.123	6.117	6.112	6.129	6.134	6.181	6.204	6.229
科创板（平均值）	—	—	—	—	—	—	6.000	6.008
主板（平均值）	6.032	6.036	6.064	6.068	6.074	6.092	6.103	6.117

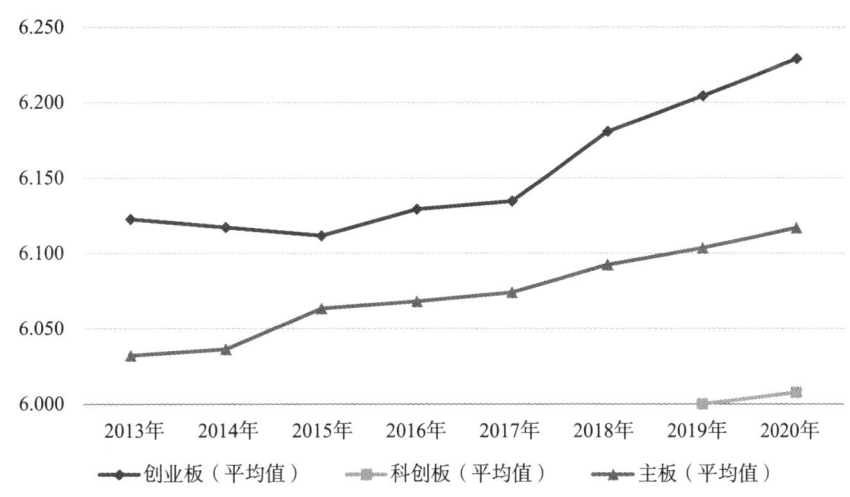

图 6-32 非器械类中国医药企业境内各上市板块研发支持指数历年平均值

具体地，创业板样本企业历年研发支持指数均值领先于主板，2013 年研发支持指数平均值为 6.123，2020 年平均值为 6.229，上升 0.106，上升百分比为 1.731%，整体呈稳定上升趋势。

主板样本企业研发支持指数均值常年落后于创业板，2013 年平均值为 6.032，2020 年平均值为 6.117，上升 0.085，上升百分比为 1.409%，整体上升幅度低于创业板。2013~2020年,主板与创业板之间样本企业研发支持指数均值差距依然较大,从2013年的0.091到2020年的0.112,差距进一步增加了0.021。

科创板样本企业研发支持指数均值在2019年和2020年排在末位。2019年平均值为6.000,2020年平均值为6.008,上升0.008,上升百分比为0.133%,上升幅度远低于其他板块的上升幅度。此外,科创板样本企业研发支持指数均值与主板和创业板差距显著,在2020年,与主板均值差距为0.109,研发支持水平差距较大。

2013~2020年,按境内上市板块划分的非器械类中国医药企业研发支持指数中位数详见表6-46和图6-33。总体来看,境内各上市板块样本企业研发支持指数中位数保持稳定,均为最低值6.000,这说明境内各上市板块绝大部分样本企业未获得相关研发支持。

表6-46 非器械类中国医药企业境内各上市板块研发支持指数历年中位数

境内上市板块	2013年	2014年	2015年	2016年	2017年	2018年	2019年	2020年
创业板(中位数)	6.000	6.000	6.000	6.000	6.000	6.000	6.000	6.000
科创板(中位数)	—	—	—	—	—	—	6.000	6.000
主板(中位数)	6.000	6.000	6.000	6.000	6.000	6.000	6.000	6.000

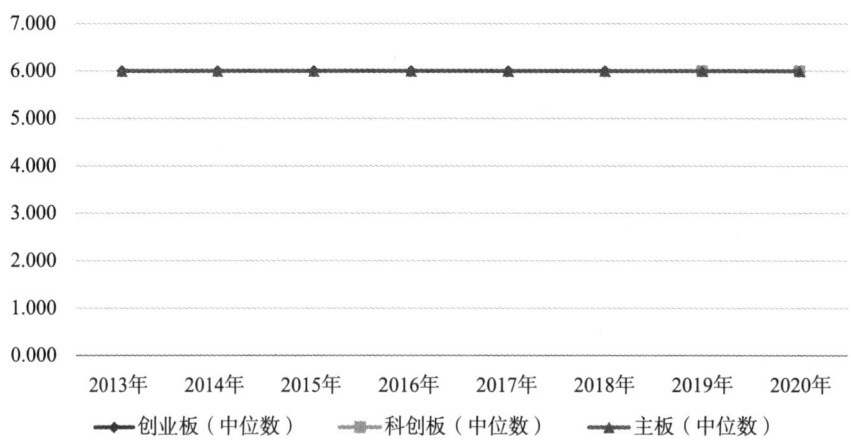

图6-33 非器械类中国医药企业境内各上市板块研发支持指数历年中位数

三、实际运营地

2013~2020年,按实际运营地划分的非器械类中国医药企业研发支持指数均值详见表6-47。总体来看,2013~2020年,30个实际运营地中有21个省研发支持指数均值呈缓慢上升趋势,增长幅度最大的为内蒙古自治区,增长幅度为8.883%。增长幅度最小的为江苏省,增长幅度为 0.250%。2013~2020 年,30 个实际运营地研发支持指数均值中有两个省呈缓慢下降趋势,下降幅度最大的为湖北省,下降幅度为 0.409%;下降幅度最小的为北京市,下降幅度为 0.033%。2013~2020 年,30 个实际运营地中有 7 个省研发支持指数均值一直为最低值 6.000,这说明其长期未获得过相关研发支持。2013 年研发支持指数均值最大为河北省 6.240,最小为 6.000,2020 年研发支持指数均值最大为内蒙古自治区 6.533,最小为 6.000。

表 6-47　非器械类中国医药企业各实际运营地研发支持指数历年平均值

省份	2013 年	2014 年	2015 年	2016 年	2017 年	2018 年	2019 年	2020 年
安徽省	6.000	6.000	6.067	6.067	6.067	6.333	6.600	6.500
北京市	6.070	6.070	6.061	6.064	6.064	6.101	6.115	6.068
福建省	6.000	6.200	6.100	6.067	6.100	6.233	6.227	6.367
甘肃省	6.200	6.200	6.200	6.200	6.200	6.200	6.200	6.200
广东省	6.023	6.000	6.000	6.000	6.030	6.088	6.029	6.077
广西壮族自治区	6.033	6.029	6.025	6.025	6.025	6.025	6.225	6.225
贵州省	6.000	6.000	6.133	6.200	6.160	6.160	6.160	6.133
海南省	6.080	6.080	6.080	6.120	6.100	6.100	6.100	6.114
河北省	6.240	6.240	6.400	6.400	6.400	6.440	6.433	6.467
河南省	6.000	6.160	6.160	6.160	6.160	6.133	6.133	6.114
黑龙江省	6.000	6.000	6.000	6.000	6.000	6.000	6.033	6.033
湖北省	6.111	6.133	6.120	6.109	6.100	6.100	6.100	6.086
湖南省	6.225	6.281	6.182	6.255	6.267	6.267	6.400	6.492
吉林省	6.000	6.000	6.000	6.000	6.000	6.000	6.000	6.000
江苏省	6.000	6.000	6.000	6.000	6.000	6.000	6.000	6.015
江西省	6.100	6.200	6.160	6.160	6.133	6.133	6.133	6.133
辽宁省	6.000	6.067	6.100	6.120	6.120	6.120	6.120	6.120
内蒙古自治区	6.000	6.000	6.000	6.000	6.000	6.000	6.267	6.533
青海省	6.000	6.000	6.000	6.000	6.000	6.000	6.000	6.000
山东省	6.000	6.000	6.062	6.057	6.083	6.129	6.056	6.077
山西省	6.000	6.040	6.040	6.040	6.040	6.040	6.200	6.200
陕西省	6.000	6.000	6.000	6.000	6.000	6.000	6.000	6.000
上海市	6.000	6.038	6.033	6.011	6.041	6.010	6.046	6.031
四川省	6.178	6.000	6.200	6.300	6.300	6.433	6.371	6.260
天津市	6.000	6.000	6.133	6.114	6.229	6.229	6.229	6.200
西藏自治区	6.000	6.000	6.000	6.000	6.000	6.000	6.000	6.000
新疆维吾尔自治区	6.000	6.000	6.000	6.000	6.000	6.000	6.000	6.000
云南省	6.000	6.000	6.000	6.000	6.000	6.000	6.000	6.000
浙江省	6.067	6.055	6.103	6.091	6.091	6.112	6.121	6.098
重庆市	6.000	6.000	6.000	6.000	6.000	6.000	6.000	6.000
全部省份	6.045	6.048	6.069	6.073	6.079	6.099	6.108	6.109

具体地，安徽省 2013 年研发支持指数均值为 6.000，排名倒数第一，2020 年增长至 6.500，排名第二，相较于 2013 年增长 8.333%，增长幅度排名第二。

内蒙古自治区 2013 年研发支持指数均值为 6.000，排名并列倒数第一，2020 年增长至 6.533，排名第一，相较于 2013 年增长 8.883%，增长幅度排名第一。

河北省 2013~2019 年研发支持指数均值一直排名前二，河北省 2013 年研发支持指数均值为 6.240，排名第一，2020 年增长至 6.467，排名第四，相较于 2013 年增长 3.638%，增长幅度排名第五。

湖南省 2013~2020 年研发支持指数均值一直排名前五。湖南省 2013 年研发支持指数均值为 6.225，排名第二，2020 年增长至 6.492，排名第三，相较于 2013 年增长 4.289%，增长幅度排名第四。

2013~2020 年，按实际运营地划分的非器械类中国医药企业研发支持指数中位数详见表 6-48。总体来看，2013~2020 年，30 个实际运营地中只有福建省、甘肃省、河北省、湖南省、江西省、辽宁省 6 个省研发支持指数中位数不全为 6.000，其他省历年研发支持指数中位数均为 6.000。

表 6-48　非器械类中国医药企业各实际运营地研发支持指数历年中位数

省份	2013 年	2014 年	2015 年	2016 年	2017 年	2018 年	2019 年	2020 年
安徽省	6.000	6.000	6.000	6.000	6.000	6.200	6.200	6.200
北京市	6.000	6.000	6.000	6.000	6.000	6.000	6.000	6.000
福建省	6.000	6.200	6.100	6.100	6.100	6.100	6.000	6.000
甘肃省	6.200	6.200	6.200	6.200	6.200	6.200	6.200	6.200
广东省	6.000	6.000	6.000	6.000	6.000	6.000	6.000	6.000
广西壮族自治区	6.000	6.000	6.000	6.000	6.000	6.000	6.000	6.000
贵州省	6.000	6.000	6.000	6.000	6.000	6.000	6.000	6.000
海南省	6.000	6.000	6.000	6.000	6.000	6.000	6.000	6.000
河北省	6.200	6.200	6.200	6.200	6.200	6.400	6.400	6.400
河南省	6.000	6.000	6.000	6.000	6.000	6.000	6.000	6.000
黑龙江省	6.000	6.000	6.000	6.000	6.000	6.000	6.000	6.000
湖北省	6.000	6.000	6.000	6.000	6.000	6.000	6.000	6.000
湖南省	6.100	6.200	6.000	6.100	6.100	6.100	6.000	6.000
吉林省	6.000	6.000	6.000	6.000	6.000	6.000	6.000	6.000
江苏省	6.000	6.000	6.000	6.000	6.000	6.000	6.000	6.000
江西省	6.000	6.200	6.000	6.000	6.000	6.000	6.000	6.000
辽宁省	6.000	6.000	6.100	6.200	6.200	6.200	6.200	6.200
内蒙古自治区	6.000	6.000	6.000	6.000	6.000	6.000	6.000	6.000

续表

省份	2013年	2014年	2015年	2016年	2017年	2018年	2019年	2020年
青海省	6.000	6.000	6.000	6.000	6.000	6.000	6.000	6.000
山东省	6.000	6.000	6.000	6.000	6.000	6.000	6.000	6.000
山西省	6.000	6.000	6.000	6.000	6.000	6.000	6.000	6.000
陕西省	6.000	6.000	6.000	6.000	6.000	6.000	6.000	6.000
上海市	6.000	6.000	6.000	6.000	6.000	6.000	6.000	6.000
四川省	6.000	6.000	6.000	6.000	6.000	6.000	6.000	6.000
天津市	6.000	6.000	6.000	6.000	6.000	6.000	6.000	6.000
西藏自治区	6.000	6.000	6.000	6.000	6.000	6.000	6.000	6.000
新疆维吾尔自治区	6.000	6.000	6.000	6.000	6.000	6.000	6.000	6.000
云南省	6.000	6.000	6.000	6.000	6.000	6.000	6.000	6.000
浙江省	6.000	6.000	6.000	6.000	6.000	6.000	6.000	6.000
重庆市	6.000	6.000	6.000	6.000	6.000	6.000	6.000	6.000
全部省份	6.000	6.000	6.000	6.000	6.000	6.000	6.000	6.000

具体地，福建省2013~2020年研发支持指数中位数从6.000增长到6.100，再下降为6.000。甘肃省2013~2020年研发支持指数中位数一直保持6.200不变。河北省2013~2020年研发支持指数中位数从6.200增长为6.400。湖南省2013~2020年研发支持指数中位数从6.100增长为6.200又下降为6.000。江西省2013~2020年研发支持指数中位数从6.000增长为6.200又下降为6.000。辽宁省2013~2020年研发支持指数中位数从6.000增长为6.200。

四、细分行业

我国非器械类医药企业各主要细分行业历年研发支持指数均值详见表6-49和图6-34。由表6-49可知，各主要细分行业研发支持指数均值主要集中在6.000~6.167区间。从增长趋势来看，制药、生物科技和医疗保健设备与用品行业总体呈上升趋势，其中，生物科技行业在2018年和2019年的研发支持平均水平得到了大幅提升，但是在2020年有较大幅度下降；医疗保健设备与用品行业的研发支持平均水平则是在2020年才有了大幅提升。2013~2020年，制药、生物科技和医疗保健设备与用品行业的研发支持指数均值年均增长率分别为0.214%、0.029%和0.283%。此外，药品零售和医疗保健服务行业的研发支持指数均值偶有上升，但基本维持在6.000的最低水平。

表 6-49　非器械类中国医药企业各主要细分行业研发支持指数历年平均值

细分行业	2013年	2014年	2015年	2016年	2017年	2018年	2019年	2020年	年均增长率
生物科技	6.067	6.063	6.071	6.067	6.057	6.105	6.167	6.079	0.029%
药品零售	6.044	6.000	6.000	6.000	6.053	6.000	6.000	6.009	0.084%
医疗保健服务	6.000	6.000	6.038	6.000	6.000	6.000	6.000	6.000	0.000%
医疗保健设备与用品	6.000	6.000	6.000	6.000	6.022	6.020	6.017	6.120	0.283%
制药	6.056	6.063	6.092	6.102	6.105	6.136	6.142	6.147	0.214%

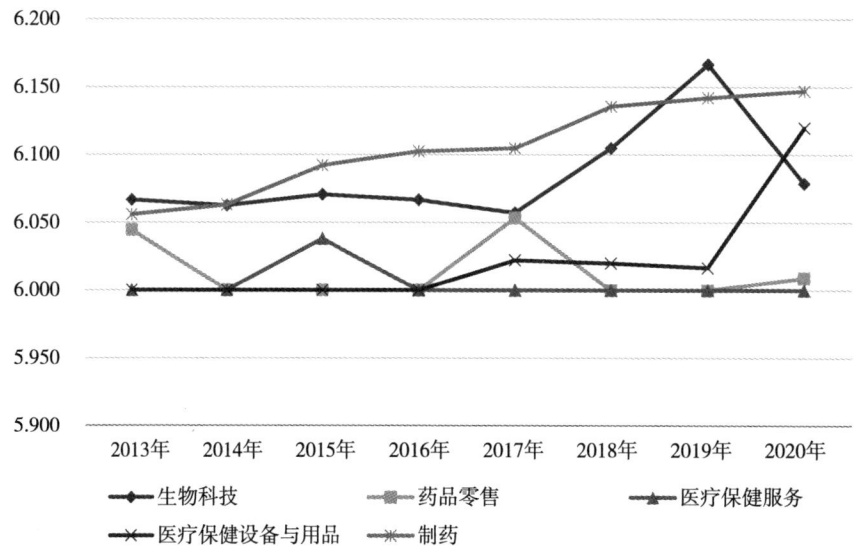

图 6-34　非器械类中国医药企业各主要细分行业研发支持指数历年平均值

相对水平方面，2013 年至 2020 年期间，制药行业的研发支持指数平均值整体上领先于其他行业；生物科技次之，但是在 2020 年其研发支持指数平均值大幅下降，落后于医疗保健设备与用品行业，位居第三。此外，药品零售和医疗保健服务行业的研发支持指数平均值相当，基本上维持在 6.000 的水平。以 2020 年为例，制药、生物科技、医疗保健设备与用品、药品零售和医疗保健服务行业样本企业研发支持指数均值分别为 6.147、6.079、6.120、6.009 和 6.000。

各主要细分行业历年研发支持指数中位数详见表 6-50 和图 6-35。由表 6-50 可知，各主要细分行业研发支持指数中位数历年来均为最低值 6.000，并无波动，这说明各主要细分行业绝大部分样本企业未获得相关研发支持，各主要细分行业研发支持均值的变动主要取决于头部企业。

第六章 非器械类中国医药企业研发指数一级指标分析

表 6-50 非器械类中国医药企业各主要细分行业研发支持指数历年中位数

细分行业	2013 年	2014 年	2015 年	2016 年	2017 年	2018 年	2019 年	2020 年	年均增长率
生物科技	6.000	6.000	6.000	6.000	6.000	6.000	6.000	6.000	0.000%
药品零售	6.000	6.000	6.000	6.000	6.000	6.000	6.000	6.000	0.000%
医疗保健服务	6.000	6.000	6.000	6.000	6.000	6.000	6.000	6.000	0.000%
医疗保健设备与用品	6.000	6.000	6.000	6.000	6.000	6.000	6.000	6.000	0.000%
制药	6.000	6.000	6.000	6.000	6.000	6.000	6.000	6.000	0.000%

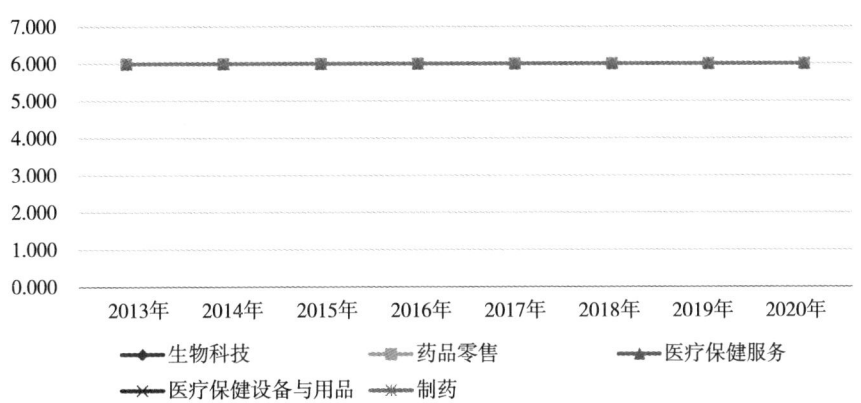

图 6-35 非器械类中国医药企业各主要细分行业研发支持指数历年中位数

第七章 非器械类中国医药企业研发指数末级指标分析

第一节 研发投入

一、研发投入总额

如表 7-1 和图 7-1 所示，2013~2020 年，我国非器械类医药企业研发投入总额的平均值和中位数均逐年上升。其中，2018 年我国非器械类医药企业平均研发投入总额增长飞速，增速达 47.956%；2018~2020 年，研发投入总额保持了良好的增长态势。具体来看，2020 年我国非器械类医药企业研发投入总额平均值和中位数分别为 19853.713 万元和 5871.990 万元，相比于其他年份整体上升幅度较大。

表 7-1　　　非器械类中国医药企业历年研发投入总额情况　　　单位：万元

指标	2013 年	2014 年	2015 年	2016 年	2017 年	2018 年	2019 年	2020 年
平均值	5680.880	6253.990	7211.848	8488.473	9896.874	14643.058	17642.769	19853.713
中位数	2881.592	2779.359	3212.078	4025.752	3850.497	4831.835	5761.467	5871.990
最小值	0.000	0.000	0.000	0.000	0.000	0.000	0.000	0.000
P1	0.000	0.000	0.000	0.000	0.000	0.000	0.000	0.000
P25	785.129	997.506	986.790	1077.323	1231.559	1783.449	2318.068	2041.669
P75	6403.976	6754.064	7559.114	8702.190	9925.219	13765.400	15671.080	17933.610
P99	47994.580	54708.900	80047.230	73465.880	142678.500	126925.200	133982.800	170842.800
最大值	56312.930	67118.670	86212.030	112264.200	164121.800	426901.500	573835.800	729728.900

第七章 非器械类中国医药企业研发指数末级指标分析

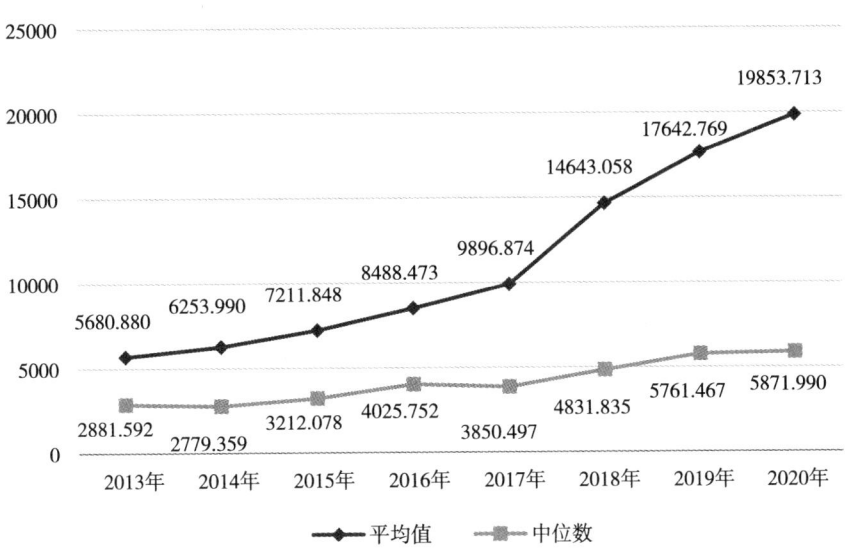

图 7-1 非器械类中国医药企业历年研发投入总额平均值和中位数（单位：万元）

2013~2020 年，非器械类中国医药企业研发投入总额的中位数均低于平均值，且该差距逐年递增，这说明头部企业的研发投入总额的高速增长带动平均值变动。从极值来看，非器械类中国医药企业研发投入金额最大值从 2013 年的 5.631 亿元快速增长至 2020 年的 72.973 亿元，约为 2013 年的 13 倍。百济神州自 2016 年上市以来，研发投入总额均较高且增长快速。2018 年至 2020 年，百济神州分别以 42.690 亿元、57.384 亿元和 72.973 亿元的研发经费投入位居该指标排名第一。

2020 年非器械类中国医药企业研发投入总额排名前 20 的企业分布情况详见表 7-2。由表 7-2 可知，2020 年排名前 20 的企业上市地在港交所、上交所、美国 NASDAQ 和深交所的企业数分别为 12 家、7 家、3 家和 3 家，占比分别为 60%、35%、15% 和 15%，其中，百济神州和再鼎医药在港交所和美国 NASDAQ 证券交易所两地上市，复星医药、君实生物和上海医药在上交所和港交所两地上市。可见，高研发投入的企业中，上市地在港交所的最多，上交所次之，美国 NASDAQ 和深交所最少。

表 7-2 2020 年非器械类中国医药企业研发投入总额前 20 的企业分布情况

排名	公司名称	研发投入总额（万元）	上市地	境内上市板块	实际运营地	GICS 细分行业
1	百济神州	729728.922	港交所/美国 NASDAQ		北京市	制药
2	恒瑞医药	432228.045	上交所	主板	江苏省	制药
3	复星医药	346807.629	上交所/港交所	主板	上海市	制药
4	上海医药	170842.778	上交所/港交所	主板	上海市	医疗保健服务
5	信达生物	160404.211	港交所		江苏省	制药

续表

排名	公司名称	研发投入总额（万元）	上市地	境内上市板块	实际运营地	GICS 细分行业
6	君实生物	155758.848	上交所/港交所	科创板	上海市	制药
7	金斯瑞生物科技	148439.834	港交所		江苏省	生命科学工具和服务
8	恒大汽车	144163.341	港交所		广东省	医疗保健服务
9	科伦药业	131367.014	深交所	主板	四川省	制药
10	再鼎医药	125508.954	港交所/美国 NASDAQ		上海市	生物科技
11	基石药业	121697.510	港交所		上海市	生物科技
12	健康元	109208.166	上交所	主板	广东省	制药
13	翰森制药	108490.752	港交所		江苏省	制药
14	中化国际	102003.725	上交所	主板	上海市	贸易公司与经销商
15	先声药业	98939.034	港交所		江苏省	制药
16	天境生物	85310.432	美国 NASDAQ		上海市	制药
17	康弘药业	82731.546	深交所	主板	四川省	制药
18	人福医药	81145.082	上交所	主板	湖北省	制药
19	华东医药	79548.378	深交所	主板	浙江省	制药
20	复宏汉霖	77465.894	港交所		上海市	制药

从境内上市板块来看，2020 年排名前 20 的企业主要集中在主板，共 9 家；科创板次之，共 1 家，占比分别为 45% 和 5%。

从实际运营地来看，2020 年排名前 20 的企业主要分布在上海市、江苏省、广东省和四川省，分别有 8 家、5 家、2 家和 2 家，此外，北京市、湖北省和浙江省都各有 1 家企业进入前 20。从地区分布来看，排名前 20 的企业分布于东部、西部和中部地区的占比分别为 85%、10% 和 5%。

从全球行业分类标准（GICS）来看，排名前 20 的企业主要集中在制药行业，共 15 家，其中，中化国际是一家主营化学制品制造的企业，在证监会行业分类中被分类为医药制造业。此外，排名前 20 的企业中还有生物科技和医疗保健服务企业各两家、生命科学工具和服务 1 家。

二、研发投入占销售收入比例

如表 7-3 和图 7-2 所示，我国非器械类医药企业研发投入占销售收入比例整体呈上升趋势。非器械类中国医药企业研发投入占销售收入比例平均值受少数高研发强度企业的影响，波动非常大。具体来看，在 2016 年之前，研发投入占销售收入比例平均值处于较低水平,均不到 4.000%。2016 年,由于百济神州在港交所上市且被纳入分析范围,其高研发强度(9161.963%)带动了整体平均值的上涨,我国非器械类医药企业研发投入占销售收入的比例被拉高至 39.143%。2017 年,百济神州研发投入实现翻番,但由于销售收入相比 2016 年增长超过 200 倍,研发投入占销售收入的比例被拉回至 105.62%,并在此后基本保持该研发强度,因此 2017 年非器械类医药企业研发投入占销售收入比例均值降至 4.669%。2018 年,由于基石药业、康宁杰瑞制药、华领医药、迈博药业、亚盛医药等高研发强度企业被纳入分析范围,我国非器械类医药企业研发投入占销售收入比例的平均值暴涨至 9985.252%,并在此后年份继续保持较高水平,但是在 2020 年出现了下降。非器械类中国医药企业研发投入占销售收入比例中位数呈现稳步增长态势,由 2013 年的 2.805% 增长至 2020 年的 4.587%。2016 年及之后,我国非器械类医药企业开始出现高研发强度的企业,研发投入占销售收入比例的最大值出现了质的提升,最高为 2019 年的 8476931.337%(基石药业)。

表 7-3　　　　非器械类中国医药企业历年研发投入占销售收入比例情况

指标	2013 年	2014 年	2015 年	2016 年	2017 年	2018 年	2019 年	2020 年
平均值	3.195%	3.425%	3.768%	39.143%	4.669%	9985.252%	42758.838%	806.887%
中位数	2.805%	3.039%	3.353%	3.303%	3.467%	3.709%	4.047%	4.587%
最小值	0.000%	0.000%	0.000%	0.000%	0.000%	0.000%	0.000%	0.000%
P1	0.000%	0.000%	0.000%	0.000%	0.000%	0.000%	0.000%	0.000%
P25	0.619%	0.634%	0.656%	0.775%	0.957%	1.390%	1.710%	2.110%
P75	4.520%	4.690%	5.260%	5.550%	5.590%	6.170%	7.210%	8.920%
P99	16.400%	17.500%	19.000%	46.700%	49.900%	343.000%	965700.000%	16200.000%
最大值	25.562%	31.480%	36.025%	9161.963%	105.624%	3052300.819%	8476931.337%	185975.532%

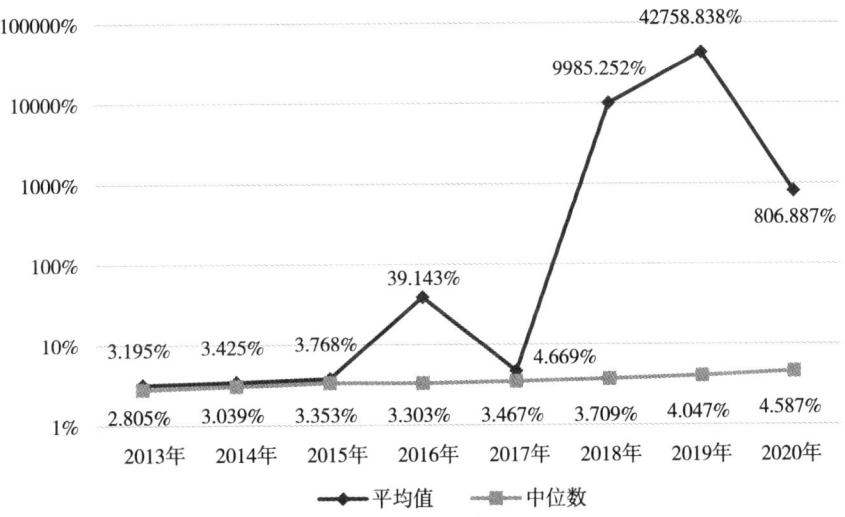

图 7-2　非器械类中国医药企业历年研发投入占销售收入比例的平均值和中位数

2020年非器械类中国医药企业研发投入占销售收入比例排名前20企业的分布情况详见表7-4。由表7-4可知，排名前20的企业上市地在港交所、上交所和美国NASDAQ的企业数分别为17家、4家和1家，占比分别为85%、20%和5%，其中，再鼎医药在港交所和美国NASDAQ两地上市，康希诺在上交所和港交所两地上市。

表7-4　2020年非器械类中国医药企业研发投入占销售收入比例排名前20的企业分布情况

排名	公司名称	研发投入占销售收入比例	上市地	境内上市板块	实际运营地	GICS细分行业
1	神州细胞	185975.532%	上交所	科创板	北京市	制药
2	艾力斯	31728.844%	上交所	科创板	上海市	制药
3	诺诚健华	29528.666%	港交所		北京市	制药
4	药明巨诺	16166.641%	港交所		上海市	制药
5	永泰生物	11836.279%	港交所		北京市	生物科技
6	嘉和生物	6742.561%	港交所		上海市	制药
7	云顶新耀	5269.850%	港交所		上海市	制药
8	亚盛医药	4534.707%	港交所		江苏省	制药
9	德琪医药	2383.157%	港交所		上海市	制药
10	开拓药业	2233.906%	港交所		江苏省	制药
11	华领医药	1923.248%	港交所		上海市	制药
12	康希诺	1721.918%	上交所/港交所	科创板	天津市	生物科技
13	欧康维视生物	1371.029%	港交所		江苏省	医疗保健技术
14	泽璟制药	1135.893%	上交所	科创板	江苏省	制药
15	康方生物	1106.361%	港交所		广东省	制药
16	东曜药业	1045.734%	港交所		江苏省	制药
17	康宁杰瑞制药	712.714%	港交所		江苏省	制药
18	迈博药业	528.636%	港交所		江苏省	制药
19	荣昌生物	526.348%	港交所		山东省	生物科技
20	再鼎医药	454.902%	港交所/美国NASDAQ		上海市	生物科技

从境内上市板块来看，排名前20的企业中，上交所上市的4家企业均为科创板企业，占比20%。

从实际运营地来看，进入前20的企业主要分布在上海市和江苏省，各有7家；北京市有3家企业进入前20；此外，广东省、山东省和天津市各有1家企业进入前20。从地区分布来看，排名前20的企业均分布于东部地区。

从全球行业分类标准（GICS）来看，排名前20的企业主要集中在制药行业，共

15家。此外，还有4家生物科技企业和1家医疗保健技术企业进入前20。

三、人均研发经费

如表7-5和图7-3所示，2013年至2020年，我国非器械类医药企业人均研发经费平均值和中位数均逐年上升。2018年，非器械类中国医药企业人均研发经费平均值出现显著上涨，增幅达58.594%，并在此后年份保持高速增长。2020年我国非器械类医药企业人均研发经费平均值为10.181万元，约为2013年人均研发经费平均值的5倍，中位数为3.295万元，是2013年人均研发经费中位数的2.175倍。

表7-5　　　　　非器械类中国医药企业历年人均研发经费情况　　　　单位：万元

指标	2013年	2014年	2015年	2016年	2017年	2018年	2019年	2020年
平均值	2.191	2.329	2.504	3.631	3.889	6.168	8.076	10.181
中位数	1.516	1.819	1.872	2.102	2.311	2.650	3.179	3.295
最小值	0.000	0.000	0.000	0.000	0.000	0.000	0.000	0.000
P1	0.000	0.000	0.000	0.000	0.000	0.000	0.000	0.000
P25	0.586	0.712	0.839	0.926	1.139	1.335	1.374	1.322
P75	2.953	2.982	3.304	3.791	4.447	4.992	5.992	6.574
P99	15.839	11.946	15.200	17.822	25.380	81.964	100.500	141.700
最大值	18.977	20.685	20.375	201.996	181.760	213.797	428.842	374.169

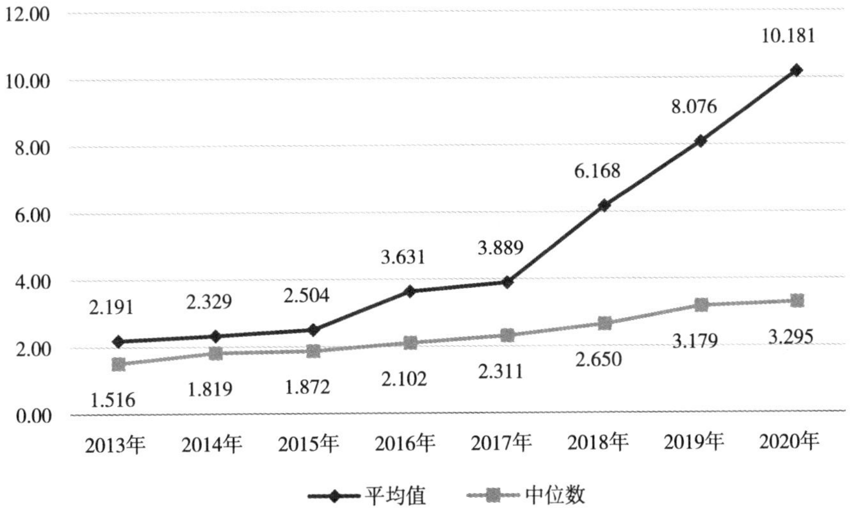

图7-3　非器械类中国医药企业历年人均研发经费平均值和中位数（单位：万元）

2013~2020年，我国非器械类医药企业人均研发经费中位数均低于平均值，且平均值与中位数的差距在2018年及之后显著扩大，这说明各企业间人均研发经费差距拉大。从最值来看，2013~2020年，非器械类中国医药企业人均研发经费各年最小值均为0，最大值从2013年的18.977万元增长至2020年的374.169万元。

2020年非器械类中国医药企业人均研发经费排名前20的企业分布情况详见表7-6。由表7-6可知，2020年人均研发经费排名前20的企业上市地在港交所、上交所、美国NASDAQ和深交所的企业数分别为16家、6家、3家和1家，占比分别为80%、30%、15%和5%，其中，百济神州和再鼎医药在港交所和美国NASDAQ证券交易所两地上市，君实生物、百奥泰和康希诺在上交所和港交所两地上市，贝达药业在深交所和港交所两地上市。

表7-6 2020年非器械类中国医药企业人均研发经费排名前20的企业分布情况

排名	公司名称	人均研发经费（单位：元）	上市地	境内上市板块	实际运营地	GICS细分行业
1	天境生物	3741685.750	美国NASDAQ		上海市	制药
2	嘉和生物	2943855.250	港交所		上海市	制药
3	基石药业	2589308.750	港交所		上海市	生物科技
4	百济神州	1416674.250	港交所/美国NASDAQ		北京市	制药
5	和铂医药	1255354.750	港交所		上海市	制药
6	欧康维视生物	1143798.625	港交所		江苏省	医疗保健技术
7	亚盛医药	1129623.500	港交所		江苏省	制药
8	再鼎医药	1051163.750	港交所/美国NASDAQ		上海市	生物科技
9	诺诚健华	772009.813	港交所		北京市	制药
10	泽璟制药	659108.438	上交所	科创板	江苏省	制药
11	君实生物	634972.875	上交所/港交所	科创板	上海市	制药
12	百奥泰	590868.688	上交所/港交所	科创板	广东省	制药
13	东曜药业	556739.375	港交所		江苏省	制药
14	神州细胞	533015.188	上交所	科创板	北京市	制药
15	康希诺	511459.250	上交所/港交所	科创板	天津市	生物科技
16	信达生物	501263.156	港交所		江苏省	制药
17	贝达药业	438734.469	深交所/港交所	创业板	浙江省	制药
18	复宏汉霖	413592.594	港交所		上海市	制药
19	前沿生物	393394.625	上交所	科创板	江苏省	制药
20	歌礼制药	369218.844	港交所		浙江省	制药

从境内上市板块来看，2020年人均研发经费排名前20企业主要集中在科创板，共6家；创业板次之，共1家，占比分别为30%和5%。

从实际运营地来看，2020年人均研发经费进入前20的企业主要分布在上海市和江苏省，分别有7家和6家；北京市和浙江省次之，分别有3家和2家进入前20；此外，广东省和天津市各有1家企业进入前20。从地区分布来看，排名前20的企业均分布于东部地区。

从全球行业分类标准（GICS）来看，2020年人均研发经费排名前20的企业主要集中在制药行业，共16家。此外，还有3家生物科技企业和1家医疗保健技术企业进入前20。

第二节 阶段性成果

一、发明专利授权数

如表7-7所示，我国非器械类医药企业发明专利授权数整体水平偏低并且较为稳定，但头部企业发明专利授权数呈现上升趋势。2013年至2020年，非器械类中国医药企业发明专利授权数平均值范围在5件至7件，中位数除2017年为1.5件外，其余年份均保持在2件。2020年，非器械类中国医药企业发明专利授权数平均值为6.330件，中位数为2件，最大值为153件。

表7-7　　非器械类中国医药企业历年发明专利授权数情况

指标	2013年	2014年	2015年	2016年	2017年	2018年	2019年	2020年
平均值	6.330	6.540	6.420	6.470	5.600	5.200	5.990	6.330
中位数	2	2	2	2	1.5	2	2	2
最小值	0	0	0	0	0	0	0	0
P1	0	0	0	0	0	0	0	0
P25	0	0	0	0	0	0	0	0
P75	6	7	6	7	6.5	6	6	7
P99	48	43	45	54	50	50	52	54
最大值	111	84	71	66	92	92	102	153

非器械类中国医药企业发明专利授权数具体分布情况如表7-8、图7-4和表7-9、图7-5所示，我国非器械类医药企业约六成拥有发明专利成果，整体发明专利授

权数逐年上涨,尽管大部分企业发明专利授权数低于10件。2013年至2020年,我国非器械类医药企业发明专利授权数区间分布比例整体稳定,约有40%的企业暂未获得发明专利授权,约40%的企业发明专利成果在0~10件,发明专利授权数在10~20件的企业占比在6%至10%之间,发明专利授权数在20~30件及30件以上的企业占比均在3%至6%之间。

表7-8　非器械类中国医药企业历年发明专利授权数各区间企业数分布

发明专利授权数	2013年	2014年	2015年	2016年	2017年	2018年	2019年	2020年
0	77	89	94	104	132	137	142	168
(0, 10]	92	89	108	109	119	129	139	157
(10, 20]	20	21	16	26	25	21	25	29
(20, 30]	7	10	14	8	9	13	12	13
>30	10	11	13	15	11	9	15	19
总计	206	220	245	262	296	309	333	386

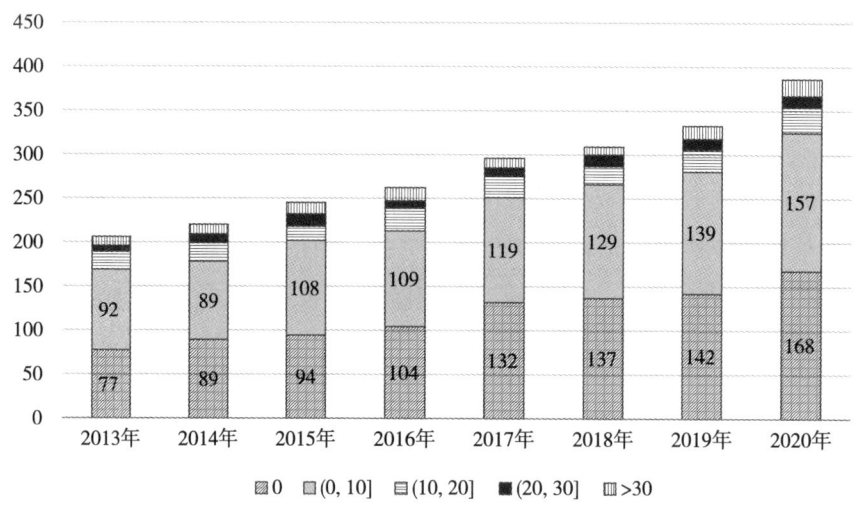

图7-4　非器械类中国医药企业历年发明专利授权数各区间企业数分布

表7-9　非器械类中国医药企业历年发明专利授权数各区间企业数比例情况

发明专利授权数	2013年	2014年	2015年	2016年	2017年	2018年	2019年	2020年
0	37.379%	40.455%	38.367%	39.695%	44.595%	44.337%	42.643%	43.523%
(0, 10]	44.660%	40.455%	44.082%	41.603%	40.203%	41.748%	41.742%	40.674%
(10, 20]	9.709%	9.545%	6.531%	9.924%	8.446%	6.796%	7.508%	7.513%
(20, 30]	3.398%	4.545%	5.714%	3.053%	3.041%	4.207%	3.604%	3.368%
>30	4.854%	5.000%	5.306%	5.725%	3.716%	2.913%	4.505%	4.922%

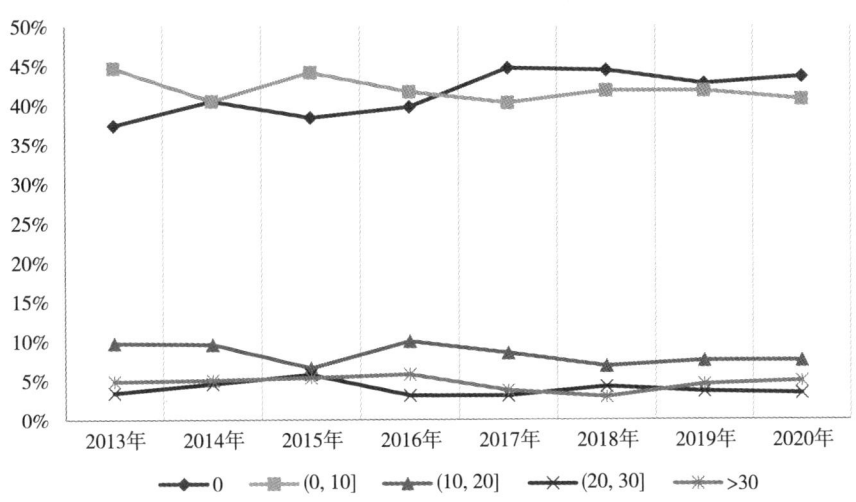

图 7-5 非器械类中国医药企业历年发明专利授权数各区间企业数比例情况

据统计，2020年非器械类中国医药企业拥有发明专利授权数的有218家，相比于2013年的129家，增长了68.992%；2020年，有168家（占比43.523%）非器械类医药企业暂未获得发明专利授权，157家企业（占比40.674%）发明专利授权数在0~10件，29家企业（占比7.513%）发明专利授权数在10~20件，13家企业（占比3.368%）发明专利授权数在20~30件，19家企业（占比4.922%）发明专利授权数大于30件，2020年发明专利授权数最多的企业为恒瑞医药，其发明专利授权数为153件。

二、一期临床试验完成数

如表7-10、表7-11所示，2013年至2020年，我国非器械类医药企业新药一期临床试验完成数整体水平偏低但增长较为明显。2020年，我国非器械类医药企业一期临床试验完成数平均值为0.091，相比于2013年的0.044提高一倍多。最大值呈波动式发展，从2013年的3项增加至2016年的7项，又回落至2017年的3项，并在2019年达到峰值13项后再次回落至2020年的5项。2013年至2020年，我国非器械类医药企业一期临床试验当年合计完成数由9项增加至35项，整体实现了较大提升。但是，历年一期临床试验完成数P75的值均为零，说明仅不到1/4的企业完成了一期临床试验。同时，完成了一期临床试验的企业中大多只完成了一项新药的一期临床试验。

表7–10　非器械类中国医药企业历年新药一期临床试验完成数情况

指标	2013年	2014年	2015年	2016年	2017年	2018年	2019年	2020年
平均值	0.044	0.073	0.061	0.050	0.020	0.068	0.135	0.091
中位数	0	0	0	0	0	0	0	0
最小值	0	0	0	0	0	0	0	0
P1	0	0	0	0	0	0	0	0
P25	0	0	0	0	0	0	0	0
P75	0	0	0	0	0	0	0	0
P99	1	2	2	1	1	1	3	2
最大值	3	4	6	7	3	6	13	5

表7–11　非器械类中国医药企业历年新药一期临床试验完成数的企业数分布

一期临床试验完成数	2013年	2014年	2015年	2016年	2017年	2018年	2019年	2020年
0	201	213	238	256	292	295	313	363
1	3	1	4	4	3	12	10	17
2	0	4	1	1	0	0	6	4
3	2	1	1	0	1	1	2	0
4	0	1	0	0	0	0	1	0
5	0	0	0	0	0	0	0	2
6	0	0	1	0	0	1	0	0
7	0	0	0	1	0	0	0	0
13	0	0	0	0	0	0	1	0
一期临床试验完成数合计	9	16	15	13	6	21	45	35

三、二期临床试验完成数

如表7–12、表7–13所示，我国非器械类医药企业新药二期临床试验完成数较少但呈增长趋势。具体来看，二期临床试验完成数平均值由2013年的0.010提高到2020年的0.039，中位数历年均为0，最大值由2013年的1项提高至2020年的7项。同时，由表7–13可知，当年合计新药二期临床试验完成数实现了较大提升，由2013年的2项提高至2020年的15项，但是大部分企业均未有新药进入二期临床试验，已经完成二期临床试验的企业数占比仅在1%左右。

表 7-12　非器械类中国医药企业历年新药二期临床试验完成数情况

指标	2013年	2014年	2015年	2016年	2017年	2018年	2019年	2020年
平均值	0.010	0.009	0.016	0.004	0.024	0.010	0.015	0.039
中位数	0	0	0	0	0	0	0	0
最小值	0	0	0	0	0	0	0	0
P1	0	0	0	0	0	0	0	0
P25	0	0	0	0	0	0	0	0
P75	0	0	0	0	0	0	0	0
P99	0	0	1	0	1	0	1	1
最大值	1	1	1	1	3	1	2	7

表 7-13　非器械类中国医药企业历年新药二期临床试验完成数的企业数分布

二期临床试验完成数	2013年	2014年	2015年	2016年	2017年	2018年	2019年	2020年
0	204	218	241	261	291	306	329	379
1	2	2	4	1	4	3	3	4
2	0	0	0	0	0	0	1	2
3	0	0	0	0	1	0	0	0
7	0	0	0	0	0	0	0	1
二期临床试验完成数合计	2	2	4	1	7	3	5	15

四、三期临床试验完成数

如表 7-14、表 7-15 所示，我国非器械类医药企业新药三期临床试验完成数从无到有并且整体发展呈上升趋势。具体来看，三期临床试验完成数平均值由 2013 年的 0.000 提高到 2020 年的 0.034；中位数历年均为 0；最大值呈波动式上升，由 2013 年的 0 项提高至 2015 年的 4 项，此后下降至 2017 年的 1 项，2018 年达到 6 项后再次回落至 2020 年的 3 项。同时，由表 7-15 可知，当年合计新药三期临床试验完成数实现了较大提升，从 2013 年没有任何一项新药进入三期临床试验提高至 2020 年的 13 项。

表 7-14　非器械类中国医药企业历年新药三期临床试验完成数情况

指标	2013年	2014年	2015年	2016年	2017年	2018年	2019年	2020年
平均值	0.000	0.018	0.033	0.023	0.010	0.032	0.033	0.034
中位数	0	0	0	0	0	0	0	0

续表

指标	2013年	2014年	2015年	2016年	2017年	2018年	2019年	2020年
最小值	0	0	0	0	0	0	0	0
P1	0	0	0	0	0	0	0	0
P25	0	0	0	0	0	0	0	0
P75	0	0	0	0	0	0	0	0
P99	0	1	1	1	1	1	1	1
最大值	0	2	4	3	1	6	2	3

表7-15 非器械类中国医药企业历年新药三期临床试验完成数的企业数分布

三期临床试验完成数	2013年	2014年	2015年	2016年	2017年	2018年	2019年	2020年
0	206	217	241	259	293	305	324	376
1	0	2	2	1	3	2	7	8
2	0	1	1	1	0	1	2	1
3	0	0	0	0	0	0	0	1
4	0	0	1	0	0	0	0	0
6	0	0	0	0	0	1	0	0
三期临床试验完成数合计	0	4	8	6	3	10	11	13

五、仿制药临床试验完成数

如表7-16、图7-6和表7-17所示，我国非器械类医药企业仿制药临床试验完成数平均值呈明显上升趋势。具体来看，仿制药临床试验完成数平均值从2013年的0.024增长至2018年的0.764，此后回落至2020年的0.510。历年中位数均为0，但仿制药临床试验完成数最大值从2013年的3项提升至2020年的15项，增长了4倍。从仿制药临床试验完成数的具体分布情况来看，尽管绝大多数非器械类医药企业目前没有仿制药进入临床试验阶段，但没有仿制药进入临床试验阶段的企业数占比从2013年的98%下降至2020年的80%左右。虽然有仿制药进入临床试验的企业大多仅有1~2项，但每年合计仿制药临床试验完成数增长明显，从2013年的5项增长到2018年236项后有所下降，2020年仿制药临床试验完成数合计197项，接近2013年的40倍。

表7-16　非器械类中国医药企业历年仿制药临床试验完成数情况

指标	2013年	2014年	2015年	2016年	2017年	2018年	2019年	2020年
平均值	0.024	0.059	0.053	0.076	0.416	0.764	0.568	0.510
中位数	0	0	0	0	0	0	0	0
最小值	0	0	0	0	0	0	0	0
P1	0	0	0	0	0	0	0	0
P25	0	0	0	0	0	0	0	0
P75	0	0	0	0	0	0	0	0
P99	1	1	2	2	12	11	8	7
最大值	3	6	4	4	13	18	10	15

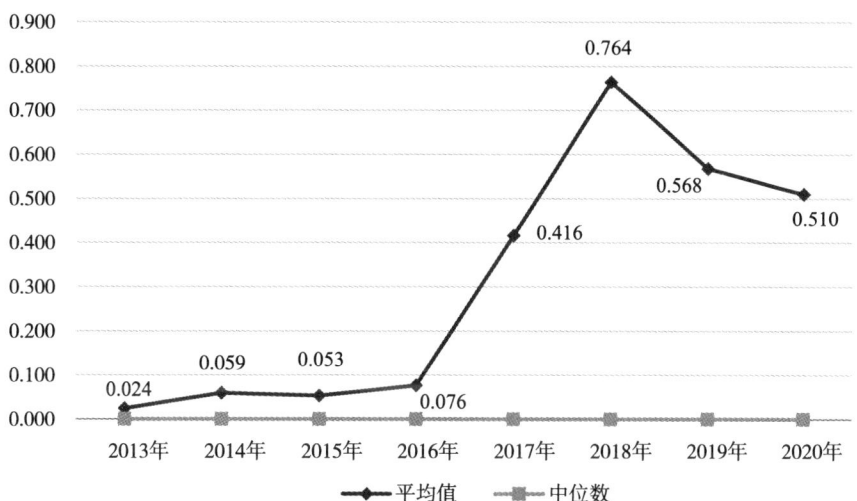

图7-6　非器械类中国医药企业历年仿制药临床试验完成数平均值和中位数

表7-17　非器械类中国医药企业历年仿制药临床试验完成数的企业数分布

仿制药临床试验完成数	2013年	2014年	2015年	2016年	2017年	2018年	2019年	2020年
0	203	212	237	250	259	241	263	315
1	2	7	5	7	15	23	31	30
2	0	0	2	3	9	15	12	12
3	1	0	0	1	3	12	8	11
4	0	0	1	1	4	2	6	6
5	0	0	0	0	0	3	4	3
6	0	1	0	0	0	4	4	4
7	0	0	0	0	1	1	1	2
8	0	0	0	0	0	2	2	0
9	0	0	0	0	0	1	1	2

续表

仿制药临床试验完成数	2013年	2014年	2015年	2016年	2017年	2018年	2019年	2020年
10	0	0	0	0	1	1	1	0
11	0	0	0	0	1	1	0	0
12	0	0	0	0	2	0	0	0
13	0	0	0	0	1	1	0	0
15	0	0	0	0	0	0	0	1
16	0	0	0	0	0	1	0	0
18	0	0	0	0	0	1	0	0
仿制药临床试验完成数合计	5	13	13	20	123	236	189	197

第三节 最终成果

一、创新药上市获批数

如表7-18、表7-19所示，我国非器械类医药企业创新药上市获批数虽然很少但整体呈上升趋势。具体来看，创新药上市获批数由2013年的2项提高至2020年的15项，平均值由2013年的0.010提高到2020年的0.039，但是中位数历年均为0。创新药上市获批数P99的值2018年以前均为0，2018年及之后均为1，说明有创新药获批上市的企业占比由不到1%提高至1%及以上。

表7-18　　　　非器械类中国医药企业历年创新药上市获批数情况

指标	2013年	2014年	2015年	2016年	2017年	2018年	2019年	2020年
平均值	0.010	0.014	0.000	0.012	0.000	0.016	0.024	0.039
中位数	0	0	0	0	0	0	0	0
最小值	0	0	0	0	0	0	0	0
P1	0	0	0	0	0	0	0	0
P25	0	0	0	0	0	0	0	0
P75	0	0	0	0	0	0	0	0
P99	0	0	0	0	0	1	1	1
最大值	2	3	0	2	0	2	4	3

表 7-19　非器械类中国医药企业历年创新药上市获批数的企业数分布

创新药上市获批数	2013年	2014年	2015年	2016年	2017年	2018年	2019年	2020年
0	205	219	245	260	296	305	329	374
1	0	0	0	1	0	3	2	10
2	1	0	0	1	0	1	1	1
3	0	1	0	0	0	0	0	1
4	0	0	0	0	0	0	1	0
创新药上市获批数合计	2	3	0	3	0	5	8	15

二、非创新药上市获批数

如表 7-20、表 7-21 所示，我国非器械类医药企业非创新药上市获批数显著高于创新药上市获批数并且整体呈上涨趋势。具体来看，非创新药上市获批数由 2013 年的 108 项提高至 2020 年的 270 项，平均值由 2013 年的 0.524 提高到 2020 年的 0.699，中位数历年均为 0。非创新药上市获批数 P75 的值历年均为 0，说明仅有不到 1/4 的企业有非创新药获批上市。从区间分布来看，大多数企业仅有 1~2 项非创新药获批上市，但在 2020 年，华海药业、科伦药业、四环医药、翰森制药 4 家企业均有 15 项及以上非创新药获批上市，其中，华海药业获批上市的非创新药最多，达 19 项。

表 7-20　非器械类中国医药企业历年非创新药上市获批数情况

年份	2013年	2014年	2015年	2016年	2017年	2018年	2019年	2020年
平均值	0.524	0.486	0.380	0.435	0.497	0.586	0.450	0.699
中位数	0	0	0	0	0	0	0	0
最小值	0	0	0	0	0	0	0	0
P1	0	0	0	0	0	0	0	0
P25	0	0	0	0	0	0	0	0
P75	0	0	0	0	0	0	0	0
P99	7	6	7	7	8	9	6	15
最大值	7	7	11	14	12	15	7	19

表 7-21　非器械类中国医药企业历年非创新药上市获批数的企业数分布

非创新药上市获批数	2013年	2014年	2015年	2016年	2017年	2018年	2019年	2020年
0	163	174	204	217	246	256	267	309
1	16	16	20	21	21	17	28	30
2	10	13	10	10	11	15	16	19
3	8	12	5	4	2	3	11	9
4	3	0	2	4	5	5	4	1
5	3	2	1	3	1	3	2	3
6	0	2	0	0	6	2	4	3
7	3	1	2	1	1	1	1	3
8	0	0	0	0	1	2	0	0
9	0	0	0	1	0	2	0	4
10	0	0	0	0	1	1	0	0
11	0	0	1	0	0	0	0	0
12	0	0	0	0	1	1	0	1
14	0	0	0	1	0	0	0	0
15	0	0	0	0	0	1	0	1
17	0	0	0	0	0	0	0	1
18	0	0	0	0	0	0	0	1
19	0	0	0	0	0	0	0	1
非创新药上市获批数合计	108	107	93	114	147	181	150	270

第四节　研发质量

一、发明专利授权数占总授权数比例

如表 7-22 和图 7-7 所示，从 2013 年到 2020 年，我国非器械类医药企业发明专利授权数占总授权数的比例平均值维持在 34.900%~45.600% 之间且略有下降趋势，研发质量有待进一步提高。2020 年，发明专利授权数占总授权数的比例平均值为 34.900%，相比于 2013 年的 45.600% 有明显下降；2020 年中位数为 16.700%，相比于 2013 年的 33.300% 下降幅度更大。但头部企业发明专利授权数占总授权数的比例历

年均为100%。

表7-22　非器械类中国医药企业发明专利授权数占总授权数的比例情况

指标	2013年	2014年	2015年	2016年	2017年	2018年	2019年	2020年
平均值	45.600%	40.200%	43.500%	43.000%	41.200%	36.100%	35.200%	34.900%
中位数	33.300%	25.200%	33.300%	26.800%	20.000%	17.600%	16.000%	16.700%
最小值	0.000%	0.000%	0.000%	0.000%	0.000%	0.000%	0.000%	0.000%
P1	0.000%	0.000%	0.000%	0.000%	0.000%	0.000%	0.000%	0.000%
P25	0.000%	0.000%	0.000%	0.000%	0.000%	0.000%	0.000%	0.000%
P75	100.000%	93.600%	100.000%	100.000%	100.000%	80.000%	77.800%	73.300%
P99	100.000%	100.000%	100.000%	100.000%	100.000%	100.000%	100.000%	100.000%
最大值	100.000%	100.000%	100.000%	100.000%	100.000%	100.000%	100.000%	100.000%

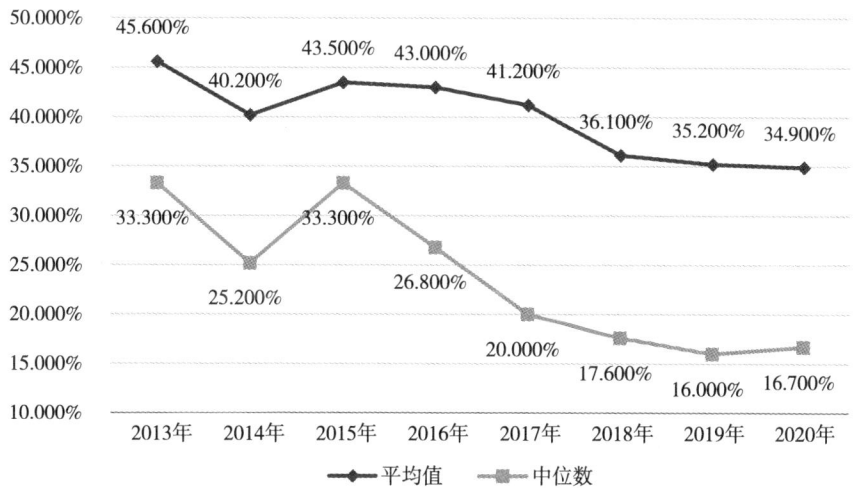

图7-7　非器械类中国医药企业发明专利授权数占总授权数比例的平均值和中位数

二、专利被引用量

如表7-23和图7-8所示，2013年至2020年，我国非器械类医药企业专利被引用量整体呈上升趋势，头部企业专利被引用量显著领先，专利被引用量平均值呈先上升后下降再上升的趋势，由2013年的11.800上涨至2015年的14.500，后下降至2017年的10.700，此后开始稳步上升，2020年为16.100。中位数水平相对较为稳定，基本维持在4左右，2020年上升至6。从最值来看，历年专利被引用量的最大值均超过100，2015年科伦药业的专利被引用量最高，达到728次。

表 7-23　　　　　非器械类中国医药企业历年专利被引用量情况

指标	2013年	2014年	2015年	2016年	2017年	2018年	2019年	2020年
平均值	11.800	13.500	14.500	12.500	10.700	11.900	13.700	16.100
中位数	4	4	4	4	3	4	4	6
最小值	0	0	0	0	0	0	0	0
P1	0	0	0	0	0	0	0	0
P25	0	0	0	0	0	0	0	0
P75	13	16	15	15	12	14	18	19
P99	105	107	100	109	118	125	102	153
最大值	124	129	728	346	202	182	183	383

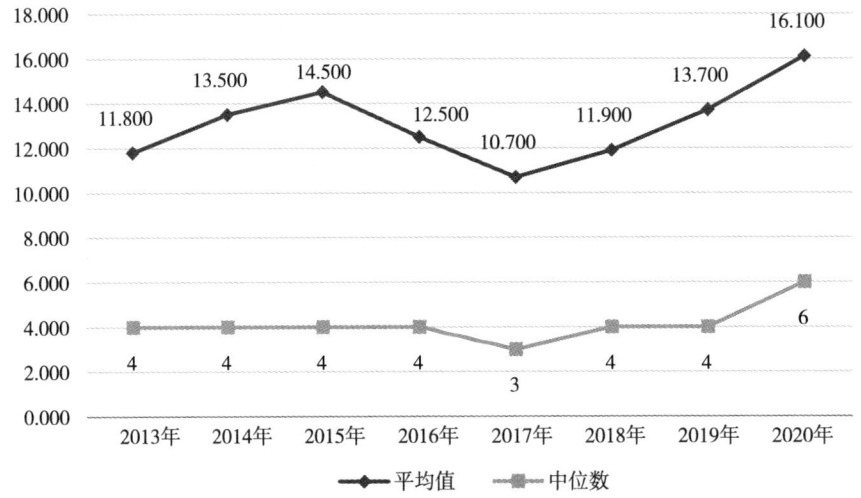

图 7-8　非器械类中国医药企业历年专利被引用量的平均值和中位数

进一步分析专利被引用量的区间分布，如表 7-24、表 7-25 和图 7-9 所示，非器械类中国医药企业专利被引用量正在快速增长，有接近 10% 的企业专利被引用量在 40 次以上，但是历年均有超六成的企业专利被引用量在 10 次及以下。具体来看，专利被引用量小于等于 10 次的企业占比呈下降趋势。其中，专利被引用量为零的企业占比由 2013 年的 32.524% 下降至 2020 年的 28.497%，专利被引用量在（0,10］的企业占比由 2013 年的 37.379% 下降至 2020 年的 34.197%。专利被引用量在 10 次以上的企业占比显著提高。其中，专利被引用量在（10,20］的企业占比由 2013 年的 12.136% 提高至 2020 年的 14.249%，增长两个百分点左右；专利被引用量在（20,40］的企业占比由 2013 年的 9.223% 提高至 2020 年的 12.435%，增长 3 个百分点左右；专利被引用量超过 40 次的企业占比由 2013 年的 8.738% 增长至 2020 年的 10.622%，增长两个百分点左右。

表 7-24　非器械类中国医药企业历年各专利被引用量区间的企业数分布情况

专利被引用量	2013 年	2014 年	2015 年	2016 年	2017 年	2018 年	2019 年	2020 年
0	67	76	79	84	105	99	104	110
(0, 10]	77	70	92	101	111	117	109	132
(10, 20]	25	33	23	29	32	42	50	55
(20, 40]	19	19	33	28	30	30	35	48
>40	18	22	18	20	18	21	35	41

表 7-25　非器械类中国医药企业历年各专利被引用量区间的企业数占比情况

专利被引用量	2013 年	2014 年	2015 年	2016 年	2017 年	2018 年	2019 年	2020 年
0	32.524%	34.545%	32.245%	32.061%	35.473%	32.039%	31.231%	28.497%
(0, 10]	37.379%	31.818%	37.551%	38.550%	37.500%	37.864%	32.733%	34.197%
(10, 20]	12.136%	15.000%	9.388%	11.069%	10.811%	13.592%	15.015%	14.249%
(20, 40]	9.223%	8.636%	13.469%	10.687%	10.135%	9.709%	10.511%	12.435%
>40	8.738%	10.000%	7.347%	7.634%	6.081%	6.796%	10.511%	10.622%

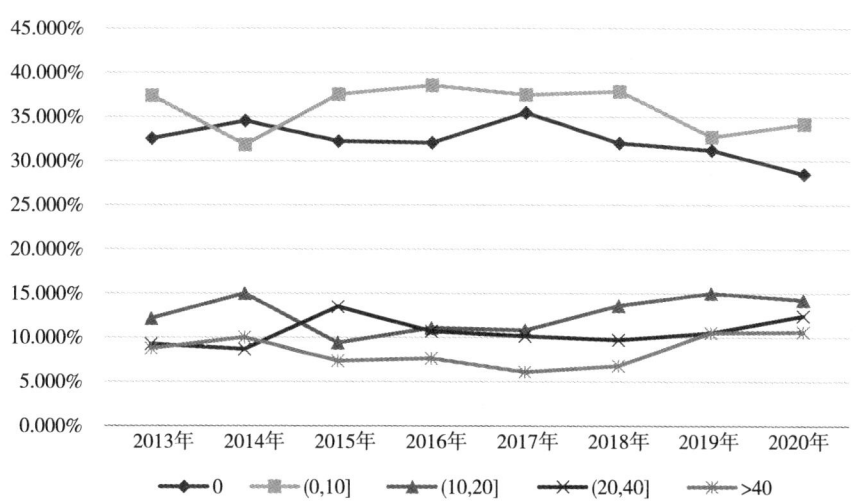

图 7-9　非器械类中国医药企业历年各专利被引用量区间的企业数占比情况

三、PCT 专利数

如表 7-26 和图 7-10 所示，我国非器械类医药企业 PCT 专利数整体偏少但呈明显上升趋势。2013 年至 2020 年，我国非器械类医药企业 PCT 专利数平均值由 0.752 上升至 1.900，中位数历年均为 0，最大值从 38 项提高至 119 项，增长了两倍多。同时，历年 PCT 专利数 P75 的值均为零，说明超过 3/4 的企业未曾获得 PCT 专利。

表7-26　　　　　非器械类中国医药企业历年PCT专利数情况

指标	2013年	2014年	2015年	2016年	2017年	2018年	2019年	2020年
平均值	0.752	0.886	0.792	1.230	1.360	1.220	1.540	1.900
中位数	0	0	0	0	0	0	0	0
最小值	0	0	0	0	0	0	0	0
P1	0	0	0	0	0	0	0	0
P25	0	0	0	0	0	0	0	0
P75	0	0	0	0	0	0	0	0
P99	18	16	22	30	38	27	29	35
最大值	38	40	29	42	44	45	58	119

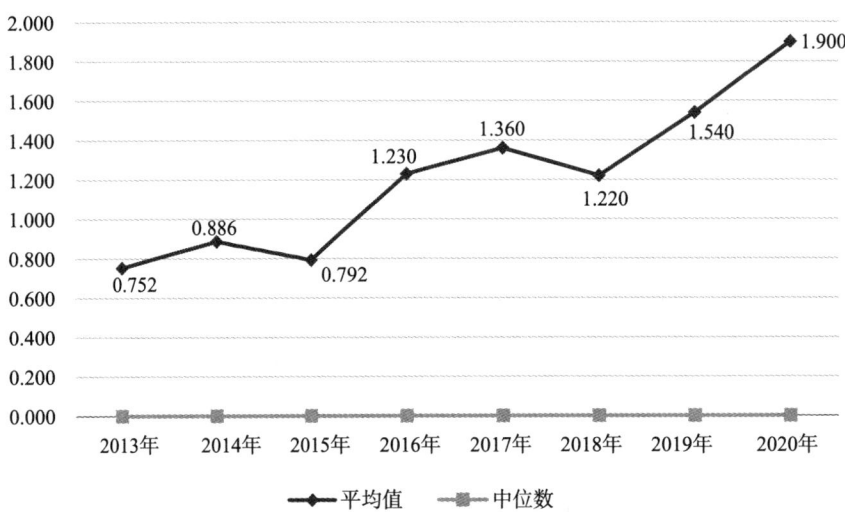

图7-10　非器械类中国医药企业历年PCT专利数的平均值和中位数

四、国际资质认证数目

如表7-27、表7-28所示，我国非器械类医药企业国际资质认证数目总体呈下降趋势且获得国际资质认证的企业占比仅为10%左右。2013年至2020年，非器械类中国医药企业国际资质认证数目平均值先上升后下降，由2013年的0.413上升至2017年的0.622，此后回落至2020年的0.396，中位数历年均为0。历年国际资质认证总数呈波动态势，由2013年的85项提高至2017年的184项，2018年和2019年下降至143项，2020年又上升至153项，不过大多数拥有国际资质认证的企业只有1~2项认证。

表7-27　非器械类中国医药企业历年国际资质认证数目情况

指标	2013年	2014年	2015年	2016年	2017年	2018年	2019年	2020年
平均值	0.413	0.4	0.384	0.405	0.622	0.463	0.429	0.396
中位数	0	0	0	0	0	0	0	0
最小值	0	0	0	0	0	0	0	0
P1	0	0	0	0	0	0	0	0
P25	0	0	0	0	0	0	0	0
P75	0	0	0	0	0	0	0	0
P99	5	8	6	6	10	10	8	8
最大值	19	16	20	19	28	19	14	15

表7-28　非器械类中国医药企业历年国际资质认证数目的企业数分布情况

国际资质认证数目	2013年	2014年	2015年	2016年	2017年	2018年	2019年	2020年
0	180	192	215	221	242	270	285	331
1	12	13	10	23	22	11	19	29
2	5	4	8	6	13	13	14	10
3	3	3	3	2	7	4	2	2
4	2	3	4	5	0	4	5	2
5	2	0	2	2	2	2	3	5
6	0	2	1	1	1	0	0	2
7	0	0	1	0	3	0	0	0
8	0	1	0	0	1	0	2	2
9	0	0	0	0	2	0	0	1
10	0	1	0	1	1	2	0	0
11	0	0	0	0	0	1	1	0
13	0	0	0	0	0	0	0	1
14	0	0	0	0	1	0	2	0
15	0	0	0	0	0	0	0	1
16	0	1	0	0	0	0	0	0
17	1	0	0	0	0	0	0	0
18	0	0	0	0	0	1	0	0
19	1	0	0	1	0	1	0	0
20	0	0	1	0	0	0	0	0
28	0	0	0	0	1	0	0	0
国际资质认证数目合计	85	88	94	106	184	143	143	153

第五节 研发支持

一、国家重大专项支持数目

如表7-29、表7-30所示,我国非器械类医药企业获得国家重大专项支持的情况偏少。除2016年所有企业均未获得国家重大专项支持,2018年获国家重大专项支持数目的平均值为0.026外,其余年份平均值均在0.010左右。从历年国家重大专项支持获得数来看,2013年至2015年均为两项,2016年为零,2018年为小高峰,当年合计获得数达8项。

表7-29　非器械类中国医药企业历年国家重大专项支持数目情况

指标	2013年	2014年	2015年	2016年	2017年	2018年	2019年	2020年
平均值	0.010	0.009	0.008	0.000	0.017	0.026	0.012	0.008
中位数	0	0	0	0	0	0	0	0
最小值	0	0	0	0	0	0	0	0
P1	0	0	0	0	0	0	0	0
P25	0	0	0	0	0	0	0	0
P75	0	0	0	0	0	0	0	0
P99	0	0	0	0	1	1	0	0
最大值	1	1	1	0	2	3	2	1

表7-30　非器械类中国医药企业历年国家重大专项支持数目的企业数分布情况

国家重大专项支持数目	2013年	2014年	2015年	2016年	2017年	2018年	2019年	2020年
0	204	218	243	262	292	304	330	383
1	2	2	2	0	3	3	2	3
2	0	0	0	0	1	1	1	0
3	0	0	0	0	0	1	0	0
国家重大专项支持数目合计	2	2	2	0	5	8	4	3

二、国家级研发平台数目

如表7-31、表7-32所示，我国非器械类医药企业国家级研发平台数目整体有所上升，但水平偏低。2013年至2020年，非器械类中国医药企业国家级研发平台数目平均值由0.019稳步上涨至0.093，中位数历年均为0，历年最大值均为2。非器械类中国医药企业当年合计获得的国家级研发平台数从2013年的4项提高至2020年的36项，增长了8倍。从具体分布情况来看，约1%的企业拥有国家级研发平台，且其拥有的研发平台数目均为1项或者两项。

表7-31　非器械类中国医药企业历年国家级研发平台数目情况

指标	2013年	2014年	2015年	2016年	2017年	2018年	2019年	2020年
平均值	0.019	0.018	0.045	0.053	0.051	0.068	0.087	0.093
中位数	0	0	0	0	0	0	0	0
最小值	0	0	0	0	0	0	0	0
P1	0	0	0	0	0	0	0	0
P25	0	0	0	0	0	0	0	0
P75	0	0	0	0	0	0	0	0
P99	1	1	1	2	2	2	2	2
最大值	2	2	2	2	2	2	2	2

表7-32　非器械类中国医药企业历年国家级研发平台数目的企业数分布情况

国家级研发平台数目	2013年	2014年	2015年	2016年	2017年	2018年	2019年	2020年
0	203	217	236	251	284	293	312	360
1	2	2	7	8	9	11	13	16
2	1	1	2	3	3	5	8	10
国家级研发平台数目合计	4	4	11	14	15	21	29	36

三、省部级研发平台数目

如表7-33、表7-34所示，我国非器械类医药企业省部级研发平台数目持续增长。2013年至2020年，我国非器械类医药企业省部级研发平台当年合计获得数从25项增长至58项，增长了一倍多。省部级研发平台数目平均值从2013年的0.121增长至 2020 年的 0.150，历年中位数均为 0，最大值基本保持在 4 项。从省部级研发平台的具体分布情况来看，历年均只有 1% 左右的企业拥有省部级研发平台，拥有省部级研发平台企业的平台数目也多为 1 项。

表 7-33　　　　非器械类中国医药企业历年省部级研发平台数目情况

指标	2013 年	2014 年	2015 年	2016 年	2017 年	2018 年	2019 年	2020 年
平均值	0.121	0.145	0.143	0.153	0.149	0.155	0.159	0.150
中位数	0	0	0	0	0	0	0	0
最小值	0	0	0	0	0	0	0	0
P1	0	0	0	0	0	0	0	0
P25	0	0	0	0	0	0	0	0
P75	0	0	0	0	0	0	0	0
P99	2	2	2	2	3	2	2	2
最大值	3	4	4	4	4	4	4	4

表 7-34　　　　非器械类中国医药企业历年省部级研发平台数目的企业数分布情况

省部级研发平台数目	2013 年	2014 年	2015 年	2016 年	2017 年	2018 年	2019 年	2020 年
0	187	196	218	231	262	272	293	342
1	15	19	22	25	28	30	31	35
2	2	3	3	4	3	4	6	6
3	2	1	1	1	2	2	2	1
4	0	1	1	1	1	1	1	2
省部级研发平台数目合计	25	32	35	40	44	48	53	58

非器械篇小结

在构建非器械类中国医药企业研发评价指标体系的基础上,我们对非器械类中国医药企业的年度研发指数进行了计算与分析,主要结论如下:

第一,2013年至2020年,我国非器械类医药企业研发指数均值在60.700~61.200之间,整体呈增长趋势;但非器械类医药企业研发指数中位数波动明显,并未有显著提升,研发水平的提高主要得益于头部企业。

第二,2013年至2020年,我国非器械类医药企业研发指数均值的增长主要得益于研发投入和研发支持两方面的发展,研发成果(包括阶段性成果和最终成果)和研发质量方面都有待进一步改善。2020年,我国非器械类医药企业研发投入指数均值和研发支持指数均值分别为15.157和6.110,其在2013年的均值和中位数分别为15.041和6.040,分别增长了0.771%和1.159%。而在研发成果方面,2017年以前,我国非器械类医药企业的阶段性成果指数均值均为13.300,自2017年起,该水平提升至13.400之后增速回归至0;最终成果指数均值在2020年以前则均为16.900,到2020年才突破至17.000。以上表明,我国非器械类医药企业在研发成果方面尚显不足,研发投入的成果转化还有待进一步加强。研发质量方面,我国非器械类医药企业的研发质量指数的均值和中位数均有所下降。2020年,我国非器械类医药企业研发质量指数均值为9.360,相较于2013年的9.430下降了0.742%;中位数为9.210,相较于2013年的9.320下降了1.180%。此现象不容乐观、不容忽视。

第三,我国非器械类头部医药企业的研发指数驱动因素存在差异。2020年,排名第一的恒瑞医药研发指数分值为73.344,排名第二的百济神州研发指数分值为69.932。从分解指标来看,恒瑞医药主要优势在于研发成果显著(含阶段性成果和最终成果),其阶段性成果指数和最终成果指数分值分别为18.206和19.979,显著高于百济神州的15.212和18.800。百济神州主要优势在于研发投入高,其研发投入指数分值为19.661,显著高于恒瑞医药的17.439。

第四,我国非器械类医药企业研发投入持续增长,尤其自2018年以来头部企业带动作用明显,增速喜人。2013年至2020年,非器械类医药企业研发投入指数均值从15.041增加至15.157,研发投入指数中位数从15.025增加至15.055,增幅分别为0.771%和0.200%。具体来看,2013年至2020年,我国非器械类医药企业研发投入总额平均值从0.568亿元增长至1.985亿元,中位数从0.288亿元增长至0.587亿元,增幅分别为249.472%和103.819%;研发投入占销售收入比例的平均值从2013年的3.195%增长至2020年的806.887%,中位数从2013年的2.805%增长至2020年的4.587%,增幅分别为25154.679%和63.529%;人均研发经费平均值从2013年的2.191万元增长至2020年的10.181万元,中位数从2013年的1.516万元增长至2020年的3.295万元,增幅分别为364.674%和117.348%。

第五,我国非器械类医药企业阶段性成果虽有所上升,但仍处于较低水平。其中,在发明专利授权数方面,虽然头部企业的发明专利授权数呈上升趋势,但行业平均水平仍然偏低,且无明显上升。2013年至2020年,非器械类中国医药企业发明专利授权数最大值从2013年的111件增长至2020年的153件,但发明专利授权数平均值范围在5件至7件,中位数除2017年为1.5件外,其余年份均保持在两件。在临床试验方面,仿制药临床试验完成数自2017年起增长迅速,且明显高于新药临床试验完成数。2013年,仿制药临床试验完成数合计仅5项,到2020年已增至197项,增幅达到3840.000%。而新药临床试验中,三期临床试验完成数在2014年才实现了零的突破,到2020年,共有13项新药完成了三期临床试验;一期临床试验和二期临床试验在2013~2020年的完成数则分别由9项和2项上升至35项和15项,增幅分别为288.889%和650.000%。但不论是仿制药还是新药临床试验完成数,其中位数均为0,说明过半企业尚无关键的阶段性研发成果。

第六,我国非器械类医药企业的最终研发成果整体水平偏低,但增长态势较好。相比之下,虽然非创新药上市获批数多于创新药上市获批数,但创新药上市获批数自2018年起开始实现连续增长,且创新药上市获批数突破零的企业数量也呈增长趋势。从药品上市获批数的均值来看,2013年至2020年,我国非器械类医药企业创新药上市获批数均值从0.010增长至0.039,非创新药上市获批数均值从0.524增长至0.699,增幅分别为290.000%和33.397%。从药品上市获批数的当年合计数来看,我国非器械类医药企业创新药上市获批合计数从2013年的两项增长至2020年的15项,非创新药上市获批总数从2013年的108项增长至2020年的270项,增幅分别为650.000%和150.000%。同时,2018年,有创新药获批上市的企业数为4家,占比首次突破1%,达到1.29%;2018年至2020年,有创新药获批上市的企业持续增加,2020年达到12家,占比3.11%。

第七，我国非器械类医药企业研发质量指数平均水平偏低且呈下降趋势，并且发明专利授权数占总授权数比例以及国际资质认证数目的下降是导致研发质量下降的主要原因，而专利被引用量以及PCT专利数近年来增幅显著。2020年，我国非器械类医药企业研发质量指数均值和中位数分别为9.360和9.210，低于2013年的9.430和9.320，降幅分别为0.742%和1.180%。研发质量指数下降主要源于发明专利授权数占总授权数比例以及国际资质认证数目的下降。其中，发明专利授权数占总授权数比例的平均值从2013年的45.600%下降至2020年的34.900%；国际资质认证数目平均值从2013年的0.413下降至2020年的0.396。

值得注意的是，虽然发明专利授权数占总授权数比例和国际资质认证数目呈下降趋势，但非器械类医药企业的专利被引用量以及PCT专利数近年来增幅显著。2013年至2020年，非器械类医药企业专利被引用量均值从11.800增长至16.100，最大值从124项增长至383项；PCT专利数均值从0.752增长至1.900，最大值从38项增长至119项。

第八，我国非器械类医药企业研发支持指数的平均水平偏低但呈稳定上升态势，并且其增长的驱动力主要来源于国家级研发平台数目的增加。2013年至2020年，虽然非器械类中国医药企业研发支持指数中位数一直保持在较低水平，但其平均值从6.040稳定上升至6.110。具体来看，国家重大专项支持项目数较少，且较为波动，除2016年所有企业均未获得国家重大专项支持，2018年获国家重大专项支持数目的平均值为0.026外，其余年份平均值均在0.010左右；而国家级研发平台数目呈持续增长之势，是带动研发支持增长的主要力量。2013年至2020年，非器械类中国医药企业国家级研发平台数目平均值由0.019稳步上涨至0.093，涨幅为389.474%；此外，省部级研发平台数目相对较多，均值呈现波动式上升，2013年，省部级研发平台数目平均值为0.121，2020年上升至0.150，增幅为23.967%。

第九，从四类上市地来看，不同上市地的非器械类中国医药企业研发水平存在差异，上交所和深交所上市的非器械类中国医药企业研发水平增长良好，港交所和美股上市的非器械类医药企业受头部企业影响较大，研发水平两极分化较为明显。2013年至2020年，各上市地非器械类医药企业的研发指数平均值均呈增长趋势，且上交所上市的企业研发指数整体高于其他交易所上市的企业。美股企业的研发指数近年来提升显著，与上交所上市企业之间的差距进一步缩小。

具体地，研发投入方面，上交所和深交所的研发投入呈逐年增长趋势，港交所和美股的研发投入指数均值虽然近年来占领先地位，但中位数较低，说明港交所和美股研发投入两极分化现象较为显著。

在研发成果方面，上交所和深交所的阶段性成果指数和最终成果指数均值近年均有一定程度的增长；港交所的阶段性成果指数略低于深交所且呈现波动式增长趋势，但其最终成果指数出现了较大变动，在2016年和2018年出现大幅增长，超过上交所和深交所，并自2018年起持续领先；美股的阶段性成果指数和最终成果指数早期均处于劣势，但2019年出现了大幅上升，缩小了与其他上市地的差距。此外，各上市地历年均有一半以上的企业无最终成果。

研发质量方面，2020年，上交所和深交所虽然相较于2013年研发质量指数都有所下降但仍占领先地位；美股研发质量指数呈波动发展但历年均为最低。

研发支持方面，美股常年最高，但在2020年出现大幅下降，仅高于港交所；2013年至2020年，上交所和深交所研发支持指数呈稳步增长趋势，与美股的差距逐渐缩小，且在2020年反超了美股，上升趋势良好。同时，除美股企业外，其余各上市地历年均有超过一半的企业暂未获得国家重大专项、国家级研发平台和省部级研发平台的研发支持。

第十，从我国境内上市医药企业所属板块来看，创业板和科创板上市的非器械类中国医药企业研发指数相对较高。2013年至2020年，创业板和主板上市的非器械类中国医药企业研发指数整体提高明显。2019年，科创板开板首年，科创板非器械类中国医药企业研发指数的平均值即显著高于创业板和主板，但在2020年出现了较大幅度的下降。具体情况如下：

我国境内上市非器械类医药企业分布在主板、创业板和科创板（按2020年企业数排序），且主板占比最大。2020年非器械类主板医药企业数为210家，占比为69.307%。2013年至2020年，主板和创业板的研发指数均值均呈增长趋势，且创业板研发指数整体略高于主板。自2019年科创板开板以来，科创板上市的非器械类医药企业研发指数波动较大，其2019年研发指数均值为61.310，远高于其他板块，但在2020年降低至61.020，低于创业板的61.075。但从研发指数中位数来看，科创板2019年和2020年分别为61.075和61.062，占领先地位，且领先优势明显；创业板中位数历年保持在60.600~60.900之间；主板中位数历年保持在60.400~60.600之间。

具体地，研发投入方面，创业板和主板的研发投入指数均值保持逐年增长趋势，且主板整体高于创业板，但主板研发投入指数中位数却低于创业板，可见，主板的研发投入两极分化更为显著；科创板的增长趋势则较显著，在2020年一跃超过其他板块。

在研发成果方面，主板和创业板的阶段性成果指数和最终成果指数均值近年均有一定程度的增长；而相较于其他板块，科创板在2020年的阶段性成果指数和最终成果指数的表现却不尽如人意。此外，各板块历年均有超过一半的企业尚无最终成果。

研发质量方面，科创板整体优于其他板块，但各板块的研发质量均有所下降。具体来看，科创板2019年和2020年研发质量指数均值分别为9.834和9.575，创业板研发质量指数均值从2013年的9.472下降至2020年的9.394，主板研发质量指数均值从2013年的9.453下降至2020年的9.357。

研发支持方面，境内各上市板块研发支持均呈稳步增长趋势，但各板块之间差距较为明显，创业板常年最高，主板次之，科创板排序最后。但是，各上市板块历年均有超过一半的企业暂未获得国家重大专项、国家级研发平台和省部级研发平台的研发支持。

第十一，从企业实际运营地来看，不同省份的非器械类中国医药企业研发指数及变化趋势不尽相同。河北省、天津市、安徽省、江苏省等省的研发指数水平相对处于领先地位。具体情况如下：

非器械类中国医药企业的实际运营地共遍及30个省，主要分布在北京市、上海市、广东省、浙江省、江苏省这五个发展较为快速的省份，2020年这5个省的非器械类医药企业共211家，占比54.663%；其他省份的非器械类医药企业大多在10家以内。

2013年至2020年，各省份研发指数分值呈上升趋势，但上升趋势较为缓慢，增幅最大的为江苏省，增长了1.407%。整体来看，我国中部和东部省份研发指数分值相对较高，西北省份普遍较低。2013~2020年，河北省、天津市、安徽省研发指数较为突出，常年排名前五。

具体地，研发投入方面，仅黑龙江省的研发投入指数平均值出现下降，其他省份平均值均有所上升；江苏省、四川省、天津市、上海市、北京市研发投入指数平均值常年领先于其他省份。

阶段性成果方面，天津市、河北省、江苏省、山东省阶段性成果指数平均值较为突出，领先于其他省份。同时，2013年至2020年，30个省中有19个省的平均值出现上升趋势，增幅最大的是江苏省；有10个省的阶段性成果指数均值呈缓慢下降趋势，降幅最大的是安徽省；仅甘肃省一个省份阶段性成果指数均值先下降后上升，但2020年其阶段性成果指数均值相较于2013年变化幅度为0。

最终成果方面，重庆市、四川省、江苏省最终成果较为突出，领先于其他省份，但整体上数值较低。同时，2013年至2020年，30个省中有15个省平均值呈缓慢上升趋势，增幅最大的是重庆市；9个省的最终成果指数平均值呈缓慢下降趋势，降幅最大的是安徽省；只有广西壮族自治区最终成果指数平均值先下降后上升，但其平均值相较于2013年变化幅度为0；甘肃省、内蒙古自治区、青海省、陕西省、新疆维吾尔自治区五个省历年均无最终成果。

研发质量方面，河北省、天津市、安徽省、江苏省研发质量较为突出，领先于其他省份。2013年至2020年，30个省中有14个省研发质量指数平均值出现缓慢上升，增幅最大的为江苏省；其余省份研发质量指数平均值呈缓慢下降趋势，降幅最大的为西藏自治区。

研发支持方面，河北省、湖南省研发支持指数较为突出，领先于其他省份。2013年至2020年，30个省中有21个省平均值缓慢上升，增幅最大的为内蒙古自治区；湖北省和北京市呈缓慢下降趋势；吉林省、青海省、陕西省、西藏自治区、新疆维吾尔自治区、云南省、重庆市7个省份的企业历年未曾获得国家重大专项、国家级研发平台和省部级研发平台的研发支持。

第十二，从GICS（全球行业分类标准）子行业分类来看，不同细分行业的非器械类医药企业研发指数各异。制药和生物科技行业的研发指数最高，且生物科技行业近年来增速尤为显著。医疗保健设备与用品行业研发指数增长较快，药品零售和医疗保健服务行业研发指数历年均处于较低水平。具体情况主要如下：

我国非器械类医药企业主要分布在制药、生物科技、医疗保健服务、药品零售和医疗保健设备与用品五大行业（按2020年企业数排序），且制药行业占比最大。以2020年为例，非器械类医药企业中制药企业共246家，占比63.731%。

2013年至2020年，各细分行业的研发指数呈增长趋势，且制药行业研发指数整体高于其他细分行业，生物科技行业次之。但生物科技行业的研发指数近年来显著提高，与制药行业间的差距进一步缩小。医疗保健设备与用品行业虽与制药和生物科技行业尚有较大差距，但发展较快，研发指数均值从2014年的第五名跃升至2020年的第三名。此外，药品零售和医疗保健服务行业研发指数历年均处于较低水平且无明显增长。

具体地，研发投入方面，生物科技行业的研发投入指数整体最高，且近年来还在大幅增加；而制药行业研发投入指数的平均值虽与生物科技行业相当，但其中位数较低，表明制药行业的研发投入指数两极分化较为明显。

阶段性成果方面，2013年至2020年，制药和生物科技行业的阶段性成果指数均值始终领先于其他行业，分别位居第一和第二。此外，医疗保健设备与用品行业的阶段性成果指数均值在2018年有明显提高，平均值由2017年的13.228提高至2018年的13.267，行业排名也由第五跃升至第三；药品零售和医疗保健服务行业的阶段性成果指数分值相对最低。

最终成果方面，2013年至2020年，制药行业的最终成果指数均值明显领先于其他行业，历年均在16.950上下波动；其他行业最终成果指数均值差距较小且历年均在16.800~17.012区间波动。此外，各细分行业历年均有一半以上的企业尚无最终成果。

研发质量方面，生物科技和制药行业的研发质量总体呈下降趋势，尽管生物科技行业自2019年以来研发质量已有小幅回升。医疗保健设备与用品行业的研发质量指数则自2014年起呈上升趋势；药品零售和医疗保健服务行业的研发质量波动较大，但并无明显提升。

研发支持方面，获得过国家重大专项、国家级研发平台和省部级研发平台的企业数整体呈上升趋势，制药和生物科技行业的研发支持指数整体领先且增长较大。2013年，获得国家重大专项、国家级研发平台和省部级研发平台的企业数为23家，占比11.17%；2020年，其企业数为66家，占比17.10%。2013年至2020年，制药行业研发支持指数均值从6.056增长至6.147，生物科技行业研发支持指数均值从6.067增长至6.079。医疗保健设备与用品行业的研发支持指数均值在2019年及之前均保持在6.020及以下，2020年大幅提升至6.120。药品零售和医疗保健服务行业的研发支持指数均值偶有上升，但基本维持在6.000的最低水平。

器械篇

第八章　器械类中国医药企业研发指数的构建

第一节　器械类中国医药企业研发指标体系

我们多次组织由顶级医药研发专家和顶级医药研发管理专家参加的研讨会，重点商讨器械类中国医药企业研发指标体系的指标选取和权重。经过数轮的商讨和修改完善，最终形成器械类中国医药企业研发指标体系，如表8-1所示。其中，研发指标的选取遵循以下五条基本原则：

（1）最能代表器械类医药企业的研发能力；
（2）指标所反映的企业研发能力信息应当尽可能全面；
（3）不同指标反映的信息应当尽量没有重合；
（4）指标数据的获取符合成本效益原则；
（5）指标数据具有可获得性。

表8-1　　　　　　　　器械类中国医药企业研发指标体系

一级指标	二级指标	三级指标
研发投入	研发投入规模	研发投入总额
	研发投入强度	研发投入占销售收入比例
		人均研发投入
研发成果	一类医疗器械注册证数目[①]	
	二类医疗器械注册证数目	
	三类医疗器械注册证数目	
	外观专利授权数	
	实用新型专利授权数	
	发明专利授权数	

续表

一级指标	二级指标	三级指标
研发质量	专利维度	发明专利授权数占总授权数比例
		专利被引用量
		PCT专利数
	国际资质认证	国际资质认证数目
研发支持	国家重大专项支持数目	
	国家级研发平台数目	
	省部级研发平台数目	

注：①虽然2014年版的《医疗器械监督管理条例》自2014年6月1日开始实施，将第一类医疗器械上市许可由原来的注册审批制改为备案制，但考虑到本书样本期间从2013年开始，为此我们决定保留一类医疗器械注册证数目这一指标，但对其赋予非常低的权重。

第二节 器械类中国医药企业研究样本与数据来源

一、研究样本

本研究的样本为所有境内外上市的中资器械类医药企业，包含所有在2020年及以前已完成上市的相关企业，但如果样本公司某些关键数据缺失，则无法纳入我们的研究范围。

二、样本期间

考虑到数据的可获得性和一致性，本研究选取的样本区间为2013~2020年共8个财务年度。之所以开始于2013年，主要是由于我们研究的非器械类医药企业所需的中国新药研发监测数据库中有关企业创新药、仿制药及阶段性产出数据从2013年才开始提供，为了保持器械类医药企业和非器械类医药企业样本期间一致，所以器械类医药企业的研究样本区间也开始于2013年；截止于2020年，是由于2020年是本研究开始时可以获得的最新年度数据。

三、数据来源

器械类中国医药企业研发指标体系相关数据来源详见表8-2。

表 8-2　　器械类中国医药企业研发指标体系数据来源

序号	指标名称	所需数据	数据来源
1	研发投入总额	研发投入	同花顺数据库
2	研发投入占销售收入比例	研发投入、销售收入	同花顺数据库
3	人均研发投入	研发投入、员工人数	同花顺数据库
4	一类、二类和三类医疗器械注册证数目	一类、二类和三类医疗器械注册证数目	公司公告
5	外观专利授权数	外观专利授权数	智慧芽数据库 https://www.zhihuiya.com/products.html
6	实用新型专利授权数	实用新型专利授权数	智慧芽数据库 https://www.zhihuiya.com/products.html
7	发明专利授权数	发明专利授权数	智慧芽数据库 https://www.zhihuiya.com/products.html
8	发明专利授权数占总授权数比例	发明专利授权数、专利授权数	智慧芽数据库 https://www.zhihuiya.com/products.html
9	专利被引用量	专利被引用量	智慧芽数据库 https://www.zhihuiya.com/products.html
10	PCT专利数	PCT专利数	智慧芽数据库 https://www.zhihuiya.com/products.html
11	国际资质认证数目	美国DMF注册数据、欧盟CEP证书数据、日本MF登记数据、美国GMP检查数据、欧盟GMP检查数据、FDA产品授权/批准、EMA认定/批准、日本厚生劳动省认定/批准	智慧芽数据库 https://www.zhihuiya.com/products.html 公司公告披露数据
12	国家重大专项支持数目	国家重大专项支持数目	公司公告披露数据 中华人民共和国科学技术部网站 http://www.most.gov.cn/index.html
13	国家级研发平台数目	国家级研发平台数目	公司公告披露数据 中华人民共和国科学技术部网站 http://www.most.gov.cn/index.html
14	省部级研发平台数目	省部级研发平台数目	公司公告披露数据 中华人民共和国科学技术部网站 http://www.most.gov.cn/index.html

第三节　器械类中国医药企业研发指数构建方法

器械类中国医药企业研发指数的构建主要包括以下步骤：

第一，我们多次组织由顶级医药研发专家和顶级医药研发管理专家参加的研讨会，重点商讨器械类中国医药企业研发指数的指标选取和权重构建。经过数轮的商讨和修改完善，最终确定了器械类中国医药企业研发指数的指标体系，如表 8-3 所示。

表 8-3　器械类中国医药企业研发指数末级指标

序号	末级指标
1	研发投入总额（X1）
2	研发投入占销售收入比例（X2）
3	人均研发投入（X3）
4	一类医疗器械注册证数目（X4）
5	二类医疗器械注册证数目（X5）
6	三类医疗器械注册证数目（X6）
7	外观专利授权数（X7）
8	实用新型专利授权数（X8）
9	发明专利授权数（X9）
10	发明专利授权数占总授权数比例（X10）
11	专利被引用量（X11）
12	PCT 专利数（X12）
13	国际资质认证数目（X13）
14	国家重大专项支持数目（X14）
15	国家级研发平台数目（X15）
16	省部级研发平台数目（X16）

第二，我们对部分原始数据进行预处理。由于部分原始数据会受居民消费价值指数（以下简称 CPI）影响。为了剔除 CPI 的影响，我们需要对受 CPI 影响的研发投入总额和人均研发投入进行预处理，具体计算公式如下：

$$x_{ij} = \frac{X_{ij}}{CPI_j}$$

其中，$i = 1, 2$；$j = 2013, 2014, \cdots, 2020$。

第三,由于不同指标的量级不同,我们需要对各指标进行无量纲化处理。具体地,我们采用极差正规化变换法将16个指标的数值进行无量纲化处理,使变换后的指标取值范围在[0,1],具体计算公式如下:

$$W_{ij} = \frac{x_{ij} - x_{imin}}{x_{imax} - x_{imin}}$$

其中,$i=1,2,\cdots,16$;$j=2013,2014,\cdots,2020$。

第四,我们对指数进行合成。可用于合成的方法较多,常见的有加权算术平均合成模型、加权几何平均合成模型,以及加权算术平均和加权几何平均联合使用的混合合成模型。综合比较上述方法之后,我们决定选用加权算术平均合成模型,主要是考虑到该模型相对于加权几何平均合成模型更为便捷,且有助于展现被评价对象间的差距。之所以采用加权算术平均而非算术平均,主要是因为加权算术平均考虑了个体在总体中占有份额的影响,即所谓的权重对结果的影响,这样更为科学合理。具体计算公式如下:

$$Z_j = \sum \alpha_i w_{ij}$$

其中,w_{ij}为第i个指标第j年的无量纲化后的取值,α_i为w_i指标对应的权重,Z_j是研发指数合成值,取值范围为[0,1]。

第五,我们将取值范围为[0,1]的研发指数合成值进行二次无量纲化处理为取值范围为[60,100]的研发指数最终得分。这里,我们采用广义线性变换法将研发指数合成值Z_j变换为取值范围为[60,100]的研发指数最终得分,具体计算公式如下:

$$Y_j = Z_j \times a + b$$

其中,Y_j是第j年的研发指数最终得分,取值范围为[60,100]。a、b是常数,分别取值a=40,b=60。

第四节 器械类中国医药企业研发指数历年排序

根据上述指标体系及指数编制方法,我们对中国器械类医药企业研发指数进行了实际测算,历年排名前20的企业如表8-4所示。

表 8–4　器械类中国医药企业研发指数前 20 强名单

排名	2013年		2014年		2015年		2016年		2017年		2018年		2019年		2020年	
1	达安基因	65.296	达安基因	66.408	达安基因	67.084	万孚生物	66.582	楚天科技	67.790	迈瑞医疗	68.049	迈瑞医疗	70.798	迈瑞医疗	72.193
2	微创医疗	63.946	理邦仪器	66.340	新华医疗	65.970	新华医疗	66.032	利德曼	65.385	微创医疗	65.923	微创医疗	67.492	迪瑞医疗	70.384
3	理邦仪器	63.792	楚天科技	65.916	楚天科技	64.777	楚天科技	66.008	达安基因	65.348	理邦仪器	65.199	美康生物	67.282	微创医疗	67.267
4	新华医疗	63.479	微创医疗	64.678	微创医疗	64.431	理邦仪器	65.618	微创医疗	64.919	楚天科技	65.019	安图生物	66.256	楚天科技	67.046
5	乐普医疗	62.601	科华生物	64.599	理邦仪器	64.427	微创医疗	65.031	理邦仪器	64.769	乐普医疗	64.105	启明医疗–B	65.320	安图生物	66.571
6	威高股份	62.432	新华医疗	64.560	鱼跃医疗	64.427	利德曼	63.887	迪瑞医疗	64.762	九强生物	63.598	迪瑞医疗	65.320	先健科技	66.074
7	利德曼	61.928	威高股份	63.706	利德曼	63.779	达安基因	63.610	新华医疗	64.685	新华医疗	63.593	楚天科技	65.199	沛嘉医疗–B	65.964
8	福瑞股份	61.502	迪瑞医疗	63.295	乐普医疗	62.625	威高股份	63.517	美康生物	63.932	艾德生物	63.557	利德曼	64.626	华大基因	65.869
9	冠昊生物	61.344	鱼跃医疗	62.821	九强生物	62.413	美康生物	63.428	开立医疗	63.340	美康生物	63.216	理邦仪器	64.055	新产业	65.604
10	鱼跃医疗	61.331	利德曼	62.766	美康生物	62.301	鱼跃医疗	63.277	华大基因	63.340	华大基因	63.184	开立医疗	63.917	基蛋生物	65.475
11	科华生物	61.262	先健生物	62.762	威高股份	61.905	科华生物	63.117	三诺生物	62.749	开立医疗	63.096	华大基因	63.504	启明医疗–B	64.930
12	阳普医疗	61.232	宝莱特	62.509	迪瑞医疗	61.871	宝莱特	62.886	乐普医疗	62.317	三诺生物	62.874	三诺生物	63.498	美康生物	64.871
13	中源协和	61.195	宝莱特	62.442	宝莱特	61.793	迪瑞医疗	62.598	凯利泰	62.277	美康生物	62.864	达安基因	63.486	万泰生物	64.653
14	博晖创新	61.158	乐普医疗	62.210	科华生物	61.636	九强生物	62.575	威高股份	62.208	迈瑞医疗	62.800	先健科技	63.484	圣湘生物	64.466
15	先健科技	61.075	尚荣医疗	62.017	福瑞创新	61.526	博晖创新	62.344	爱康医疗	62.096	明德生物	62.748	明德生物	63.331	透景生命	64.402
16	东富龙	60.966	冠昊生物	61.722	万孚生物	61.400	万孚生物	61.985	正海生物	62.050	凯利泰	62.616	新华医疗	62.985	乐普医疗	64.121
17	利佳医疗	60.893	九安医疗	61.585	万孚生物	61.309	乐普医疗	61.900	万孚生物	62.043	安图生物	62.528	赛诺医疗	62.965	威高股份	64.109
18	九安医疗	60.884	阳普医疗	61.289	利佳医疗	61.233	凯利泰	61.884	先健科技	61.847	迪瑞医疗	62.420	宝莱	62.950	新华医疗	63.886
19	三诺生物	60.872	福瑞股份	61.220	先健科技	61.223	东富龙	61.697	万东医疗	61.827	黄山胶囊	62.395	乐普医疗	62.922	开立医疗	63.626
20	凯利泰	60.870	博晖创新	61.178	三诺生物	61.124	阳普医疗	61.683	安图生物	61.812	爱康医疗	62.328	鱼跃医疗	62.896	理邦仪器	63.544

2013~2020年，前20强企业的研发能力指数极差分别为4.426、5.230、5.960、4.899、5.978、5.721、7.902和8.649。其中，2020年极差最大，2013年极差最小。从历年排在第10名的企业研发能力指数分值来看，处于第10名的企业研发指数分值范围在61.331~65.475之间，2020年处于第10名的企业研发指数是65.475。

从历年研发指数前10名企业情况看，迈瑞医疗、迪瑞医疗、微创医疗、楚天科技、华大基因自参与排名以来多次进入前10。同时，部分企业2013年至2020年研发指数也存在较大变动，如2020年排名前10的企业变动较大的有：第5名的安图生物自2016年纳入排名起，排在10强之外，直至2019年首次进入前10名，在2020年又保持在前10名；第6名的先健科技2013年至2019年排名均在10~20之间，最终在2020年首次进入前10名；第7名的沛嘉医疗-B和第9名的新产业在2020年纳入排名后，便直接进入前10名；第10名的基蛋生物自2017年纳入排名起至2019年均排在10强之外，在2020年首次进入前10名。

第九章　器械类中国医药企业研发指数分析

第一节　整体情况

经无量纲化处理后,器械类中国医药企业研发指数均在60分到100分之间,越接近100,研发水平越高,详见表9-1和图9-1。总体来看,2013~2020年,纳入分析范围的器械类中国医药企业数量持续增长且研发指数整体增长态势良好。研发指数均值和中位数整体呈增长趋势且变动趋势类似。2013年至2020年,器械类中国医药企业研发指数均值从61.500增长至62.500,中位数从61.100增长至61.800,2014年为研发指数的一个小高峰。研发指数最大值也从2013年的65.300提高至2020年的72.200。

表9-1　　器械类中国医药企业历年研发指数情况

指标	2013年	2014年	2015年	2016年	2017年	2018年	2019年	2020年
样本量	28	32	39	44	57	61	75	92
平均值	61.500	62.200	61.800	62.000	61.900	62.000	62.200	62.500
中位数	61.100	61.700	61.100	61.500	61.500	61.500	61.600	61.800
最小值	60.100	60.400	60.200	60.200	60.200	60.200	60.000	60.000
P1	60.100	60.400	60.200	60.200	60.200	60.200	60.000	60.000
P25	60.800	60.700	60.800	60.600	60.800	61.000	60.900	61.100
P75	61.700	63.100	62.300	62.700	62.100	62.600	62.900	63.300
P99	65.300	66.400	67.100	66.600	67.800	68.000	70.800	72.200
最大值	65.300	66.400	67.100	66.600	67.800	68.000	70.800	72.200

第九章 器械类中国医药企业研发指数分析

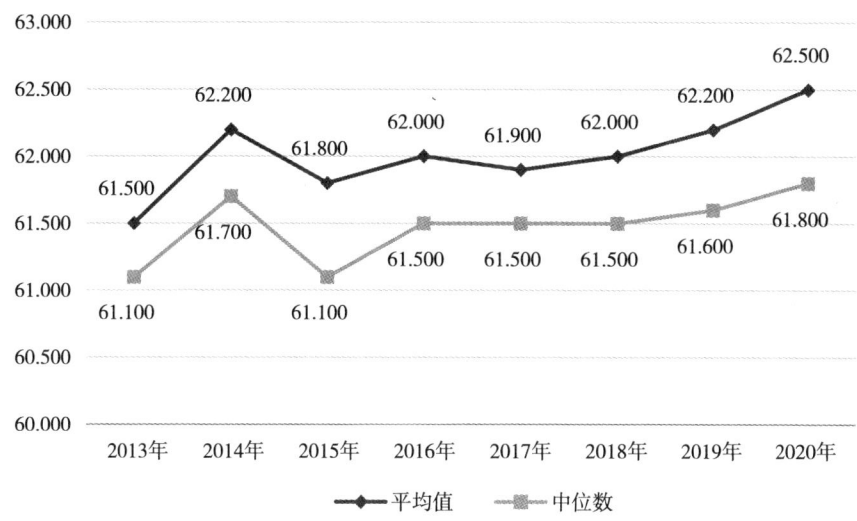

图9-1 器械类中国医药企业研发指数历年的平均值和中位数

2020年,器械类中国医药企业研发指数排名前十的企业分别为迈瑞医疗、迪瑞医疗、微创医疗、楚天科技、安图生物、先健科技、沛嘉医疗、华大基因、新产业、基蛋生物,详见表9-2。2020年,排名第一的迈瑞医疗,其研发指数分值为72.193,排名第十的基蛋生物研发指数分值为65.475,二者差距约为7分。从研发投入、研发成果、研发质量和研发支持四个一级指标来看,研发指数排名前十企业的优势也略有差异。迈瑞医疗排序第一,其研发投入、研发成果和研发质量水平均较高;迪瑞医疗依靠高研发成果位列第二,其研发成果分值甚至高于排名第一的迈瑞医疗,但是其研发投入和研发质量分值相较于迈瑞医疗则较低;微创医疗、沛嘉医疗、华大基因的主要优势均在于高研发投入,但是研发成果分值相对较低。

表9-2 2020年器械类中国医药企业研发指数排名前20企业的一级指标指数

排名	公司名称	股票代码	研发投入指数	研发成果指数	研发质量指数	研发支持指数	最终研发指数
1	迈瑞医疗	300760	19.903	35.459	10.831	6.000	72.193
2	迪瑞医疗	300396	15.665	38.388	9.531	6.800	70.384
3	微创医疗	00853	18.589	32.674	10.004	6.000	67.267
4	楚天科技	300358	15.935	34.767	9.943	6.400	67.046
5	安图生物	603658	16.154	35.120	9.298	6.000	66.571
6	先健科技	01302	16.603	32.601	10.870	6.000	66.074
7	沛嘉医疗	09996	20.721	30.141	9.102	6.000	65.964
8	华大基因	300676	17.042	32.255	10.572	6.000	65.869
9	新产业	300832	15.713	33.592	10.300	6.000	65.604
10	基蛋生物	603387	15.746	34.650	9.079	6.000	65.475

续表

排名	公司名称	股票代码	研发投入指数	研发成果指数	研发质量指数	研发支持指数	最终研发指数
11	启明医疗	02500	17.610	31.142	10.178	6.000	64.930
12	美康生物	300439	15.580	31.886	9.805	7.600	64.871
13	万泰生物	603392	16.358	30.333	11.562	6.400	64.653
14	圣湘生物	688289	15.565	31.168	11.333	6.400	64.466
15	透景生命	300642	15.699	33.511	9.192	6.000	64.402
16	乐普医疗	300003	17.048	30.353	10.320	6.400	64.121
17	威高股份	01066	16.001	31.165	10.943	6.000	64.109
18	新华医疗	600587	15.528	32.661	9.697	6.000	63.886
19	开立医疗	300633	16.228	32.017	9.381	6.000	63.626
20	理邦仪器	300206	15.963	31.925	9.657	6.000	63.544

2020年器械类中国医药企业研发指数排名前20企业的分布情况详见表9-3。由表9-3可知，排名前20的企业上市地主要分布在深交所、上交所和港交所，其企业数分别为10家、5家和5家，占比分别为50%、25%和25%。

表9-3 2020年器械类中国医药企业研发指数排名前20的企业分布情况

排名	公司简称	研发指数	上市地	境内上市板块	实际运营地
1	迈瑞医疗	72.193	深交所	创业板	广东省
2	迪瑞医疗	70.384	深交所	创业板	吉林省
3	微创医疗	67.267	港交所		上海市
4	楚天科技	67.046	深交所	创业板	湖南省
5	安图生物	66.571	上交所	主板	河南省
6	先健科技	66.074	港交所		广东省
7	沛嘉医疗	65.964	港交所		江苏省
8	华大基因	65.869	深交所	创业板	广东省
9	新产业	65.604	深交所	创业板	广东省
10	基蛋生物	65.475	上交所	主板	江苏省
11	启明医疗	64.930	港交所		浙江省
12	美康生物	64.871	深交所	创业板	浙江省
13	万泰生物	64.653	上交所	主板	北京市
14	圣湘生物	64.466	上交所	科创板	湖南省
15	透景生命	64.402	深交所	创业板	上海市
16	乐普医疗	64.121	深交所	创业板	北京市
17	威高股份	64.109	港交所		山东省
18	新华医疗	63.886	上交所	主板	山东省
19	开立医疗	63.626	深交所	创业板	广东省
20	理邦仪器	63.544	深交所	创业板	广东省

从境内上市板块来看，排名前 20 的企业主要集中在创业板，共 10 家，占比 50%；主板次之，共 4 家，占比 20%；科创板最少，共 1 家，占比 5%。

从实际运营地来看，排名前 20 的企业主要来自广东省，共有 6 家企业进入前 20，占比 30%；湖南省、上海市、江苏省、浙江省、北京市和山东省各有两家企业进入前 20，分别占比 20%；此外，河南省和吉林省也各有一家企业进入前 20。

第二节 上市地与境内上市板块

根据器械类中国医药企业研发指数相关数据，现将纳入研究范围的企业按照上市地进行分类，共分为四大类：上交所、深交所、港交所和美股[①]。样本企业中，除美股样本企业部分年份数量为 0 外，其余上市地样本企业各年数量普遍大于 5 家。其中，深交所样本企业数量最多，上交所次之。2020 年，样本企业中四类上市地企业数量具体如下：上交所 34 家，占比 36.957%；深交所 45 家，占比 48.913%；港交所 10 家，占比 10.870%；美股 3 家，占比 3.260%。

2013~2020 年，按上市地划分的器械类中国医药企业研发指数均值详见表 9-4 和图 9-2。总体来看，四类上市地样本企业的研发指数均值均呈上升趋势，且各类上市地样本企业研发指数均值存在一定差距。

具体地，上交所样本企业研发指数均值常年排名靠后，2013 年平均值为 61.563，2020 年平均值为 62.112，上升 0.549，上升百分比为 0.892%，整体呈上升趋势。

深交所样本企业研发指数均值常年高于上交所，且在 2019 年超过美股均值，排在第二。2013 年，深交所样本企业研发指数平均值为 61.395，2020 年平均值为 62.717，上升 1.322，上升百分比为 2.153%，整体上升幅度高于上交所。2014 年，深交所样本企业研发指数均值出现大幅上升，上升 0.93，上升百分比为 1.515%。

港交所样本企业研发指数均值常年排名靠前，在 2019 年超过美股均值，排在第一。其 2013 年平均值为 61.912，2020 年平均值为 63.188，上升 1.276，上升百分比为 2.061%，整体上升幅度高于上交所。港交所样本企业研发指数均值在 2015 年出现大幅下滑，下降 0.894，下降百分比为 1.433%。

---

① 2013~2020 年间，有部分企业同时在多地上市，我们根据上市时间先后顺序，以最先上市地作为企业所处上市地。

美股样本企业研发指数均值 2017 年至 2018 年均为最高,但在 2019 年,出现下降,分值下降 0.324,下降百分比为 0.520%,被港交所和深交所反超,排名靠后。2017 年,其研发指数平均值为 62.096,2020 年平均值为 62.335,上升 0.239,上升百分比为 0.385%,为各类上市地样本企业升幅最小。

表9-4 器械类中国医药企业各上市地研发指数历年平均值

上市地	2013 年	2014 年	2015 年	2016 年	2017 年	2018 年	2019 年	2020 年
港交所(平均值)	61.912	62.401	61.507	62.106	61.883	62.206	62.446	63.188
美国(平均值)	—	—	—	—	62.096	62.328	62.004	62.335
上交所(平均值)	61.563	61.556	61.673	61.660	61.294	61.715	61.638	62.112
深交所(平均值)	61.395	62.325	61.882	62.048	62.027	62.070	62.393	62.717

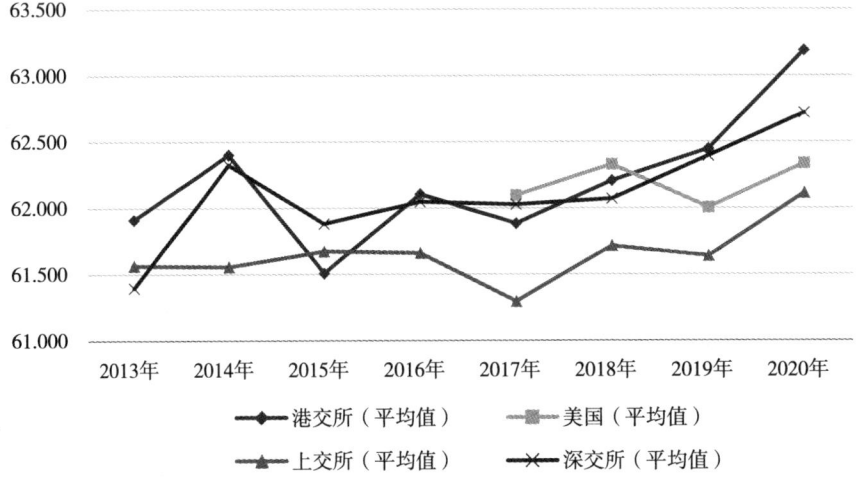

图9-2 器械类中国医药企业各上市地研发指数历年平均值

2013~2020 年,按上市地划分的器械类中国医药企业研发指数中位数详见表 9-5 和图 9-3。总体来看,四类上市地样本企业的研发指数中位数均出现不同程度波动。与均值情况类似,各类上市地样本企业研发指数中位数也存在一定差距。

具体地,上交所样本企业研发指数中位数常年排名靠后,2013 年中位数为 60.997,2020 年中位数为 61.695,上升 0.698,上升百分比为 1.144%,整体呈上升趋势。上交所样本企业研发指数中位数在 2017 年出现大幅下降,下降为 0.476,下降百分比为 0.776%。

深交所样本企业研发指数中位数常年保持第二,但在 2020 年,被港交所超过,排名下降一位。2013 年,深交所样本企业中位数为 61.062,2020 年中位数为 61.845,

上升分值为0.783，上升百分比为1.282%，整体上升幅度略高于上交所。

在2015年以前，港交所样本企业研发指数中位数排在第一，但在2015年，出现大幅下降，下降1.856，下降百分比为2.957%，被深交所超过，排名靠后，直至2020年，才重新上升至第一。其2013年中位数为61.754，2020年中位数为62.678，上升分值为0.924，上升百分比为1.496%，整体上升幅度高于上交所和深交所。

美股样本企业研发指数中位数较为稳定，排名靠前。2017年中位数为62.096，2020年中位数为62.428，上升分值为0.332，上升百分比为0.535%，整体呈上升趋势，为各类上市地样本企业变动幅度最小。

表9-5 器械类中国医药企业各上市地研发指数历年中位数

上市地	2013年	2014年	2015年	2016年	2017年	2018年	2019年	2020年
港交所（中位数）	61.754	62.762	60.906	61.429	61.503	61.499	61.434	62.678
美国（中位数）	—	—	—	—	62.096	62.328	62.004	62.428
上交所（中位数）	60.997	60.631	60.814	61.304	60.828	61.429	61.537	61.695
深交所（中位数）	61.062	61.722	61.233	61.690	61.488	61.534	61.887	61.845

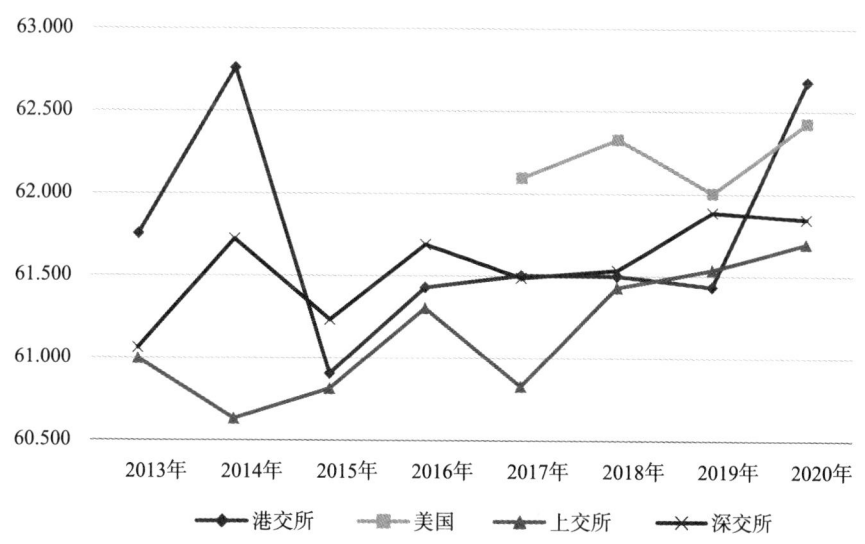

图9-3 器械类中国医药企业各上市地研发指数历年中位数

从境内上市的器械类医药企业所属板块来看，2013~2020年，境内各上市板块的样本企业数量均大于或等于10，其中来自创业板的样本企业数量最多，主板次之。以2020年为例，样本企业中，34家来自创业板，占比43.038%；25家来自主板，占比31.646%；20家来自科创板，占比25.316%。

器械类中国医药企业境内各上市板块研发指数历年平均值详见表9-6和图9-4。总体来看，2013~2020年，境内各上市板块样本企业历年研发指数的均值呈上升趋势，且创业板上升幅度较大，总体领先主板，且各板块样本企业研发指数均值差异呈放大趋势。

具体地，在2015年以后，创业板样本企业历年研发指数均值均领先于主板，2013年平均值为61.402，2020年平均值为62.975，上升1.573，上升百分比为2.562%，整体上升幅度为各板块最大。

主板样本企业研发指数均值常年略低于创业板，2013年平均值为61.449，2020年平均值为62.144，上升0.695，上升百分比为1.131%，整体上升幅度低于创业板。2014~2017年，主板样本企业研发指数均值出现大幅下降，下降0.916，下降百分比为1.471%。主板与创业板研发指数均值的差距逐渐加大，从2013年的0.047到2020年0.831，分值差距增加了0.878，增大1868.085%。

科创板样本企业研发指数均值在2019年和2020年排名靠后。2019年研发指数平均值为61.427，2020年平均值为61.968，上升0.541，上升百分比为0.881%。

表9-6　　　　器械类中国医药企业境内各上市板块研发指数历年平均值

境内上市板块	2013年	2014年	2015年	2016年	2017年	2018年	2019年	2020年
创业板（平均值）	61.402	62.159	61.774	62.191	62.196	62.236	62.619	62.975
科创板（平均值）	—	—	—	—	—	—	61.427	61.968
主板（平均值）	61.449	62.287	61.952	61.657	61.371	61.634	61.775	62.144

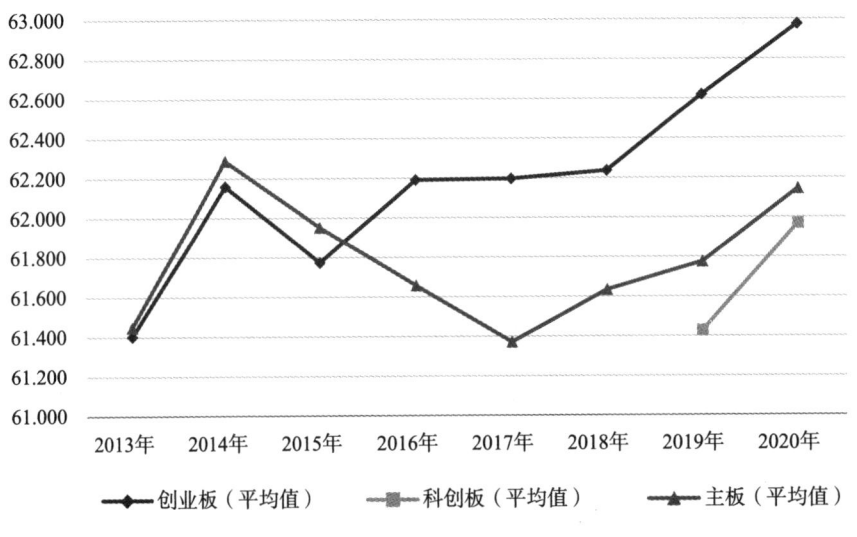

图9-4　器械类中国医药企业境内各上市板块研发指数历年平均值

器械类中国医药企业境内各上市板块研发指数历年中位数详见图9-5和表9-7。总体来看，与均值情况类似，2013~2020年，各上市板块样本企业历年研发指数的中位数呈上升趋势，且创业板样本企业历年研发指数中位数均领先主板，且各类上市板块样本企业研发指数中位数的差距呈放大趋势。

具体地，创业板样本企业研发指数中位数常年领先于主板，2013年中位数为61.158，2020年中位数为62.051，上升0.893，上升百分比为1.460%，整体呈上升趋势。在2015年和2017年，创业板样本企业研发指数中位数出现下降，分别下降了0.234和0.172，下降百分比分别为0.380%和0.278%。

主板样本企业研发指数中位数常年低于其他板块，2013年中位数为60.884，2020年中位数为61.546，上升0.662，上升百分比为1.087%，整体上升幅度略低于创业板。同样地，在2015年和2017年，主板样本企业研发指数中位数出现下降，分别下降0.604和0.284，下降百分比分别为0.981%和0.463%。

科创板样本企业研发指数中位数2019年排在末位，2020年超过主板，排在第二。2019年研发指数中位数为61.471，2020年中位数为61.740，上升0.269，上升百分比为0.438%，上升幅度高于当年其他上市板块。

表9-7　　　　器械类中国医药企业境内各上市板块研发指数历年中位数

境内上市板块	2013年	2014年	2015年	2016年	2017年	2018年	2019年	2020年
创业板（中位数）	61.158	61.505	61.271	61.773	61.601	61.916	62.045	62.051
科创板（中位数）	—	—	—	—	—	—	61.471	61.740
主板（中位数）	60.884	61.585	60.981	61.304	61.020	61.359	61.526	61.546

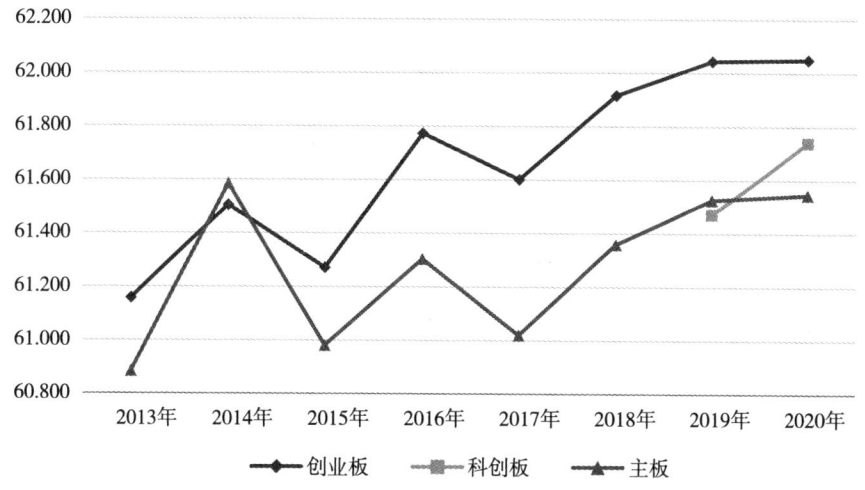

图9-5　器械类中国医药企业境内各上市板块研发指数历年中位数

第三节　实际运营地

考虑到境外上市公司出于组织架构设计和税收筹划等原因，多将其注册地选在开曼群岛等，且企业的实际运营和研发等多受其实际运营地影响，为此我们以实际运营地对样本企业进行分析。根据 2020 年数据统计，样本企业一共 92 家，分布在我国 18 个省份，具体分布情况为：广东省 19 家，占比 20.652%；北京市 16 家，占比 17.391%；上海市 13 家，占比 14.130%；江苏省 10 家，占比 10.870%；山东省 7 家，占比 7.609%；浙江省 7 家，占比 7.609%；其他省份样本企业数量均在 5 家以内。各省份样本企业数量及占比详见表 9-8。

表 9-8　　　　器械类中国医药企业实际运营地省份分布情况

省份	企业数量（家）	占比
安徽省	2	2.174%
北京市	16	17.391%
福建省	2	2.174%
广东省	19	20.652%
河北省	1	1.087%
河南省	1	1.087%
湖北省	2	2.174%
湖南省	3	3.261%
吉林省	1	1.087%
江苏省	10	10.870%
江西省	1	1.087%
内蒙古自治区	1	1.087%
山东省	7	7.609%
上海市	13	14.130%
四川省	2	2.174%
天津市	3	3.261%
浙江省	7	7.609%
重庆市	1	1.087%

器械类中国医药企业各省份研发指数历年平均值详见表 9-9。总体来看，2013 年至 2020 年，各省份研发指数均值整体呈上升趋势，但上升趋势较为缓慢。2013~2020

年，研发指数均值增长幅度最大的省份为吉林省，增长 11.200%。个别省份如内蒙古自治区研发指数均值出现先下降后上升的趋势，但起伏不大。2013 年研发指数均值最大为广东省的 61.884，最小为四川省的 60.172。2020 年研发指数均值最大为吉林省的 70.384，最小为安徽省的 60.919。各省份 2013～2020 年研发指数均值差距有所拉大，2013 年省份间的最大差距为 1.712，2020 年最大差距为 9.465，增长了 452.862%。

表9-9　　　　　　器械类中国医药企业各省份研发指数历年平均值①

省份	2013 年	2014 年	2015 年	2016 年	2017 年	2018 年	2019 年	2020 年
安徽省	—	—	—	60.901	60.846	61.288	60.734	60.919
北京市	61.332	61.469	61.562	61.808	61.889	61.967	61.656	61.909
福建省	—	—	—	60.685	62.353	62.245	62.623	
广东省	61.884	62.951	61.993	62.125	62.017	62.317	62.513	63.009
河北省	—	—	—	—	—	—	—	61.552
河南省	—	—	—	61.363	61.812	62.616	66.256	66.571
湖北省	—	—	—	—	—	62.864	61.964	61.212
湖南省	60.872	63.407	62.951	63.309	65.269	63.591	64.349	64.657
吉林省	—	63.295	61.871	62.575	64.762	62.528	65.320	70.384
江苏省	61.331	62.821	63.779	63.117	61.038	61.135	61.233	62.690
江西省	—	—	60.427	60.579	61.477	60.275	61.374	61.707
内蒙古自治区	61.502	61.220	61.526	60.749	60.954	61.352	61.722	61.230
山东省	61.702	62.288	62.371	62.825	61.822	62.040	61.794	62.259
上海市	61.761	62.688	62.028	62.410	62.067	62.463	62.006	62.197
四川省	60.172	61.061	60.343	60.435	60.876	61.718	61.596	62.257
天津市	61.040	60.993	60.911	60.970	61.081	61.065	61.632	61.783
浙江省	60.262	60.725	61.284	61.773	62.083	61.559	63.360	62.488
重庆市	—	—	—	—	60.230	60.813	62.590	61.794

具体地，湖南省 2014～2020 年研发指数均值一直排名前三。湖南省 2013 年研发指数均值为 60.872，排名第八；2020 年增长为 64.657，排名第三，相较于 2013 年增长 6.218%。

上海市 2013～2018 年研发指数均值一直排名前五。上海市 2013 年研发指数均值为 61.761，排名第二；2019 年小幅度增长为 62.006，排名第八，2020 年增长为 62.197，排名第十。

---

① 鉴于有些省份在一些年份并无样本企业入选，为此以"—"标识。

吉林省从 2014 年开始出现上市的样本企业。吉林省研发指数均值除 2015 年排名第六以外，2014~2020 年间其他年份研发指数均值一直排名前五。吉林省 2014 年研发指数均值为 63.295，排名第二；2020 年增长为 70.384，排名第一，相较于 2013 年增长 11.200%，增长幅度排名第一。

各省历年研发指数均值排名详见表 9-10。如表 9-10 所示，2013 年器械类中国医药企业研发指数各省均值排名前五的省份是广东省（61.884），上海市（61.761），山东省（61.702），内蒙古自治区（61.502），北京市（61.332）。

表 9-10　　　　器械类中国医药企业各省份研发指数平均值历年排名

排名	2013 年	2014 年	2015 年	2016 年	2017 年	2018 年	2019 年	2020 年
1	广东省	湖南省	江苏省	湖南省	湖南省	湖南省	河南省	吉林省
2	上海市	吉林省	湖南省	江苏省	吉林省	湖北省	吉林省	河南省
3	山东省	广东省	山东省	山东省	浙江省	河南省	湖南省	湖南省
4	内蒙古自治区	江苏省	上海市	吉林省	上海市	吉林省	浙江省	广东省
5	北京市	上海市	广东省	上海市	广东省	上海市	重庆市	江苏省
6	江苏省	山东省	吉林省	广东省	北京市	福建省	广东省	福建省
7	天津市	北京市	北京市	北京市	山东省	广东省	福建省	浙江省
8	湖南省	内蒙古自治区	内蒙古自治区	浙江省	河南省	山东省	上海市	山东省
9	浙江省	四川省	浙江省	河南省	江西省	北京市	湖北省	四川省
10	四川省	天津市	天津市	天津市	天津市	四川省	山东省	上海市
11	安徽省	浙江省	江西省	安徽省	江西省	浙江省	内蒙古自治区	北京市
12	福建省	安徽省	四川省	内蒙古自治区	内蒙古自治区	内蒙古自治区	北京市	重庆市
13	河北省	福建省	安徽省	江西省	四川省	安徽省	天津市	天津市
14	河南省	河北省	福建省	四川省	安徽省	江苏省	四川省	江西省
15	湖北省	河南省	河北省	福建省	福建省	天津市	江西省	河北省
16	吉林省	湖北省	河南省	河北省	重庆市	重庆市	江苏省	内蒙古自治区
17	江西省	江西省	湖北省	湖北省	河北省	江西省	安徽省	湖北省
18	重庆市	重庆市	重庆市	重庆市	湖北省	河北省	河北省	安徽省

2014 年器械类中国医药企业研发指数各省均值排名前五的省份是湖南省（63.407），吉林省（63.295），广东省（62.951），江苏省（62.821），上海市（62.688）。

2015 年器械类中国医药企业研发指数各省均值排名前五的省份是江苏省（63.779），湖南省（62.951），山东省（62.371），上海市（62.028），广东省（61.993）。

2016 年器械类中国医药企业研发指数各省均值排名前五的省份是湖南省（63.309），江苏省（63.117），山东省（62.825），吉林省（62.575），上海市（62.410）。

2017年器械类中国医药企业研发指数各省均值排名前五的省份是湖南省（65.269），吉林省（64.762），浙江省（62.083），上海市（62.067），广东省（62.017）。

2018年器械类中国医药企业研发指数各省均值排名前五的省份是湖南省（63.591），湖北省（62.864），河南省（62.616），吉林省（62.528），上海市（62.463）。

2019年器械类中国医药企业研发指数各省均值排名前五的省份是河南省（66.256），吉林省（65.320），湖南省（64.349），浙江省（63.360），重庆市（62.590）。

2020年器械类中国医药企业研发指数各省均值排名前五的省份是吉林省（70.384），河南省（66.571），湖南省（64.657），广东省（63.009），江苏省（62.690）。

样本企业中各省份样本企业历年研发指数中位数详见表9-11。总体来看，各省研发指数中位数呈上升趋势，与研发指数均值趋势大致类似。2013~2020年，研发指数中位数增长幅度最大的省为吉林省，增长11.200%。2013年研发指数中位数最大为山东省的61.616，最小为四川省的60.172。2020年研发指数中位数最大为吉林省的70.384，最小为安徽省的60.919。2013~2020年各省研发指数中位数差异逐渐加大，2013年中位数最大差距为1.444，2020年中位数最大差距为9.465，增长555.471%。

表9-11　器械类中国医药企业各省份研发指数历年中位数

省份	2013年	2014年	2015年	2016年	2017年	2018年	2019年	2020年
安徽省	—	—	—	60.901	60.846	61.288	60.734	60.919
北京市	61.158	61.178	61.233	61.892	61.681	61.997	61.284	61.562
福建省	—	—	—	—	60.685	62.353	62.245	62.623
广东省	61.153	62.263	61.228	61.321	61.598	61.738	61.574	61.845
河北省	—	—	—	—	—	—	—	61.552
河南省	—	—	—	61.363	61.812	62.616	66.256	66.571
湖北省	—	—	—	—	—	62.864	61.964	61.212
湖南省	60.872	63.407	62.951	63.309	65.269	63.591	64.349	64.466
吉林省	—	63.295	61.871	62.575	64.762	62.528	65.320	70.384
江苏省	61.331	62.821	63.779	63.117	61.334	61.203	61.006	62.085
江西省	—	—	60.427	60.579	61.477	60.275	61.374	61.707
内蒙古自治区	61.502	61.220	61.526	60.749	60.954	61.352	61.722	61.230
山东省	61.616	62.076	61.459	62.494	61.631	62.066	61.692	61.764
上海市	61.114	62.674	61.377	61.849	61.604	61.805	61.497	61.755
四川省	60.172	61.061	60.343	60.435	60.876	61.718	61.596	62.257
天津市	61.040	60.993	60.911	60.970	61.081	61.065	61.229	61.069
浙江省	60.262	60.725	60.903	61.245	61.488	61.037	62.350	62.267
重庆市	—	—	—	—	60.230	60.813	62.590	61.794

具体地，湖南省2014~2020年研发指数中位数一直排名前三。湖南省2013年研发指数中位数为60.872，排名第八；2014年增长为63.407，排名第一；2020年增长为64.466，排名第三。

吉林省自2014年有上市的样本企业后研发指数中位数一直排名前五。吉林省2014年研发指数中位数为63.295，排名第二；2020年增长为70.384，排名第一。

江苏省2013~2016年研发指数中位数一直排名前三。江苏省2013年研发指数中位数为61.331，排名第三；2017年小幅度增长为61.334，排名下降为第十；2020年增长为62.085，排名第七。

器械类中国医药企业各省份历年研发指数中位数排名详见表9-12。如表9-12所示，2013年器械类中国医药企业研发指数中位数排名前五的分别是山东省（61.616），内蒙古自治区（61.502），江苏省（61.331），北京市（61.158），广东省（61.153）。

表9-12　　　　器械类中国医药企业各省份研发指数中位数历年排名

排名	2013年	2014年	2015年	2016年	2017年	2018年	2019年	2020年
1	山东省	湖南省	江苏省	湖南省	湖南省	湖南省	河南省	吉林省
2	内蒙古自治区	吉林省	湖南省	江苏省	吉林省	湖北省	吉林省	河南省
3	江苏省	江苏省	吉林省	吉林省	河南省	河南省	湖南省	湖南省
4	北京市	上海市	内蒙古自治区	山东省	北京市	吉林省	重庆市	福建省
5	广东省	广东省	山东省	北京市	山东省	福建省	浙江省	浙江省
6	上海市	山东省	上海市	上海市	上海市	山东省	福建省	四川省
7	天津市	内蒙古自治区	北京市	河南省	广东省	北京市	湖北省	江苏省
8	湖南省	北京市	广东省	广东省	浙江省	上海市	内蒙古自治区	广东省
9	浙江省	四川省	天津市	浙江省	江西省	广东省	山东省	重庆市
10	四川省	天津市	浙江省	天津市	江苏省	四川省	四川省	山东省
11	安徽省	浙江省	江西省	安徽省	天津市	内蒙古自治区	广东省	上海市
12	福建省	安徽省	四川省	内蒙古自治区	内蒙古自治区	安徽省	上海市	江西省
13	河北省	福建省	安徽省	江西省	四川省	江苏省	江西省	北京市
14	河南省	河北省	福建省	四川省	安徽省	天津市	北京市	河北省
15	湖北省	河南省	河北省	福建省	福建省	浙江省	天津市	内蒙古自治区
16	吉林省	湖北省	河南省	河北省	重庆市	重庆市	江苏省	湖北省
17	江西省	江西省	湖北省	湖北省	河北省	江西省	安徽省	天津市
18	重庆市	重庆市	重庆市	重庆市	湖北省	河北省	河北省	安徽省

2014年器械类中国医药企业研发指数各省中位数排名前五的省份为湖南省（63.407），吉林省（63.295），江苏省（62.821），上海市（62.674），广东省

(62.263)。

2015年器械类中国医药企业研发指数各省中位数排名前五的省份为江苏省（63.779）、湖南省（62.951）、吉林省（61.871）、内蒙古自治区（61.526）、山东省（61.459）。

2016年器械类中国医药企业研发指数各省中位数排名前五的省份为湖南省（63.309）、江苏省（63.117）、吉林省（62.575）、山东省（62.494）、北京市（61.892）。

2017年器械类中国医药企业研发指数各省中位数排名前五的省份为湖南省（65.269）、吉林省（64.762）、河南省（61.812）、北京市（61.681）、山东省（61.631）。

2018年器械类中国医药企业研发指数各省中位数排名前五的省份为湖南省（63.591）、湖北省（62.864）、河南省（62.616）、吉林省（62.528）、福建省（62.353）。

2019年器械类中国医药企业研发指数各省中位数排名前五的省份为河南省（66.256）、吉林省（65.320）、湖南省（64.349）、重庆市（62.590）、浙江省（62.350）。

2020年器械类中国医药企业研发指数各省中位数排名前五的省份为吉林省（70.384）、河南省（66.571）、湖南省（64.466）、福建省（62.623）、浙江省（62.267）。

综上所述，器械类中国医药企业研发指数中位数相对较高的省份多集中在我国的东部和中部地区，与研发指数均值的分布类似，其他地区研发指数均值和中位数都相对较低。

第十章 器械类中国医药企业研发指数一级指标分析

第一节 研发投入

一、整体情况

如表10-1和图10-1所示,我国器械类医药企业研发投入指数整体呈上涨态势。2013年至2020年,器械类医药企业研发投入指数的均值从15.400增长至15.900,但2018年之前增长不明显,2018年至2020年均值出现明显增长;中位数从15.400增长至15.600。2020年,器械类中国医药企业研发投入得分的最大值为20.700,为历年最高。

表10-1 器械类中国医药企业历年研发投入指数情况

指标	2013年	2014年	2015年	2016年	2017年	2018年	2019年	2020年
平均值	15.400	15.500	15.500	15.500	15.500	15.600	15.800	15.900
中位数	15.400	15.400	15.400	15.400	15.500	15.500	15.600	15.600
最小值	15.000	15.000	15.000	15.100	15.100	15.100	15.000	15.000
P1	15.000	15.000	15.000	15.100	15.100	15.100	15.000	15.000
P25	15.200	15.300	15.300	15.300	15.300	15.300	15.400	15.400
P75	15.500	15.700	15.600	15.600	15.700	15.800	15.900	16.000
P99	16.100	16.500	16.700	16.500	16.500	18.700	19.100	20.700
最大值	16.100	16.500	16.700	16.500	16.500	18.700	19.100	20.700

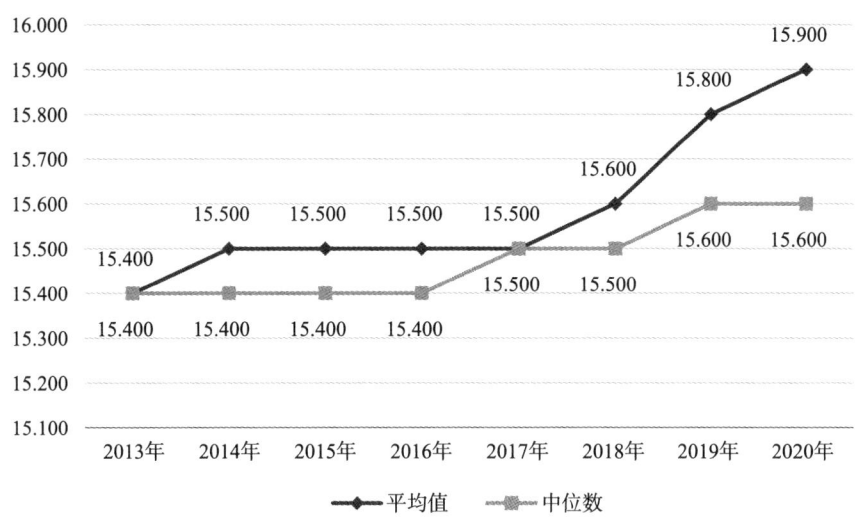

图 10-1 器械类中国医药企业历年研发投入指数的平均值和中位数

2020年,器械类中国医药企业研发投入指数排名前20的企业详见表10-2。由表10-2可知,排名前20的企业上市地主要分布在深交所、上交所、港交所和美国NASDAQ,企业数分别为8家、6家、4家和2家,占比分别为40%、30%、20%和10%。

从境内上市板块来看,排名前20的企业主要集中在创业板,共6家,占比30%;另外,主板和科创板也各有4家企业进入前20,分别占20%。

从实际运营地来看,排名前20的企业主要来自广东省、北京市和上海市,分别有6家、4家和4家企业进入前20,占比分别为30%、20%和20%;此外,河南省、内蒙古自治区、天津市和浙江省也各有1家企业进入前20。

表 10-2　2020年器械类中国医药企业研发投入指数排名前20的企业分布情况

排名	公司简称	研发投入指数	上市地	境内上市板块	实际运营地
1	沛嘉医疗	20.721	港交所		江苏省
2	迈瑞医疗	19.903	深交所	创业板	广东省
3	微创医疗	18.589	港交所		上海市
4	启明医疗	17.61	港交所		浙江省
5	赛诺医疗	17.316	上交所	科创板	天津市
6	乐普医疗	17.048	深交所	创业板	北京市
7	天智航	17.042	上交所	科创板	北京市
8	华大基因	17.042	深交所	创业板	广东省
9	先健科技	16.603	港交所		广东省
10	泛生子	16.599	美国 NASDAQ		北京市

续表

排名	公司简称	研发投入指数	上市地	境内上市板块	实际运营地
11	安派科生物医学科技	16.434	美国NASDAQ		上海市
12	万泰生物	16.358	上交所	主板	北京市
13	万孚生物	16.239	深交所	创业板	广东省
14	福瑞股份	16.23	深交所	创业板	内蒙古自治区
15	开立医疗	16.228	深交所	创业板	广东省
16	鱼跃医疗	16.159	深交所	主板	江苏省
17	达安基因	16.157	深交所	主板	广东省
18	安图生物	16.154	上交所	主板	河南省
19	心脉医疗	16.126	上交所	科创板	上海市
20	奕瑞科技	16.118	上交所	科创板	上海市

二、上市地与境内上市板块

2013~2020年，按境内上市地划分的器械类中国医药企业研发投入指数的均值详见图10-2和表10-3。总体来看，四类上市地样本企业研发投入指数均值均呈上升趋势，且各类上市地样本企业研发投入指数的均值差距逐步拉大。

具体地，上交所样本企业研发投入指数均值历年均排在末位。2013年其平均值为15.270，2020年平均值为15.712，上升0.442，上升百分比为2.895%，整体呈稳步上升趋势。

深交所样本企业均值常年高于上交所。2013年，深交所样本企业平均值为15.439，2020年平均值为15.794，上升0.355，上升百分比为2.299%，整体上升幅度略低于上交所。

港交所样本企业均值常年排在第一，其2013年平均值为15.630，2020年平均值为16.671，上升1.041，上升百分比为6.660%，整体上升幅度高于上交所和深交所。在2017~2020年期间，其上升幅度较大，上升了1.027，上升百分比为6.565%。港交所与上交所均值的差距有所放大，从2013年的0.360到2020年的0.959，差距放大了0.599，差距放大百分比为166.389%。

2017年，美股研发投入指数均值高于其他三类上市地，但在2018年出现下降，被港交所和深交所超越。美股2017年研发投入指数均值为15.671，2020年均值为16.273，上升了0.602，上升百分比为3.841%，整体上升幅度高于深交所和上交所。

表 10-3　　器械类中国医药企业各上市地历年研发投入指数平均值

上市地	2013年	2014年	2015年	2016年	2017年	2018年	2019年	2020年
港交所（平均值）	15.630	15.639	15.682	15.653	15.644	15.888	16.174	16.671
美国（平均值）	—	—	—	—	15.671	15.555	15.727	16.273
上交所（平均值）	15.270	15.268	15.260	15.351	15.350	15.377	15.645	15.712
深交所（平均值）	15.439	15.480	15.457	15.473	15.522	15.692	15.732	15.794

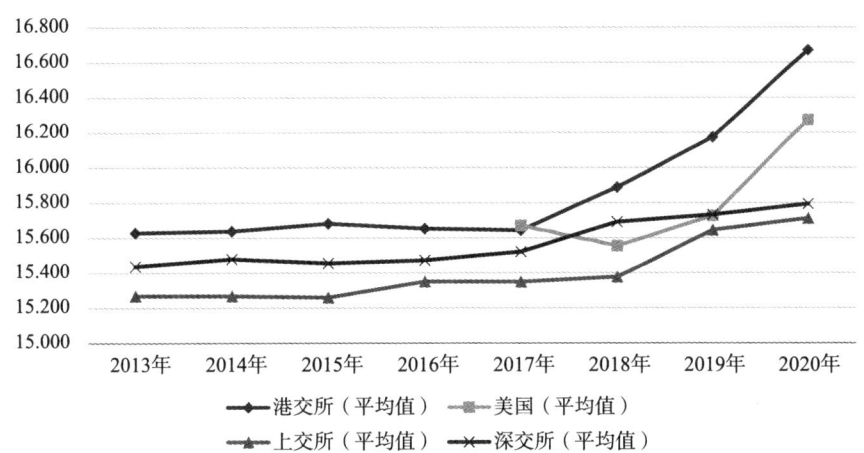

图 10-2　器械类中国医药企业各上市地历年研发投入指数平均值

2013~2020年，按上市地划分的器械类中国医药企业研发投入指数中位数详见表10-4和图10-3。总体来看，与均值情况类似，四类上市地样本企业的研发投入指数中位数均呈上升趋势。此外，各类上市地样本企业研发投入指数中位数的差距逐步扩大。

具体地，上交所样本企业研发投入指数中位数常年排名靠后。2013年中位数为15.311，2020年中位数为15.600，上升0.289，上升百分比为1.888%，整体呈稳步上升趋势。

深交所样本企业中位数常年高于上交所，其在2019年曾超过港交所，排在第二。2013年，深交所样本企业中位数为15.405，2020年中位数为15.628，上升0.223，上升百分比为1.448%，整体上升幅度略低于上交所，且呈逐年稳步上升趋势。

港交所样本企业中位数在2019年以前波动较小，但在2019年和2020年出现大幅变动。2013年中位数为15.596，2020年中位数为15.836，上升0.240，上升百分比为1.539%，整体上升幅度高于深交所；2019年和2020年，出现较大变动，分别变动了-0.130和0.344，变动百分比分别为-0.832%和2.221%。

美股样本企业中位数排名靠前，在2020年更是远超其他上市地，保持领先优势。2017年其中位数为15.671，2020年中位数为16.434，上升0.763，上升百分比为

4.869%，为各类上市地样本企业变动幅度最大。2020 年，其上升幅度较大，上升了 0.707，上升百分比为 4.495%。

表 10-4　　　　器械类中国医药企业各上市地历年研发投入指数中位数

上市地	2013 年	2014 年	2015 年	2016 年	2017 年	2018 年	2019 年	2020 年
港交所（中位数）	15.596	15.517	15.503	15.558	15.565	15.622	15.492	15.836
美国（中位数）	—	—	—	—	15.671	15.555	15.727	16.434
上交所（中位数）	15.311	15.310	15.232	15.286	15.252	15.286	15.536	15.600
深交所（中位数）	15.405	15.413	15.445	15.464	15.476	15.544	15.627	15.628

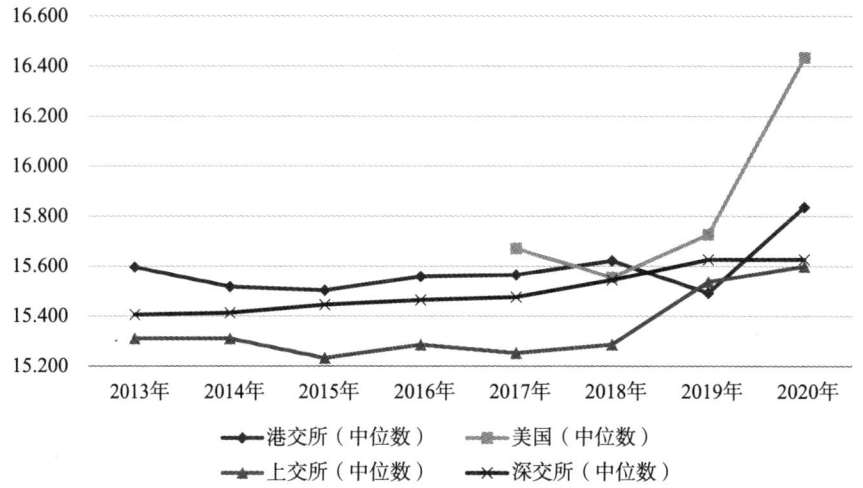

图 10-3　器械类中国医药企业各上市地历年研发投入指数中位数

器械类中国医药企业境内各上市板块历年研发投入指数的平均值详见表 10-5 和图 10-4。总体来看，2013~2020 年，除科创板外，其他板块样本企业历年研发投入指数的均值呈上升趋势，创业板样本企业历年研发投入指数均值均领先主板，且各上市板块样本企业研发投入指数均值的差距较为稳定。

具体地，创业板样本企业历年均值均高于主板，2013 年平均值为 15.528，2020 年平均值为 15.835，上升 0.307，上升百分比为 1.977%，整体呈上升趋势。在 2015 年，出现小幅下滑，下降了 0.045，下降百分比为 0.290%。

主板样本企业均值常年落后于创业板，2013 年平均值为 15.272，2020 年平均值为 15.601，上升 0.329，上升百分比为 2.154%，整体上升幅度略高于创业板。2013~2020 年，主板与创业板样本企业研发投入指数均值差距较稳定，从 2013 年的 0.256，到 2020 年的 0.234，差距仅缩小了 0.022。

科创板样本企业均值在 2019 年排名第一，但在 2020 年被创业板反超。2019 年平均值为15.887，2020年平均值为15.825，下降0.062，下降百分比为0.390%，变动趋势与其他上市板块相反。

表10-5 器械类中国医药企业境内各上市板块历年研发投入指数平均值

境内上市板块	2013年	2014年	2015年	2016年	2017年	2018年	2019年	2020年
创业板（平均值）	15.528	15.533	15.488	15.501	15.550	15.733	15.774	15.835
科创板（平均值）	—	—	—	—	—	—	15.887	15.825
主板（平均值）	15.272	15.326	15.317	15.374	15.386	15.459	15.523	15.601

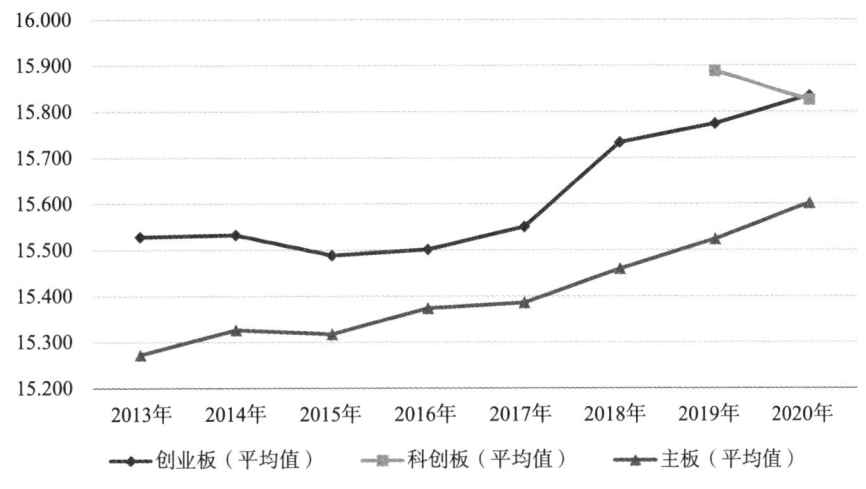

图10-4 器械类中国医药企业境内各上市板块历年研发投入指数平均值

器械类中国医药企业境内各上市板块历年研发投入指数的中位数详见图10-5和表10-6。总体来看，2013~2020年，境内各上市板块样本企业历年研发投入指数的中位数呈上升趋势，且创业板样本企业历年研发投入指数中位数均领先主板，这与均值情况相似。但相较于均值，各类上市板块样本企业研发投入指数中位数的差距呈缩小趋势。

具体地，创业板样本企业历年中位数领先于主板，2013年中位数为15.487，2020年中位数为15.604，上升0.117，上升百分比为0.755%，整体呈略微上升趋势。2015年小幅下降，下降了0.032，下降百分比为0.207%。

主板样本企业中位数常年低于其他板块，但与创业板差距呈缩小趋势。2013年中位数为15.294，2020年中位数为15.577，上升0.283，上升百分比为1.850%，整体上升趋势高于创业板。主板与创业板中位数差距逐步缩小，从2013年的0.193到2020年的0.027，差距缩小了0.166，差距缩小百分比为86.010%。

科创板样本企业中位数在2019年和2020年排名第一。2019年中位数为15.694，

2020年中位数为15.712，上升0.018，上升百分比为0.115%，该上升幅度低于当年主板上升幅度。

表10-6　器械类中国医药企业境内各上市板块历年研发投入指数中位数

境内上市板块	2013年	2014年	2015年	2016年	2017年	2018年	2019年	2020年
创业板（中位数）	15.487	15.478	15.446	15.473	15.532	15.558	15.603	15.604
科创板（中位数）	—	—	—	—	—	—	15.694	15.712
主板（中位数）	15.294	15.333	15.299	15.286	15.333	15.437	15.502	15.577

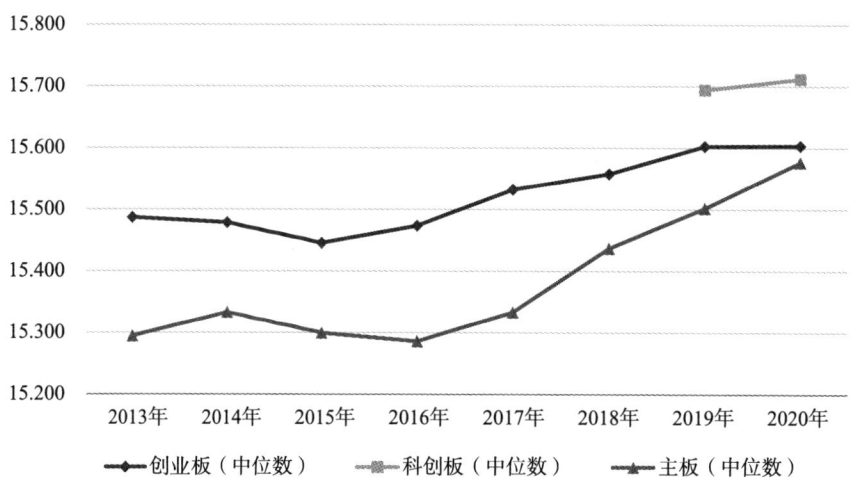

图10-5　器械类中国医药企业境内各上市板块历年研发投入指数中位数

三、实际运营地

2013~2020年，按实际运营地划分的器械类中国医药企业研发投入指数均值详见表10-7。总体来看，2013~2020年各省份研发投入指数均值呈逐步上升趋势。其中有6个省份是在2016年及以后才有器械类医药企业上市，河北省更是在2019年才首次出现。2013~2020年，天津市研发投入指数均值上升幅度最大，涨幅为5.919%。2013年研发投入指数均值最大为内蒙古自治区的15.702，最小为四川省的15.172，2020年研发投入指数均值最大为内蒙古自治区的16.230，最小为安徽省的15.107。内蒙古自治区保持领先，各省间差距有所拉大，2013年平均值最大差异为0.53，2020年平均值最大差异为1.123，增长111.887%。

具体地，2013~2020年，内蒙古自治区保持领先地位，天津市、四川省在18个省份中的排名呈现逐渐上升的态势。河南省自2016年出现器械类医药上市企业以来，一直排名前三。

北京市样本企业研发投入指数均值 2013 年排名第四,随着各省器械类医药企业不断上市,逐渐降至第九,2020 年排名第七。北京市 2013 年样本企业研发投入指数均值为 15.419,2020 年为 15.877,涨幅 2.970%,增长相对缓慢。

上海市样本企业研发投入指数均值在 2016 年以前一直排在前两名,2017 年下降至第三位,随后一直排名第六。上海市样本企业研发投入指数均值 2013 年为 15.626,2020 年为 15.942,涨幅 2.022%,也出现了早年间快速发展,近年增速逐渐放缓的情况。

天津市样本企业研发投入指数均值 2013 年排名第七,随后逐渐上升到第六和第五,直至 2019 年跃升为第一名,2020 年排名第二。天津市样本企业研发投入指数均值 2013 年为 15.273,2020 年为 16.177,涨幅 5.919%,上涨幅度排名第一。

表 10-7　器械类中国医药企业各实际运营地历年研发投入指数平均值

省份	2013 年	2014 年	2015 年	2016 年	2017 年	2018 年	2019 年	2020 年
安徽省	—	—	—	15.123	15.136	15.149	15.132	15.107
北京市	15.419	15.502	15.463	15.520	15.519	15.603	15.672	15.877
福建省	—	—	—	—	15.647	15.736	15.774	15.806
广东省	15.551	15.586	15.499	15.477	15.552	15.857	15.898	15.986
河北省	—	—	—	—	—	—	—	15.292
河南省	—	—	—	15.621	15.750	15.916	16.140	16.154
湖北省	—	—	—	—	—	15.559	15.415	15.478
湖南省	15.208	15.297	15.408	15.435	15.556	15.806	15.786	15.742
吉林省	—	15.409	15.392	15.565	15.648	15.757	15.715	15.665
江苏省	15.367	15.649	15.606	15.457	15.366	15.392	15.507	16.117
江西省	—	—	15.132	15.107	15.124	15.156	15.198	15.271
内蒙古自治区	15.702	15.353	15.726	15.749	15.932	16.138	16.249	16.230
山东省	15.297	15.309	15.336	15.427	15.427	15.462	15.648	15.727
上海市	15.626	15.722	15.806	15.655	15.649	15.801	15.791	15.942
四川省	15.172	15.171	15.314	15.361	15.409	15.638	15.738	15.827
天津市	15.273	15.289	15.342	15.506	15.626	15.803	16.376	16.177
浙江省	15.195	15.220	15.244	15.273	15.290	15.294	16.003	15.743
重庆市	—	—	—	—	15.178	15.208	15.185	15.175

2013~2020 年,按实际运营地划分的器械类中国医药企业研发投入指数中位数详见表 10-8。总体来看,2013~2020 年,各省研发投入指数中位数呈现逐渐上升趋势,

总体涨幅略低于平均值。在2013年已有器械类医药企业上市的省份中,四川省涨幅最大,为4.317%。2013年研发投入指数中位数最大为内蒙古自治区的15.702,最小为四川省的15.172,2020年研发投入指数中位数最大为内蒙古自治区的16.230,最小为安徽省的15.107。各省间研发投入指数中位数差异不断加大,2013年中位数最大差异为0.53,2020年中位数最大差异为1.123,增长111.887%,与平均值变化情况类似。

具体地,内蒙古自治区2014年研发投入指数中位数排名第六,其余年份均排名第一。2016~2020年,各省研发投入指数中位数排名第一均为内蒙古自治区,第二名均为河南省。

天津市2015~2019年研发投入指数中位数排名从第八名稳步上升至第三名,2020年排名降为第十。天津市研发投入指数中位数2013年为15.273,2020年为15.639,涨幅2.396%,上涨幅度排名第五。

湖南省研发投入指数中位数2013年为15.208,排名第八,2018年跃升至第三;2020年为15.725,排名第六。2013~2020年涨幅3.400%,上涨幅度排名第二。

北京市研发投入指数中位数2013年为15.477,排名第四,随着器械类上市企业省份的不断增加,在2020年跌至第八。2013~2020年其研发投入指数涨幅1.279%,上涨幅度排名第八。

表10-8　器械类中国医药企业各实际运营地历年研发投入指数中位数

省份	2013年	2014年	2015年	2016年	2017年	2018年	2019年	2020年
安徽省	—	—	—	15.123	15.136	15.149	15.132	15.107
北京市	15.477	15.523	15.478	15.555	15.530	15.555	15.579	15.675
福建省	—	—	—	—	15.647	15.736	15.774	15.806
广东省	15.477	15.548	15.446	15.398	15.470	15.629	15.627	15.532
河北省	—	—	—	—	—	—	—	15.292
河南省	—	—	—	15.621	15.750	15.916	16.140	16.154
湖北省	—	—	—	—	—	15.559	15.415	15.478
湖南省	15.208	15.297	15.408	15.435	15.556	15.806	15.786	15.725
吉林省	—	15.409	15.392	15.565	15.648	15.757	15.715	15.665
江苏省	15.367	15.649	15.606	15.457	15.423	15.389	15.619	15.621
江西省	—	—	15.132	15.107	15.124	15.156	15.198	15.271
内蒙古自治区	15.702	15.353	15.726	15.749	15.932	16.138	16.249	16.230
山东省	15.278	15.272	15.252	15.349	15.376	15.393	15.477	15.777
上海市	15.502	15.478	15.517	15.512	15.516	15.510	15.564	15.699

续表

省份	2013年	2014年	2015年	2016年	2017年	2018年	2019年	2020年
四川省	15.172	15.171	15.314	15.361	15.409	15.638	15.738	15.827
天津市	15.273	15.289	15.342	15.506	15.626	15.803	15.924	15.639
浙江省	15.195	15.220	15.205	15.234	15.263	15.321	15.507	15.502
重庆市	—	—	—	—	15.178	15.208	15.185	15.175

第二节 研发成果

一、整体情况

如表10-9和图10-6所示，我国器械类医药企业研发成果指数较为稳定且整体呈上升趋势。研发成果指数平均值从2013年的30.700提升至2014年的31.000，在2015年回落至30.800，2019年回升至30.900并在2020年达到历年平均值最高值31.100。中位数也从2013年的30.300波动提升至2020年的30.600。

按照我们的研究设计，企业研发成果指数最低为30.000（代表无任何相关研发成果），而我国器械类医药企业研发成果指数P25（1/4分位数）的值历年均大于30.000，说明至少3/4的器械类医药企业拥有研发成果。研发成果指数最大值整体呈上升趋势，2020年达到38.400，说明器械类头部医药企业研发成果增长态势较为乐观。

表10-9　　　　器械类中国医药企业历年研发成果指数情况

指标	2013年	2014年	2015年	2016年	2017年	2018年	2019年	2020年
平均值	30.700	31.000	30.800	30.800	30.800	30.700	30.900	31.100
中位数	30.300	30.400	30.400	30.300	30.300	30.400	30.600	30.600
最小值	30.000	30.000	30.000	30.000	30.000	30.000	30.000	30.000
P1	30.000	30.000	30.000	30.000	30.000	30.000	30.000	30.000
P25	30.100	30.100	30.200	30.100	30.100	30.100	30.200	30.200
P75	30.600	31.000	30.800	30.800	31.100	30.900	31.000	31.300
P99	34.100	34.900	36.200	34.700	35.900	33.500	34.800	38.400
最大值	34.100	34.900	36.200	34.700	35.900	33.500	34.800	38.400

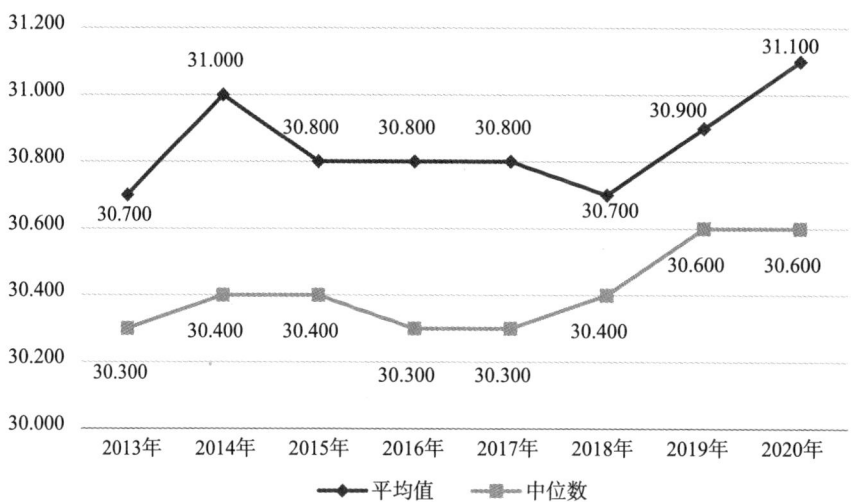

图 10-6 器械类中国医药企业历年研发成果指数平均值和中位数

2020年器械类中国医药企业研发成果指数排名前20企业的分布情况详见表10-10。由表10-10可知，排名前20的企业上市地主要分布在深交所、上交所和港交所，企业数分别为14家、4家和2家，占比分别为70%、20%和10%。

从境内上市板块来看，排名前20的企业主要集中在创业板，共12家，占比60%；另外，主板也有6家企业进入前20，占比30%。

从实际运营地来看，排名前20的企业主要来自广东省，共7家，占比35%；湖南省、吉林省、上海市和江苏省均有两家企业进入前20，各占比10%。此外，北京市、福建省、河南省、山东省和浙江省也各有一家企业进入前20。

表 10-10　2020年器械类中国医药企业研发成果指数排名前20的企业分布情况

排名	公司简称	研发成果指数	上市地	境内上市板块	实际运营地
1	迪瑞医疗	38.388	深交所	创业板	吉林省
2	迈瑞医疗	35.459	深交所	创业板	广东省
3	安图生物	35.120	上交所	主板	河南省
4	楚天科技	34.767	深交所	创业板	湖南省
5	基蛋生物	34.650	上交所	主板	江苏省
6	新产业	33.592	深交所	创业板	广东省
7	透景生命	33.511	深交所	创业板	上海市
8	微创医疗	32.674	港交所		上海市
9	新华医疗	32.661	上交所	主板	山东省
10	先健科技	32.601	港交所		广东省
11	华大基因	32.255	深交所	创业板	广东省
12	大博医疗	32.093	深交所	主板	福建省

续表

排名	公司简称	研发成果指数	上市地	境内上市板块	实际运营地
13	开立医疗	32.017	深交所	创业板	广东省
14	鱼跃医疗	31.985	深交所	主板	江苏省
15	理邦仪器	31.925	深交所	创业板	广东省
16	美康生物	31.886	深交所	创业板	浙江省
17	三诺生物	31.482	深交所	创业板	湖南省
18	九强生物	31.475	深交所	创业板	北京市
19	达安基因	31.465	深交所	主板	广东省
20	祥生医疗	31.385	上交所	创业板	吉林省

二、上市地与境内上市板块

2013~2020年，按上市地划分的器械类医药企业研发成果指数均值详见表10-11和图10-7。总体来看，四类上市地样本企业的研发成果指数均值呈不同趋势，且各类上市地样本企业研发成果指数均值的差距波动较大。

表10-11　器械类中国医药企业各上市地历年研发成果指数平均值

上市地	2013年	2014年	2015年	2016年	2017年	2018年	2019年	2020年
港交所（平均值）	30.881	30.820	30.528	30.691	30.660	30.735	30.844	30.875
美国（平均值）	—	—	—	—	30.951	30.597	31.001	30.485
上交所（平均值）	30.854	30.938	30.948	30.776	30.599	30.571	30.629	30.807
深交所（平均值）	30.577	31.097	30.899	30.828	30.926	30.769	31.088	31.311

具体地，在2017年以前，上交所样本企业研发成果指数均值常年排名靠前，但2017年及以后，出现大幅下降，排名靠后。2013年平均值为30.854，2020年平均值为30.807，下降0.047，下降百分比为0.152%，整体呈下降趋势。在2018~2020年期间，呈现上升趋势，上升0.236，上升百分比为0.772%。

深交所样本企业均值常年高于上交所。2013年，深交所样本企业平均值为30.577，2020年平均值为31.311，上升0.734，上升百分比为2.400%，整体呈上升趋势。2014年大幅上升，上升0.520，上升百分比为1.701%。

港交所样本企业均值常年排名靠后。其2013年平均值为30.881，2020年平均值为30.875，下降0.006，下降百分比为0.019%，整体下降幅度低于上交所；2015年，其下降幅度较大，下降0.292，下降百分比为0.947%。

美股样本企业均值整体波动幅度较大。2017年平均值为30.951，2020年平均值为30.485，下降0.466，下降百分比为1.506%，其下降幅度大于上交所。在2019年出现大幅上升，上升0.404，上升百分比为1.320%。

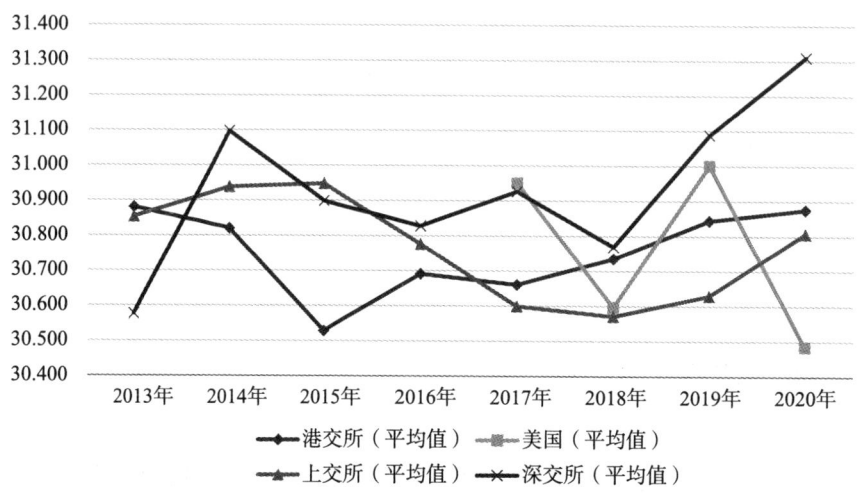

图10-7 器械类中国医药企业各上市地历年研发成果指数平均值

2013～2020年，按上市地划分的器械类中国医药企业研发成果指数中位数详见表10-12和图10-8。总体来看，与均值情况类似，四类上市地样本企业的研发成果指数中位数呈不同变化趋势。此外，各类上市地样本企业研发成果指数中位数的差距有所波动。

具体地，上交所样本企业研发成果指数中位数常年排名靠后。2013年中位数为30.478，2020年中位数为30.456，下降0.022，下降百分比为0.072%，整体呈下降趋势。2014年大幅下降，下降0.291，下降百分比为0.955%。

深交所样本企业中位数除2013年外，其余年份均高于上交所，2013年，深交所样本企业中位数为30.328，2020年中位数为30.782，上升0.454，上升百分比为1.497%。在2017～2020年期间，出现大幅上升，上升0.493，上升百分比为1.628%。

港交所样本企业中位数常年高于上交所，但在2020年，被上交所反超，排在末位。2013年中位数为30.763，2020年中位数为30.400，下降0.363，下降百分比为1.180%。在2017～2019年期间，出现大幅上升，上升0.508，上升百分比为1.676%。

美股样本企业中位数常年排在第一，但在2020年，被深交所和上交所反超，排名靠后。2017年中位数为30.951，2020年中位数为30.429，下降0.522，下降百分比为

1.687%，整体变动趋势较大。

表 10-12　　器械类中国医药企业各上市地历年研发成果指数中位数

上市地	2013年	2014年	2015年	2016年	2017年	2018年	2019年	2020年
港交所（中位数）	30.763	30.300	30.235	30.315	30.313	30.547	30.821	30.400
美国（中位数）	—	—	—	—	30.951	30.597	31.001	30.429
上交所（中位数）	30.478	30.187	30.175	30.225	30.185	30.253	30.238	30.456
深交所（中位数）	30.328	30.464	30.479	30.448	30.289	30.463	30.691	30.782

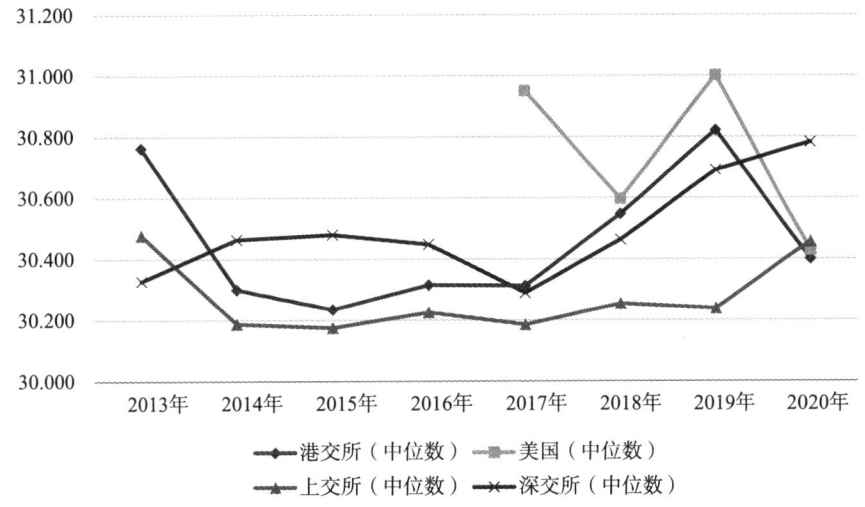

图 10-8　器械类中国医药企业各上市地历年研发成果指数中位数

器械类中国医药企业境内各上市板块历年研发成果指数均值详见表10-13和图10-9。总体来看，2013～2020年，各上市板块样本企业历年研发成果指数均值呈上升趋势，且各类上市板块样本企业研发成果指数均值的差距仍然存在。

具体地，2016年以前，创业板样本企业历年研发成果指数均值均低于主板，但在2016年及以后超过主板，排在首位。2013年平均值为30.400，2020年平均值为31.463，上升1.063，上升百分比为3.497%，整体呈稳步上升趋势。2014年大幅上升，上升0.516，上升百分比为1.697%。

2016年以前，主板样本企业均值高于创业板，但在2016年及以后，被创业板反超。2013年平均值为30.887，2020年平均值为31.022，上升0.135，上升百分比为0.437%，整体上升幅度低于创业板。在2014～2018年期间，出现大幅下降，下降0.757，下降百分比为2.418%。

科创板样本企业均值在2019年和2020年排名靠后。2019年平均值为30.306，2020年平均值为30.556，上升0.250，上升百分比为0.825%，整体呈上升趋势。

表 10-13　器械类中国医药企业境内各上市板块历年研发成果指数平均值

境内上市板块	2013年	2014年	2015年	2016年	2017年	2018年	2019年	2020年
创业板（平均值）	30.400	30.916	30.790	30.875	31.008	30.849	31.189	31.463
科创板（平均值）	—	—	—	—	—	—	30.306	30.556
主板（平均值）	30.887	31.303	31.089	30.738	30.624	30.546	30.849	31.022

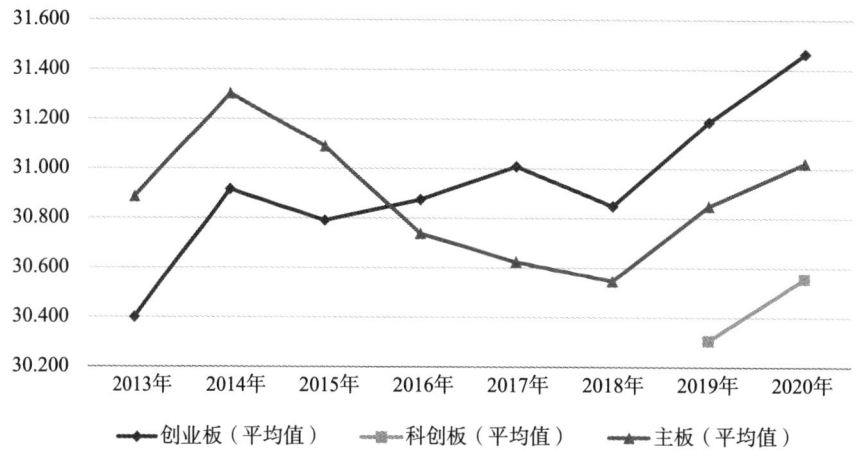

图 10-9　器械类中国医药企业境内各上市板块历年研发成果指数平均值

器械类中国医药企业境内各上市板块历年研发成果指数中位数详见表 10-14 和图 10-10。总体来看，2013~2020 年，除主板外，其他境内上市板块样本企业历年研发成果指数的中位数呈上升趋势。相较于均值，境内各上市板块样本企业研发成果指数中位数的差距则呈放大趋势。

具体地，2013 年以后，创业板样本企业历年中位数均领先于主板。2013 年其中位数为 30.306，2020 年中位数为 30.863，上升 0.557，上升百分比为 1.838%，整体呈稳步上升趋势。在 2016 年，其出现下降，下降 0.108，下降百分比为 0.353%。

主板样本企业中位数常年低于其他板块。2013 年中位数为 30.420，2020 年中位数为 30.386，下降 0.034，下降百分比为 0.112%，整体变动趋势与其他板块相反。2013~2015 年期间，其出现大幅下降，下降 0.242，下降百分比为 0.796%。

表 10-14　器械类中国医药企业境内各上市板块历年研发成果指数中位数

境内上市板块	2013年	2014年	2015年	2016年	2017年	2018年	2019年	2020年
创业板（中位数）	30.306	30.468	30.562	30.454	30.467	30.567	30.706	30.863
科创板（中位数）	—	—	—	—	—	—	30.209	30.491
主板（中位数）	30.420	30.311	30.178	30.260	30.174	30.279	30.270	30.386

科创板样本企业中位数在2019年低于其他板块，但在2020年超过主板。2019年其中位数为30.209，2020年中位数为30.491，上升0.282，上升百分比为0.933%，上升幅度超过当年其他板块中位数的上升幅度。

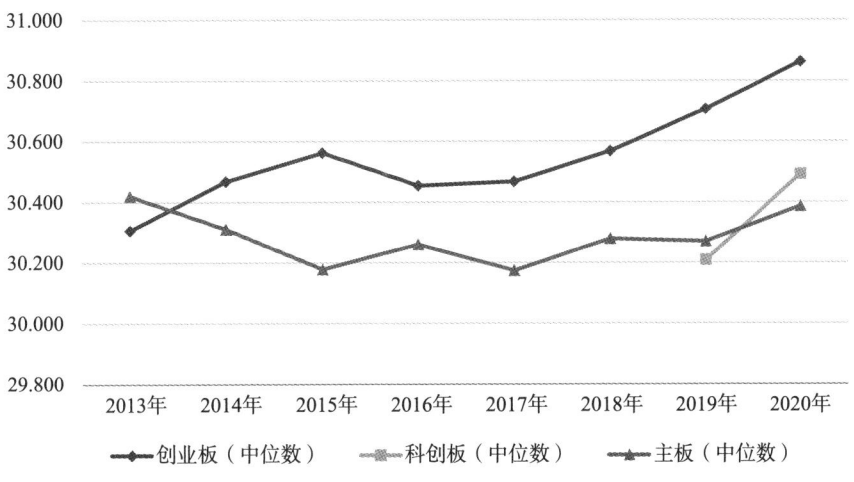

图 10-10　器械类中国医药企业境内各上市板块历年研发成果指数中位数

三、实际运营地

2013~2020年，按实际运营地划分的器械类中国医药企业研发成果指数均值详见表10-15。总体来看，2013~2020年，18个实际运营地研发成果指数均值中有14个省呈上升趋势，增长幅度最大的为吉林省，增长幅度为25.435%。2013~2020年，18个实际运营地研发成果指数均值中有3个省呈缓慢下降趋势，下降幅度最大的为湖北省，下降幅度为5.007%。2013~2020年，18个实际运营地中仅内蒙古自治区一个省研发成果指数均值先上升后下降，但整体变化幅度为0。2013年研发成果指数平均值最大为山东省的31.118，最小为内蒙古自治区和四川省，研发成果指数平均值均为30.000，2020年研发成果指数平均值最大为吉林省的38.388，最小为内蒙古自治区的30.000。

具体地，湖南省2014~2020年研发成果指数均值一直排名前三。湖南省2013年研发成果指数均值为30.320；2014年增长为32.346，排名第一；2017年增长为33.585，排名第二；2020年下降为32.472，排名第三。

吉林省从2014年开始出现上市的样本企业，2014年研发成果指数均值为30.604，排名第五；2020年增长为38.388，排名第一，相较于2013年增长率为25.435%，增长幅度排名第一。

河南省2016年开始出现上市的样本企业，2016年研发成果指数均值为30.650，排名第七；2019年增长为34.736，排名第一；2020年增长为35.120，排名第二，相较于2016年增长14.584%，增长幅度排名第二。

山东省2013年研发成果指数均值为31.118，排名第一，2020年下降为30.779，排名第十，是研发成果指数均值出现下降的3个省份之一。

表10-15 器械类中国医药企业各实际运营地历年研发成果指数平均值

省份	2013年	2014年	2015年	2016年	2017年	2018年	2019年	2020年
安徽省	—	—	—	30.178	30.104	30.222	30.193	30.362
北京市	30.232	30.464	30.531	30.498	30.653	30.489	30.562	30.432
福建省	—	—	—	30.028	31.033	30.928	31.145	
广东省	30.985	31.342	31.187	30.870	30.979	30.823	31.132	31.376
河北省	—	—	—	—	—	—	—	30.776
河南省	—	—	—	30.650	30.873	31.447	34.736	35.120
湖北省	—	—	—	—	—	32.214	31.366	30.601
湖南省	30.320	32.346	31.942	32.288	33.585	32.075	32.891	32.472
吉林省	—	30.604	30.716	31.469	33.651	31.232	33.919	38.388
江苏省	30.530	30.440	31.314	30.881	30.341	30.372	30.568	31.135
江西省	—	—	30.207	30.120	31.340	30.099	31.044	31.375
内蒙古自治区	30.000	30.064	30.000	30.000	30.000	30.214	30.429	30.000
山东省	31.118	31.217	31.520	31.470	30.885	30.744	30.678	30.779
上海市	30.821	31.755	30.671	31.140	30.976	30.968	30.806	30.895
四川省	30.000	30.064	30.025	30.021	30.032	30.644	30.395	30.333
天津市	30.388	30.442	30.174	30.171	30.049	30.153	30.080	30.272
浙江省	30.049	30.464	30.574	30.313	30.463	30.326	31.016	30.909
重庆市	—	—	—	—	30.039	30.068	30.004	30.014

2013~2020年，按实际运营地划分的器械类中国医药企业研发成果指数中位数详见表10-16。总体来看，2013~2020年，18个实际运营地中有12个省研发成果指数中位数呈缓慢上升趋势，增长幅度最大的为吉林省，增长幅度为25.435%。2013~2020年，18个实际运营地中有5个省研发成果指数中位数呈缓慢下降趋势，下降幅度最大的为湖北省，下降幅度为5.007%。2013年研发成果指数中位数最大为山东省的31.009，最小为内蒙古自治区和四川省，研发成果指数中位数均为30.000，2020年研发成果指数中位数最大为吉林省的38.388，最小为内蒙古自治区的30.000。

具体地，吉林省从2014年出现上市样本公司，2014年研发成果指数中位数为30.604，排名第四，2020年增长为38.388，排名第一，相较于2013年增长25.435%，增长幅度排名第一。

山东省 2013 年研发成果指数中位数为 31.009,排名第一,2020 年下降为 30.479,排名第十二,相较于 2014 年下降 1.709%。

湖北省从 2018 年出现上市样本公司,2018 年研发成果指数中位数为 32.214,排名第一,2020 年下降为 30.601,下降 5.007%,下降幅度最大。

表 10 - 16　器械类中国医药企业各实际运营地历年研发成果指数中位数

省份	2013 年	2014 年	2015 年	2016 年	2017 年	2018 年	2019 年	2020 年
安徽省	—	—	—	30.178	30.104	30.222	30.193	30.362
北京市	30.172	30.139	30.210	30.151	30.200	30.307	30.217	30.343
福建省	—	—	—	—	30.028	31.033	30.928	31.145
广东省	30.340	30.360	30.484	30.476	30.429	30.595	30.582	30.988
河北省	—	—	—	—	—	—	—	30.776
河南省	—	—	—	30.650	30.873	31.447	34.736	35.120
湖北省	—	—	—	—	—	32.214	31.366	30.601
湖南省	30.320	32.346	31.942	32.288	33.585	32.075	32.891	31.482
吉林省	—	30.604	30.716	31.469	33.651	31.232	33.919	38.388
江苏省	30.530	30.440	31.314	30.881	30.258	30.364	30.392	30.583
江西省	—	—	30.207	30.120	31.340	30.099	31.044	31.375
内蒙古自治区	30.000	30.064	30.000	30.000	30.000	30.214	30.429	30.000
山东省	31.009	30.724	30.614	30.540	30.233	30.265	30.640	30.479
上海市	30.610	31.332	30.411	30.929	31.041	30.577	30.641	30.489
四川省	30.000	30.064	30.025	30.021	30.032	30.644	30.395	30.333
天津市	30.388	30.442	30.174	30.171	30.049	30.153	30.093	30.184
浙江省	30.049	30.464	30.476	30.258	30.286	30.266	30.786	31.032
重庆市	—	—	—	—	30.039	30.068	30.004	30.014

第三节　研发质量

一、整体情况

如表 10 - 17 和图 10 - 11 所示,我国器械类医药企业研发质量指数呈波动式变化,整体略有提升。2020年,我国器械类医药企业研发质量指数均值为9.520,略高于2013年的9.350;中位数为9.270,略低于2013年的9.320。从最值来看,2013年至2020年,器械类中国医药企业研发质量指数最小值历年均为9.000;最大值在2013年的10.100到2016年的12.500之间。2014年,器械类中国医药企业研发质量领先于其他年份,研发质量指数均值和中位数分别为9.670和9.510,均为所有年份中最高。

表10-17　　器械类中国医药企业历年研发质量指数情况

指标	2013年	2014年	2015年	2016年	2017年	2018年	2019年	2020年
平均值	9.350	9.670	9.430	9.620	9.450	9.570	9.420	9.520
中位数	9.320	9.510	9.280	9.390	9.390	9.390	9.240	9.270
最小值	9.000	9.000	9.000	9.000	9.000	9.000	9.000	9.000
P1	9.000	9.000	9.000	9.000	9.000	9.000	9.000	9.000
P25	9.140	9.100	9.130	9.150	9.120	9.170	9.110	9.090
P75	9.540	9.820	9.800	9.810	9.800	9.810	9.610	9.820
P99	10.100	11.300	10.900	12.500	10.600	10.700	11.500	11.600
最大值	10.100	11.300	10.900	12.500	10.600	10.700	11.500	11.600

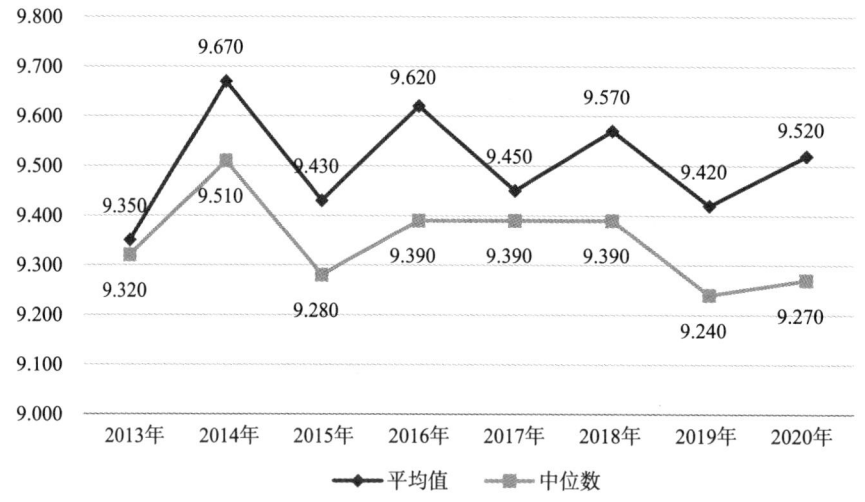

图10-11　器械类中国医药企业历年研发质量指数平均值和中位数

2020年器械类中国医药企业研发质量指数排名前20企业的分布情况详见表10-18。由表10-18可知,排名前20的企业上市地主要分布在上交所、深交所、港交所和美国NASDAQ,进入前20的企业数分别为8家、7家、4家和1家,占比分别为40%、35%、20%和5%。

从境内上市板块来看,排名前20的企业主要集中在创业板,共7家,占比35%;另外,科创板和主板也分别有5家和3家企业进入前20,分别占比25%和15%。

从实际运营地来看,排名前20的企业主要来自广东省和江苏省,分别有5家和3家企业进入前20,占比分别为25%和15%;北京市、湖南省、山东省、上海市和浙江省各有两家企业进入前20,占比均为10%。此外,四川省和重庆市也各有一家企业进入前20。

表10-18 2020年器械类中国医药企业研发质量指数排名前20的企业分布情况

排名	公司简称	研发质量指数	上市地	境内上市板块	实际运营地
1	万泰生物	11.562	上交所	主板	北京市
2	圣湘生物	11.333	上交所	科创板	湖南省
3	威高股份	10.943	港交所		山东省
4	先健科技	10.870	港交所		广东省
5	迈瑞医疗	10.831	深交所	创业板	广东省
6	正川股份	10.605	上交所	主板	重庆市
7	华大基因	10.572	深交所	创业板	广东省
8	迈克生物	10.349	深交所	创业板	四川省
9	乐普医疗	10.320	深交所	创业板	北京市
10	新产业	10.300	深交所	创业板	广东省
11	乐心医疗	10.269	深交所	创业板	广东省
12	祥生医疗	10.253	上交所	科创板	江苏省
13	启明医疗	10.178	港交所		浙江省
14	硕世生物	10.132	上交所	科创板	江苏省
15	微创医疗	10.004	港交所		上海市
16	楚天科技	9.943	深交所	创业板	湖南省
17	安派科生物医学科技	9.916	美国NASDAQ		上海市
18	东方生物	9.889	上交所	科创板	浙江省
19	山东药玻	9.884	上交所	主板	山东省
20	天臣医疗	9.868	上交所	科创板	江苏省

二、上市地与境内上市板块

2013~2020年,按上市地划分的器械类中国医药企业研发质量指数均值详见表10-19和图10-12。总体来看,各上市地样本企业的研发质量指数均值虽有波动但波动幅度较小,且各类上市地样本企业研发质量指数均值的差距依旧存在。

具体地,上交所样本企业研发质量指数均值常年排名靠后,但在2020年超过美股和深交所,排在第二。2013年其平均值为9.340,2020年平均值为9.558,上升

0.218，上升百分比为 2.334%，整体呈上升趋势。2018 年其出现较大幅度上升，上升 0.424，上升百分比为 4.555%。

深交所样本企业研发质量指数均值大多数年份高于上交所，但在 2020 年，被上交所反超，排名靠后。2013 年，深交所样本企业平均值为 9.339，2020 年平均值为 9.462，上升 0.123，上升百分比为 1.317%，整体上升幅度低于上交所。2014 年其出现较大幅度上升，上升 0.340，上升百分比为 3.641%。

港交所样本企业研发质量指数均值常年排名靠前。其 2013 年平均值为 9.401，2020 年平均值为 9.642，上升 0.241，上升百分比为 2.564%，整体上升幅度高于上交所和深交所。2014 年，其上升幅度较大，上升 0.541，上升百分比为 5.755%。

在 2019 年之前，美股样本企业研发质量指数均值均高于上交所和深交所，但在 2019 年出现大幅下降，导致排名靠后。2017 年平均值为 9.475，2020 年平均值为 9.444，下降 0.031，下降百分比为 0.327%，整体呈下降趋势。在 2018 年和 2019 年，出现大幅变动，分别变动了 0.701 和 -0.899，变动百分比分别为 7.398% 和 -8.835%。

表 10 - 19　　器械类中国医药企业各上市地历年研发质量指数平均值

上市地	2013 年	2014 年	2015 年	2016 年	2017 年	2018 年	2019 年	2020 年
港交所（平均值）	9.401	9.942	9.296	9.762	9.579	9.583	9.428	9.642
美国（平均值）	—	—	—	—	9.475	10.176	9.277	9.444
上交所（平均值）	9.340	9.250	9.398	9.482	9.309	9.733	9.345	9.558
深交所（平均值）	9.339	9.679	9.467	9.626	9.466	9.504	9.461	9.462

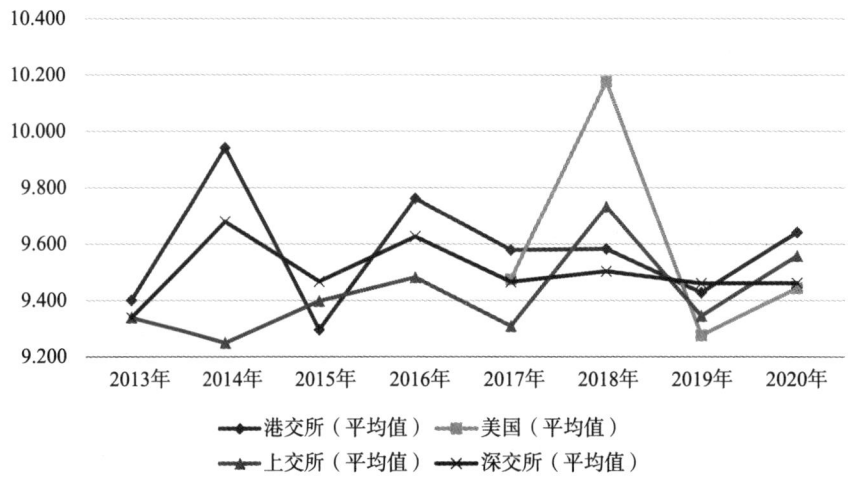

图 10 - 12　器械类中国医药企业各上市地历年研发质量指数平均值

2013~2020年，按上市地划分的器械类中国医药企业研发质量指数中位数详见表10-20和图10-13。总体来看，美股研发质量指数中位数常年领先于其他上市地，但四类上市地样本企业的研发质量指数中位数均呈下降趋势，此外，各类上市地样本企业研发质量指数中位数差距较为波动。

具体地，上交所样本企业研发质量指数中位数历年来波动较大。2013年中位数为9.385，2020年中位数为9.327，下降0.058，下降百分比为0.618%，整体呈略微下降趋势。但其在2015年和2018年，出现大幅上升，分别上升了0.260和0.481，上升百分比分别为2.854%和5.235%。

深交所样本企业研发质量指数中位数与上交所互有高低。2013年，深交所样本企业中位数为9.281，2020年中位数为9.251，下降0.030，下降百分比为0.323%，整体下降幅度低于上交所。但其在2014年，出现大幅上升，上升0.308，上升百分比为3.319%。

表10-20　器械类中国医药企业各上市地历年研发质量指数中位数

上市地	2013年	2014年	2015年	2016年	2017年	2018年	2019年	2020年
港交所（中位数）	9.395	9.751	9.180	9.586	9.473	9.357	9.150	9.116
美国（中位数）	—	—	—	—	9.475	10.176	9.277	9.415
上交所（中位数）	9.385	9.109	9.369	9.488	9.189	9.670	9.165	9.327
深交所（中位数）	9.281	9.589	9.281	9.386	9.402	9.315	9.286	9.251

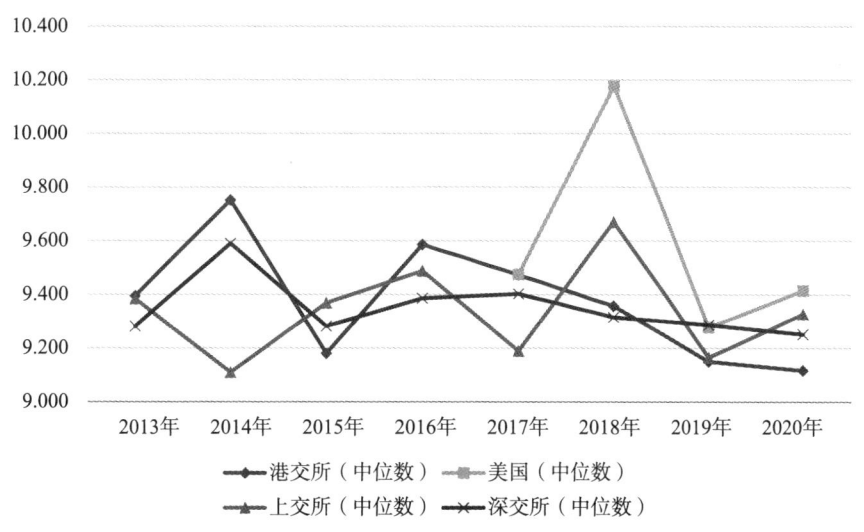

图10-13　器械类中国医药企业各上市地历年研发质量指数中位数

2018年以前，港交所样本企业研发质量指数中位数常年排名靠前，但在2018年及以后，被其他上市地反超，排在末位。2013年其中位数为9.395，2020年中位数为

9.116,下降 0.279,下降百分比为 2.970%,整体下降幅度高于上交所和深交所;2015 年,其下降幅度较大,下降了 0.571,下降百分比为 5.856%。

美股样本企业研发质量指数中位数始终排名靠前。2017 年其中位数为 9.475,2020 年中位数为 9.415,下降 0.060,下降百分比为 0.633%,下降幅度略高于上交所。2019 年出现大幅下降,下降了 0.899,下降百分比为 8.835%。

器械类中国医药企业境内各上市板块历年研发质量指数的平均值详见表 10-21 和图 10-14。总体来看,2013~2020 年,各板块样本企业历年研发质量指数的均值呈上升趋势,且其差距较为波动。

具体地,创业板样本企业研发质量指数历年均值多数年份领先于主板,排名总体靠前。2013 年平均值为 9.412,2020 年平均值为 9.500,上升 0.088,上升百分比为 0.935%,整体呈上升趋势。2014 年和 2016 年,其出现两次大幅上升,分别上升了 0.199 和 0.254,上升百分比分别为 2.114% 和 2.698%。

主板样本企业研发质量指数均值多数年份落后于创业板,排名总体靠后。2013 年平均值为 9.253,2020 年平均值为 9.456,上升 0.203,上升百分比为 2.194%,整体上升幅度高于创业板。2014 年和 2018 年,其出现两次大幅上升,分别上升 0.369 和 0.270,上升百分比分别为 3.988% 和 2.896%。

表 10-21 器械类中国医药企业境内各上市板块历年研发质量指数平均值

境内上市板块	2013 年	2014 年	2015 年	2016 年	2017 年	2018 年	2019 年	2020 年
创业板(平均值)	9.412	9.611	9.416	9.670	9.505	9.529	9.519	9.500
科创板(平均值)	—	—	—	—	—	—	9.234	9.567
主板(平均值)	9.253	9.622	9.515	9.495	9.322	9.592	9.368	9.456

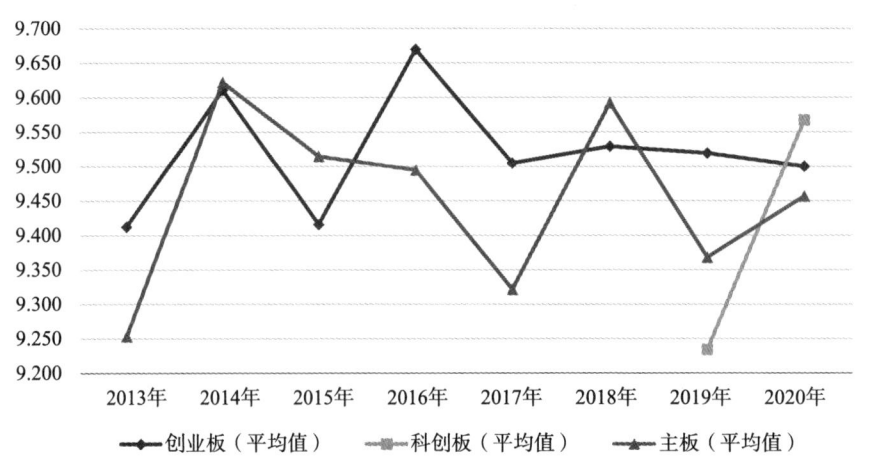

图 10-14 器械类中国医药企业境内各上市板块历年研发质量指数平均值

科创板样本企业研发质量指数均值2019年排在末位,但在2020年大幅上升,超过创业板和主板,排在第一。2019年平均值为9.234,2020年平均值为9.567,上升0.333,上升百分比为3.606%,上升幅度远超当年主板。

器械类中国医药企业境内各上市板块历年研发质量指数的中位数详见表10-22和图10-15。总体来看,2013~2020年,除创业板外,其他板块样本企业历年研发质量指数的中位数呈上升趋势,且与均值情况类似,创业板中位数常年领先于主板。相较于均值,境内各上市板块样本企业研发质量指数中位数的差距仍然存在。

具体地,创业板样本企业研发质量指数中位数总体领先于主板,2013年中位数为9.345,2020年中位数为9.258,下降0.087,下降百分比为0.931%,整体呈下降趋势。2014年和2016年,其出现较大幅度上升,分别上升了0.129和0.195,上升百分比分别为1.380%和2.108%。

表10-22　器械类中国医药企业境内各上市板块历年研发质量指数中位数

境内上市板块	2013年	2014年	2015年	2016年	2017年	2018年	2019年	2020年
创业板(中位数)	9.345	9.474	9.251	9.446	9.408	9.433	9.360	9.258
科创板(中位数)	—	—	—	—	—	—	9.183	9.465
主板(中位数)	9.175	9.433	9.332	9.310	9.158	9.335	9.210	9.250

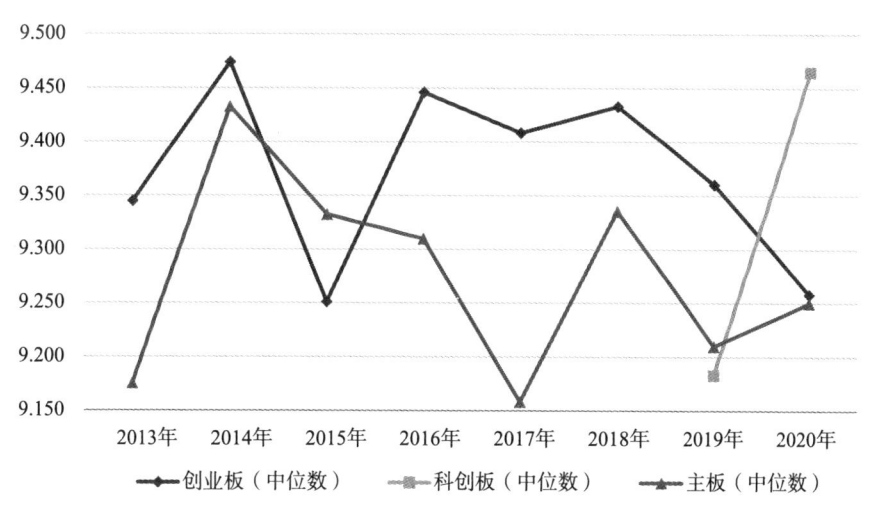

图10-15　器械类中国医药企业境内各上市板块历年研发质量指数中位数

主板样本企业研发质量指数中位数总体低于其他板块,仅在2015年,超过创业板。2013年其中位数为9.175,2020年中位数为9.250,上升0.075,上升百分比为0.817%。2014年和2018年出现较大幅度上升,分别上升了0.258和0.177,上升百分比分别为2.812%和1.933%。

科创板样本企业研发质量指数中位数2019年排在末位,但在2020年出现大幅上升,超过其他板块,排在第一。2019年中位数为9.183,2020年中位数为9.465,上升0.282,上升百分比为3.071%,该上升幅度高于当年主板上升幅度。

三、实际运营地

2013~2020年,按实际运营地划分的器械类中国医药企业研发质量指数均值详见表10-23。总体来看,2013~2020年,18个实际运营地研发质量指数均值中有14个省呈缓慢上升趋势,增长幅度最大的为重庆市,增长幅度为17.650%;增长幅度最小的为江苏省,增长幅度为0.032%;不增反降的省份按降幅从低到高依次为江西省、天津市、内蒙古自治区、吉林省,吉林省降幅高达15.520%,下降幅度最小的为江西省,降幅为0.297%。

2013年研发质量指数均值最大为内蒙古自治区的9.800,最小为四川省的9.000,2020年研发质量指数均值最大为重庆市的10.605,最小为内蒙古自治区的9.000。各省间差异有所增大,2013年平均值最大差异为0.800,2020年平均值最大差异为1.605,增长了100.625%。

具体地,四川省2013~2020年研发质量指数均值排名变化较大,最低在2016年排名十三,最高在2020年排到第三名。四川省2013年研发质量指数均值为9.000,排名末位,2020年为10.097,较2013年增长12.189%,增幅排名第二。安徽省研发质量指数均值在2018年排名跃居第一。2016年安徽省才出现上市样本企业,研发质量指数均值为9.200,排名第十一。2020年增长为9.249,排名第十四。安徽省2020年研发质量指数均值相较于2016年增长0.533%,增长幅度排名第九。

表10-23 器械类中国医药企业各实际运营地历年研发质量指数平均值

省份	2013年	2014年	2015年	2016年	2017年	2018年	2019年	2020年
安徽省	—	—	—	9.200	9.406	9.717	9.210	9.249
北京市	9.442	9.274	9.368	9.590	9.540	9.698	9.276	9.450
福建省	—	—	—	—	9.010	9.583	9.543	9.472
广东省	9.348	10.023	9.307	9.778	9.486	9.637	9.483	9.627
河北省	—	—	—	—	—	—	—	9.084
河南省	—	—	—	9.092	9.189	9.253	9.380	9.298
湖北省	—	—	—	—	—	9.092	9.183	9.133
湖南省	9.345	9.564	9.400	9.386	9.928	9.510	9.472	10.176

续表

省份	2013年	2014年	2015年	2016年	2017年	2018年	2019年	2020年
吉林省	—	11.282	9.763	9.541	9.463	9.539	9.286	9.531
江苏省	9.435	10.732	10.859	10.779	9.332	9.371	9.157	9.438
江西省	—	—	9.089	9.351	9.012	9.021	9.132	9.062
内蒙古自治区	9.800	9.802	9.800	9.000	9.022	9.000	9.044	9.000
山东省	9.288	9.762	9.515	9.928	9.377	9.700	9.354	9.639
上海市	9.315	9.210	9.551	9.615	9.442	9.695	9.409	9.329
四川省	9.000	9.825	9.004	9.052	9.435	9.436	9.463	10.097
天津市	9.379	9.263	9.396	9.293	9.406	9.109	9.176	9.334
浙江省	9.017	9.041	9.465	9.653	9.796	9.539	10.022	9.607
重庆市	—	—	—	—	9.014	9.537	11.401	10.605

2013~2020年，按实际运营地划分的器械类中国医药企业研发质量指数中位数详见表10-24。总体来看，2013~2020年，18个实际运营地中有10个省研发质量指数中位数呈上升趋势，增长幅度最大的为重庆市，达到17.650%；增长幅度最小的为广东省，增长幅度为0.353%；有7个省出现下降趋势，下降幅度最大的为吉林省，下降幅度为15.520%；下降幅度最小的为江西省，下降幅度为0.297%。

2013年研发质量指数中位数最大为内蒙古自治区的9.800，最小为四川省的9.000。2020年研发质量指数中位数最大为重庆市的10.605，最小为内蒙古自治区的9.000。

具体地，安徽省自2016年出现上市样本企业以来，在2018年以9.717位居第二。安徽省2016年研发质量指数中位数为9.200，排名第十一。2020年增长为9.249，排名第十。安徽省2020年研发质量指数中位数相较于2016年增长0.533%，增长幅度排名第八。

北京市的排名情况经历了两次骤降，其一是由2013年排名第二降至次年的第九；其二是由2018年排名第一降至次年的第十四。北京市2013年研发质量指数中位数为9.510，2020年为9.179，降幅排名第三。

表10-24 器械类中国医药企业各实际运营地历年研发质量指数中位数

省份	2013年	2014年	2015年	2016年	2017年	2018年	2019年	2020年
安徽省	—	—	—	9.200	9.406	9.717	9.210	9.249
北京市	9.510	9.098	9.264	9.742	9.518	9.802	9.156	9.179
福建省	—	—	—	—	9.010	9.583	9.543	9.472
广东省	9.348	9.812	9.234	9.286	9.405	9.517	9.343	9.381

续表

省份	2013年	2014年	2015年	2016年	2017年	2018年	2019年	2020年
河北省	—	—	—	—	—	—	—	9.084
河南省	—	—	—	9.092	9.189	9.253	9.380	9.298
湖北省	—	—	—	—	—	9.092	9.183	9.133
湖南省	9.345	9.564	9.400	9.386	9.928	9.510	9.472	9.943
吉林省	—	11.282	9.763	9.541	9.463	9.539	9.286	9.531
江苏省	9.435	10.732	10.859	10.779	9.176	9.271	9.114	9.216
江西省	—	—	9.089	9.351	9.012	9.021	9.132	9.062
内蒙古自治区	9.800	9.802	9.800	9.000	9.022	9.000	9.044	9.000
山东省	9.291	9.523	9.521	9.907	9.364	9.558	9.281	9.536
上海市	9.224	9.042	9.491	9.541	9.301	9.315	9.237	9.192
四川省	9.000	9.825	9.004	9.052	9.435	9.436	9.463	10.097
天津市	9.379	9.263	9.396	9.293	9.406	9.109	9.195	9.246
浙江省	9.017	9.041	9.332	9.810	9.405	9.488	9.826	9.805
重庆市	—	—	—	—	9.014	9.537	11.401	10.605

第四节 研发支持

一、整体情况

如表10-25和图10-16所示，按照我们的研究设计，研发支持指数最低为6.000，表明没有任何国家级重大专项、国家级研发平台和省部级研发平台。数据显示，我国器械类医药企业研发支持指数偏低但整体呈上升态势。2013年至2020年，器械类中国医药企业研发支持指数均值从6.040波动上升至6.090，中位数一直保持在最低水平。研发支持指数P75的分值历年均保持在6.000的最低水平，说明仅有不到1/4的企业拥有国家级重大专项、国家级研发平台和省部级研发平台的研发支持。

表10-25　　　　　器械类中国医药企业历年研发支持指数情况

指标	2013年	2014年	2015年	2016年	2017年	2018年	2019年	2020年
平均值	6.040	6.060	6.050	6.090	6.080	6.080	6.070	6.090

续表

指标	2013年	2014年	2015年	2016年	2017年	2018年	2019年	2020年
中位数	6.000	6.000	6.000	6.000	6.000	6.000	6.000	6.000
最小值	6.000	6.000	6.000	6.000	6.000	6.000	6.000	6.000
P1	6.000	6.000	6.000	6.000	6.000	6.000	6.000	6.000
P25	6.000	6.000	6.000	6.000	6.000	6.000	6.000	6.000
P75	6.000	6.000	6.000	6.000	6.000	6.000	6.000	6.000
P99	6.400	6.400	6.400	7.600	7.600	7.600	7.600	7.600
最大值	6.400	6.400	6.400	7.600	7.600	7.600	7.600	7.600

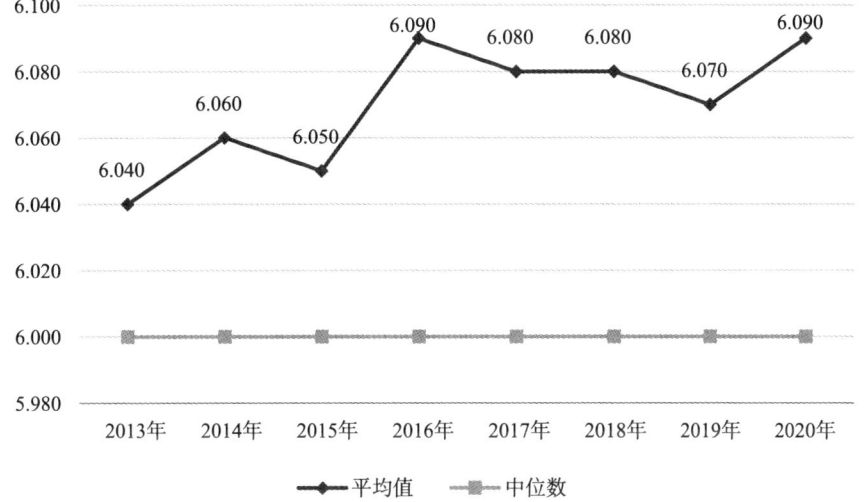

图 10-16 器械类中国医药企业历年研发支持指数平均值和中位数

2020年器械类中国医药企业研发支持指数排名前20的企业分布情况详见表10-26，其中，排名前16的企业研发支持指数均高于6.000，其余企业分值均为6.000，并列第17名。可见，排名前20的企业中，仅考虑分值高于6.000的企业，上市地主要分布在深交所、上交所和美国NASDAQ，分别有12家、3家和1家，占比分别为75.000%、18.750%和6.250%。

从境内上市板块来看，仅考虑分值高于6.000的企业，排名前16的企业主要集中在创业板，共10家，占比62.500%；另外，主板和科创板分别有4家和1家，分别占比25.000%和6.250%。

从实际运营地来看，仅考虑分值高于6.000的企业，排名前16的企业主要来自北京市，共6家，占比37.500%；其次是湖南省，共两家，占比12.500%；此外，安徽省、福建省、广东省、河北省、吉林省、山东省、上海市和浙江省各有一家企业进入前16。

表 10-26　2020 年器械类中国医药企业研发支持指数排名前 20 的企业分布情况

排名	公司简称	研发支持指数	上市地	境内上市板块	实际运营地
1	美康生物	7.600	深交所	创业板	浙江省
2	迪瑞医疗	6.800	深交所	创业板	吉林省
3	正海生物	6.800	深交所	创业板	山东省
4	万泰生物	6.400	上交所	主板	北京市
5	圣湘生物	6.400	上交所	科创板	湖南省
6	乐普医疗	6.400	深交所	创业板	北京市
7	楚天科技	6.400	深交所	创业板	湖南省
8	利德曼	6.400	深交所	创业板	北京市
9	艾德生物	6.400	深交所	创业板	福建省
10	黄山胶囊	6.400	深交所	主板	安徽省
11	博晖创新	6.400	深交所	创业板	北京市
12	科华生物	6.400	深交所	主板	上海市
13	康泰医学	6.400	深交所	创业板	河北省
14	冠昊生物	6.400	深交所	创业板	广东省
15	万东医疗	6.400	上交所	主板	北京市
16	泛生子	6.400	美国 NASDAQ		北京市
17	威高股份	6.000	港交所		山东省
17	先健科技	6.000	港交所		广东省
17	迈瑞医疗	6.000	深交所	创业板	广东省
17	正川股份	6.000	上交所	主板	重庆市

二、上市地与境内上市板块

2013~2020 年，按上市地划分的器械类中国医药企业研发支持指数均值详见表 10-27 和图 10-17。总体来看，除港交所外，其余上市地样本企业的研发支持指数均值均出现波动，且各类上市地样本企业研发支持指数均值的差距依旧较大。

具体地，2016 年以前，上交所样本企业研发支持指数均值常年排名靠前，但在 2016 年被深交所反超，排在第二，此后，又在 2020 年被美股反超。2013 年平均值为 6.100，2020 年平均值为 6.035，下降 0.065，下降百分比为 1.066%，整体呈稳步下降趋势。2014~2019 年期间，出现逐年下降趋势，共下降 0.082，下降百分比为 1.344%。

2016 年以前，深交所样本企业研发支持指数均值常年低于上交所，但在 2016 年超过上交所，并在此后一直保持第一。2013 年，深交所样本企业平均值为 6.040，

2020年平均值为6.151,上升0.111,上升百分比为1.838%,整体呈上升趋势。深交所与上交所均值差距有所波动,2013年上交所均值高于深交所0.060,但在2020年,深交所均值反超上交所0.116,差距变动了0.176。

港交所样本企业研发支持指数均值常年排名末位,长期处于最低水平。2013年平均值为6.000,2020年平均值为6.000,各年保持稳定,说明港交所样本企业从未获得过国家级重大专项、国家级研发平台和省部级研发平台的支持。

2020年之前,美股样本企业研发支持指数均值均低于上交所和深交所,与港交所并列处于最低水平,但在2020年出现大幅上升,超过上交所,排在第二。2017年平均值为6.000,2020年平均值为6.133,上升0.133,上升百分比为2.217%,该上升幅度高于当年上交所和深交所的上升幅度。

表10-27　　器械类中国医药企业各上市地历年研发支持指数平均值

上市地	2013年	2014年	2015年	2016年	2017年	2018年	2019年	2020年
港交所（平均值）	6.000	6.000	6.000	6.000	6.000	6.000	6.000	6.000
美国（平均值）	—	—	—	—	6.000	6.000	6.000	6.133
上交所（平均值）	6.100	6.100	6.067	6.050	6.036	6.033	6.018	6.035
深交所（平均值）	6.040	6.070	6.059	6.120	6.113	6.105	6.112	6.151

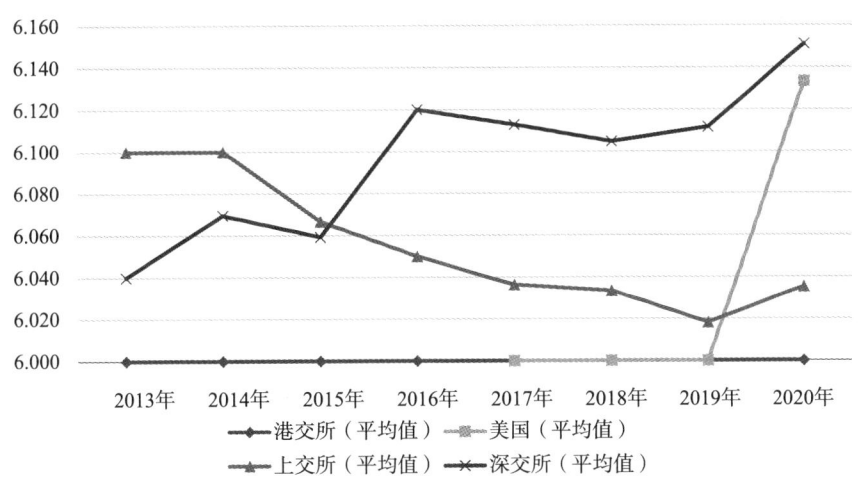

图10-17　器械类中国医药企业各上市地历年研发支持指数平均值

2013~2020年,按上市地划分的器械类中国医药企业研发支持指数中位数详见表10-28和图10-18。总体来看,各上市地样本企业的研发支持指数中位数均保持稳定,长期均处于最低水平,这说明各上市地绝大部分样本企业从未获得过国家级重大专项、国家级研发平台和省部级研发平台的支持。

表 10-28　　器械类中国医药企业各上市地历年研发支持指数中位数

上市地	2013年	2014年	2015年	2016年	2017年	2018年	2019年	2020年
港交所（中位数）	6.000	6.000	6.000	6.000	6.000	6.000	6.000	6.000
美国（中位数）	—	—	—	—	6.000	6.000	6.000	6.000
上交所（中位数）	6.000	6.000	6.000	6.000	6.000	6.000	6.000	6.000
深交所（中位数）	6.000	6.000	6.000	6.000	6.000	6.000	6.000	6.000

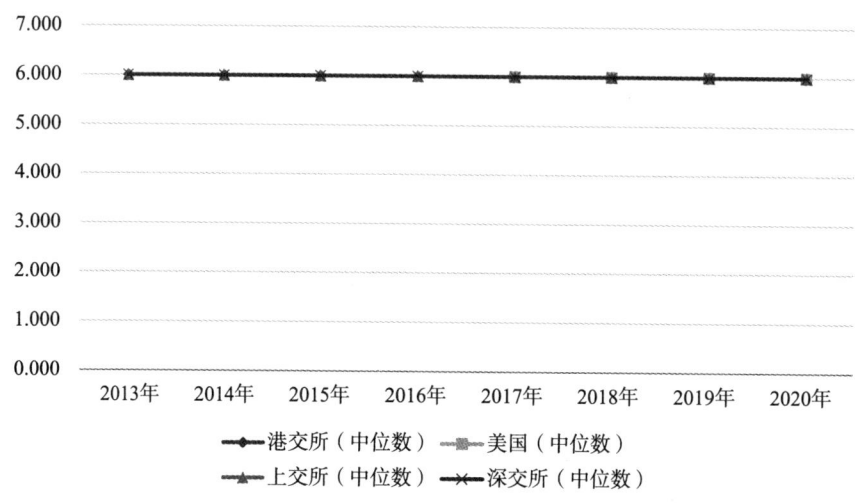

图 10-18　器械类中国医药企业各上市地历年研发支持指数中位数

器械类中国医药企业境内各上市板块历年研发支持指数的平均值详见表 10-29 和图 10-19。总体来看，2013~2020 年，各板块样本企业历年研发支持指数的均值呈上升趋势，创业板样本企业历年研发支持指数均值均领先主板和科创板，且各类上市板块样本企业研发支持指数均值差距呈放大趋势。

具体地，创业板样本企业研发支持指数历年均值均领先于主板，2013 年平均值为 6.062，2020 年平均值为 6.176，上升 0.114，上升百分比为 1.881%，整体呈上升趋势。2016 年出现较大幅度上升，上升了 0.065，上升百分比为 1.069%。

主板样本企业研发支持指数均值常年落后于创业板，2013 年平均值为 6.036，2020 年平均值为 6.064，上升 0.028，上升百分比为 0.462%，整体上升幅度低于创业板。2013~2020 年，主板与创业板之间样本企业研发支持指数均值差距有所放大，从 2013 年的 0.026，到 2020 年的 0.112，差距进一步放大了 0.086，差距放大百分比为 330.769%。

科创板样本企业研发支持指数均值在 2019 年和 2020 年排在末位。2019 年平均值为 6.000，2020 年平均值为 6.020，上升 0.020，上升百分比为 0.333%，上升趋势与当年其他板块均值的上升趋势类似。

表 10-29　器械类中国医药企业境内各上市板块历年研发支持指数平均值

境内上市板块	2013 年	2014 年	2015 年	2016 年	2017 年	2018 年	2019 年	2020 年
创业板（平均值）	6.062	6.100	6.080	6.145	6.133	6.125	6.138	6.176
科创板（平均值）	—	—	—	—	—	—	6.000	6.020
主板（平均值）	6.036	6.036	6.031	6.050	6.040	6.036	6.035	6.064

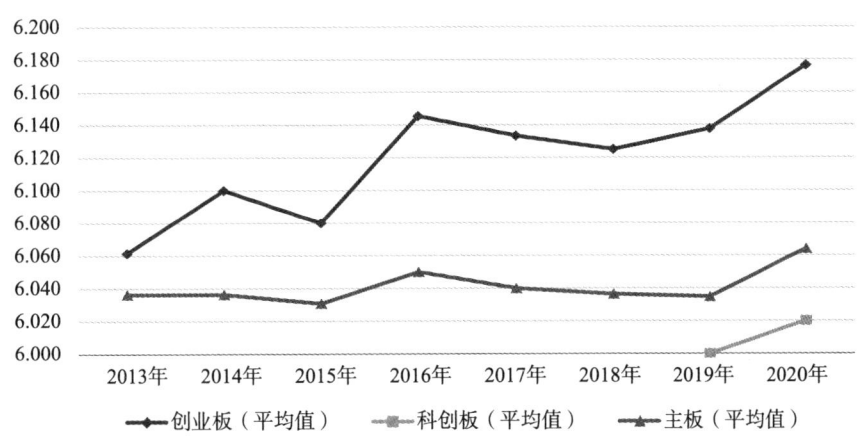

图 10-19　器械类中国医药企业境内各上市板块历年研发支持指数平均值

2013~2020 年，按境内上市板块划分的器械类中国医药企业研发支持指数中位数详表 10-30 和见图 10-20。总体来看，境内各上市板块样本企业的研发支持指数中位数均保持稳定，长期均处于最低，这说明绝大部分境内各上市板块样本企业从未获得过国家级重大专项、国家级研发平台和省部级研发平台的支持。

表 10-30　器械类中国医药企业境内各上市板块历年研发支持指数中位数

境内上市板块	2013 年	2014 年	2015 年	2016 年	2017 年	2018 年	2019 年	2020 年
创业板（中位数）	6.000	6.000	6.000	6.000	6.000	6.000	6.000	6.000
科创板（中位数）	—	—	—	—	—	—	6.000	6.000
主板（中位数）	6.000	6.000	6.000	6.000	6.000	6.000	6.000	6.000

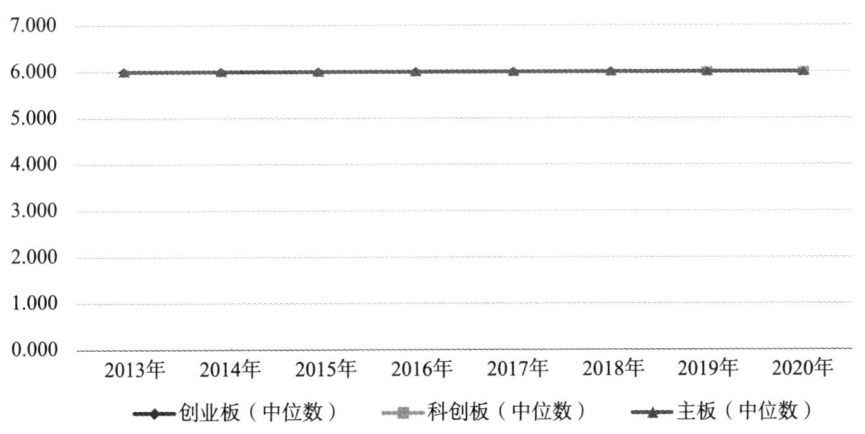

图 10-20　器械类中国医药企业境内各上市板块历年研发支持指数中位数

三、实际运营地

2013~2020年,按实际运营地划分的器械类中国医药企业研发支持指数均值详见表10-31。总体来看,2013~2020年,18个实际运营地研发支持指数均值波动较为平缓,最低值均为6.000,2013年仅有北京市研发支持指数均值为6.240,其余均为6.000,2020年有10个省研发支持指数均值大于最低值。

具体来看,湖南省研发支持指数平均值稳定在6.200左右,而北京市则总体呈逐年下降趋势。

表10-31 器械类中国医药企业各实际运营地历年研发支持指数平均值

省份	2013年	2014年	2015年	2016年	2017年	2018年	2019年	2020年
安徽省	—	—	—	6.400	6.200	6.200	6.200	6.200
北京市	6.240	6.229	6.200	6.200	6.178	6.178	6.145	6.150
福建省	—	—	—	—	6.000	6.000	6.000	6.200
广东省	6.000	6.000	6.000	6.000	6.000	6.000	6.000	6.021
河北省	—	—	—	—	—	—	—	6.400
河南省	—	—	—	6.000	6.000	6.000	6.000	6.000
湖北省	—	—	—	—	—	6.000	6.000	6.000
湖南省	6.000	6.200	6.200	6.200	6.200	6.200	6.200	6.267
吉林省	—	6.000	6.000	6.000	6.000	6.000	6.400	6.800
江苏省	6.000	6.000	6.000	6.000	6.000	6.000	6.000	6.000
江西省	—	—	6.000	6.000	6.000	6.000	6.000	6.000
内蒙古自治区	6.000	6.000	6.000	6.000	6.000	6.000	6.000	6.000
山东省	6.000	6.000	6.000	6.000	6.133	6.133	6.114	6.114
上海市	6.000	6.000	6.000	6.000	6.000	6.000	6.000	6.031
四川省	6.000	6.000	6.000	6.000	6.000	6.000	6.000	6.000
天津市	6.000	6.000	6.000	6.000	6.000	6.000	6.000	6.000
浙江省	6.000	6.000	6.000	6.533	6.533	6.400	6.320	6.229
重庆市	—	—	—	—	6.000	6.000	6.000	6.000

2013~2020年,按实际运营地划分的器械类中国医药企业研发支持指数中位数详见表10-32。总体来看,2013~2020年,18个实际运营地中只有安徽省、北京市、福建省、湖南省、河北省、吉林省6个省研发支持指数中位数不全为6.000,其他省历年研发支持指数中位数均为6.000。

具体地,安徽省 2013~2020 年研发支持指数中位数从 6.400 降低为 6.200。

北京市 2013~2020 年研发支持指数中位数从 6.400 下降为 6.200,再下降为 6.000。

福建省 2013~2020 年研发支持指数中位数从 6.000 增长为 6.200。

湖南省 2013~2020 年研发支持指数中位数从 6.000 增长为 6.200,再增长为 6.400。

河北省 2020 年才出现上市样本企业,研发支持指数中位数为 6.400。

吉林省 2013~2020 年研发支持指数中位数从 6.000 增长到 6.400,再增长为 6.800。

表 10-32　器械类中国医药企业各实际运营地历年研发支持指数中位数

省份	2013 年	2014 年	2015 年	2016 年	2017 年	2018 年	2019 年	2020 年
安徽省	—	—	—	6.400	6.200	6.200	6.200	6.200
北京市	6.400	6.400	6.200	6.200	6.000	6	6.000	6.000
福建省	—	—	—	—	6.000	6.000	6.000	6.200
广东省	6.000	6.000	6.000	6.000	6.000	6.000	6.000	6.000
河北省	—	—	—	—	—	—	—	6.400
河南省	—	—	—	6.000	6.000	6.000	6.000	6.000
湖北省	—	—	—	—	—	6.000	6.000	6.000
湖南省	6.000	6.200	6.200	6.200	6.200	6.200	6.200	6.400
吉林省	—	6.000	6.000	6.000	6.000	6.000	6.400	6.800
江苏省	6.000	6.000	6.000	6.000	6.000	6.000	6.000	6.000
江西省	—	—	6.000	6.000	6.000	6.000	6.000	6.000
内蒙古自治区	6.000	6.000	6.000	6.000	6.000	6.000	6.000	6.000
山东省	6.000	6.000	6.000	6.000	6.000	6.000	6.000	6.000
上海市	6.000	6.000	6.000	6.000	6.000	6.000	6.000	6.000
四川省	6.000	6.000	6.000	6.000	6.000	6.000	6.000	6.000
天津市	6.000	6.000	6.000	6.000	6.000	6.000	6.000	6.000
浙江省	6.000	6.000	6.000	6.000	6.000	6.000	6.000	6.000
重庆市	—	—	—	—	6.000	6.000	6.000	6.000

第十一章 器械类中国医药企业研发指数末级指标分析

第一节 研发投入

一、研发投入总额

如表 11-1 和图 11-1 所示，2013~2020 年，我国器械类医药企业研发投入总额的平均值和中位数均逐年上升且近几年增长态势良好。其中，2018 年我国器械类医药企业平均研发投入总额增长飞速，增速达 54.294%。2020 年，我国器械类医药企业研发投入总额平均值和中位数分别为 13920.220 万元和 8216.790 万元，相比于之前年份，整体上升幅度较大。

表 11-1　　器械类中国医药企业历年研发投入总额情况　　单位：万元

指标	2013 年	2014 年	2015 年	2016 年	2017 年	2018 年	2019 年	2020 年
平均值	5210.646	6345.974	6540.390	7038.070	7461.165	11512.140	12517.330	13920.220
中位数	3180.014	3357.304	4215.036	5190.144	5041.903	6722.952	6919.670	8216.790
最小值	188.438	242.162	365.737	849.707	967.910	1173.088	243.320	304.616
P1	188.438	242.162	365.737	849.707	967.910	1173.088	243.320	304.616
P25	2090.623	2334.515	2491.414	3009.188	3154.875	3654.950	3780.959	4153.374
P75	7356.072	6927.582	5972.626	8237.090	9879.928	11411.190	12531.150	13659.590
P99	20892.100	33247.890	38456.690	34325.590	35359.670	129769.200	146479.100	181550.300
最大值	20892.100	33247.890	38456.690	34325.590	35359.670	129769.200	146479.100	181550.300

2013~2020年，器械类中国医药企业研发投入总额的中位数均低于平均值，且该差距有扩大的趋势，不同企业间研发投入总额差距进一步拉大。从最值来看，器械类中国医药企业研发投入总额最大值从2013年的2.089亿元快速增长至2020年的18.155亿元，约为2013年的9倍。迈瑞医疗自2018年上市以来，研发投入总额均排名第一，2018年至2020年，迈瑞医疗的研发投入总额分别为129769.200万元、146479.100万元和181550.300万元。

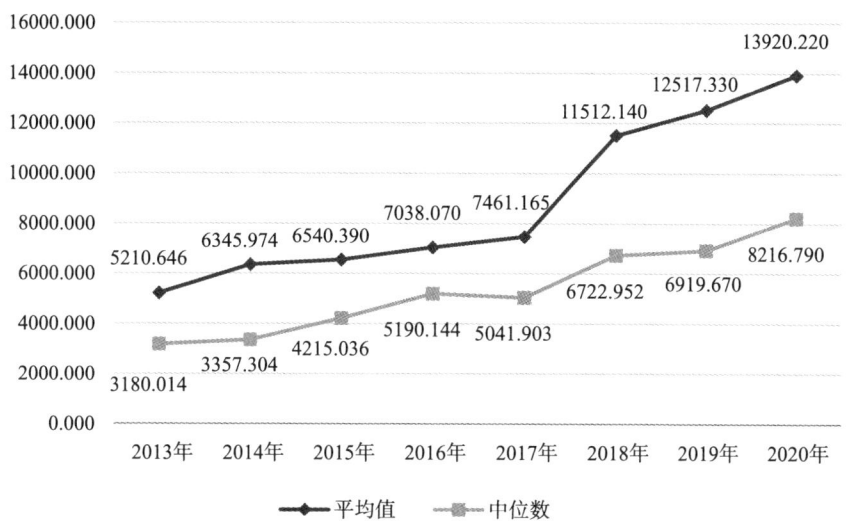

图11-1 器械类中国医药企业历年研发投入总额平均值和中位数（单位：万元）

2020年器械类中国医药企业研发投入总额排名前20的企业分布情况详见表11-2。由表11-2可知，排名前20的企业上市地主要分布在深交所、上交所和港交所，其企业数分别为14家、4家和3家，占比分别为70%、20%和15%。其中，英科医疗同时在深交所和港交所上市。

从境内上市板块来看，排名前20的企业主要集中在创业板，共10家，占比50%；其次为主板，共8家企业进入前20，占比40%。

从实际运营地来看，排名前20的企业主要来自广东省和山东省，分别有6家和4家，占比分别为30%和20%；北京市、湖南省和上海市各有两家企业进入前20，占比均为10%；此外，河南省、江苏省、四川省和浙江省各有一家企业进入前20。

表11-2　2020年器械类中国医药企业研发投入总额排名前20的企业分布情况

排名	公司简称	研发投入总额（万元）	上市地	境内上市板块	实际运营地
1	迈瑞医疗	181550.310	深交所	创业板	广东省
2	微创医疗	108556.211	港交所		上海市

续表

排名	公司简称	研发投入总额（万元）	上市地	境内上市板块	实际运营地
3	乐普医疗	69790.566	深交所	创业板	北京市
4	华大基因	55141.670	深交所	创业板	广东省
5	威高股份	35642.781	港交所		山东省
6	鱼跃医疗	34786.182	深交所	主板	江苏省
7	蓝帆医疗	30036.096	深交所	主板	山东省
8	安图生物	30008.480	上交所	主板	河南省
9	万孚生物	27669.318	深交所	创业板	广东省
10	万泰生物	27232.774	上交所	主板	北京市
11	英科医疗	25410.736	深交所/港交所	创业板	山东省
12	楚天科技	24930.397	深交所	创业板	湖南省
13	振德医疗	22500.715	上交所	主板	浙江省
14	开立医疗	20569.285	深交所	创业板	广东省
15	达安基因	20551.984	深交所	主板	广东省
16	迈克生物	20360.573	深交所	创业板	四川省
17	理邦仪器	18890.824	深交所	创业板	广东省
18	新华医疗	17113.678	上交所	主板	山东省
19	三诺生物	15810.358	深交所	创业板	湖南省
20	科华生物	15012.288	深交所	主板	上海市

二、研发投入占销售收入比例

如表11-3和图11-2所示，我国器械类医药企业研发投入占销售收入比例较高且整体呈上升趋势。2013年至2020年，器械类中国医药企业研发投入占销售收入比例的平均值和中位数均呈先缓慢降低后快速提升的趋势，2016年为最低点。具体来看，平均值从2013年的7.810%缓慢下降至2016年的7.250%，后提升至2020年的13.500%；中位数从2013年的6.970%下降至2016年的5.980%，后提升至2020年的7.980%。同时，与非器械类中国医药企业不同，研发投入占销售收入比例高于100%的器械类中国医药企业，仅有2020年上市的沛嘉医疗1家，其为267.000%。

表11-3　　器械类中国医药企业历年研发投入占销售收入比例情况

指标	2013年	2014年	2015年	2016年	2017年	2018年	2019年	2020年
平均值	7.810%	7.770%	7.350%	7.250%	7.540%	8.290%	10.300%	13.500%
中位数	6.970%	6.110%	6.040%	5.980%	6.560%	7.290%	8.090%	7.980%

续表

指标	2013年	2014年	2015年	2016年	2017年	2018年	2019年	2020年
最小值	0.122%	0.146%	0.220%	1.730%	1.710%	1.210%	0.117%	0.145%
P1	0.122%	0.146%	0.220%	1.730%	1.710%	1.210%	0.117%	0.145%
P25	4.640%	4.450%	4.700%	4.520%	4.200%	4.530%	4.910%	4.630%
P75	8.490%	9.630%	9.450%	8.220%	9.380%	10.400%	12.000%	11.600%
P99	25.600%	27.600%	26.500%	22.600%	21.000%	24.400%	86.000%	267.000%
最大值	25.600%	27.600%	26.500%	22.600%	21.000%	24.400%	86.000%	267.000%

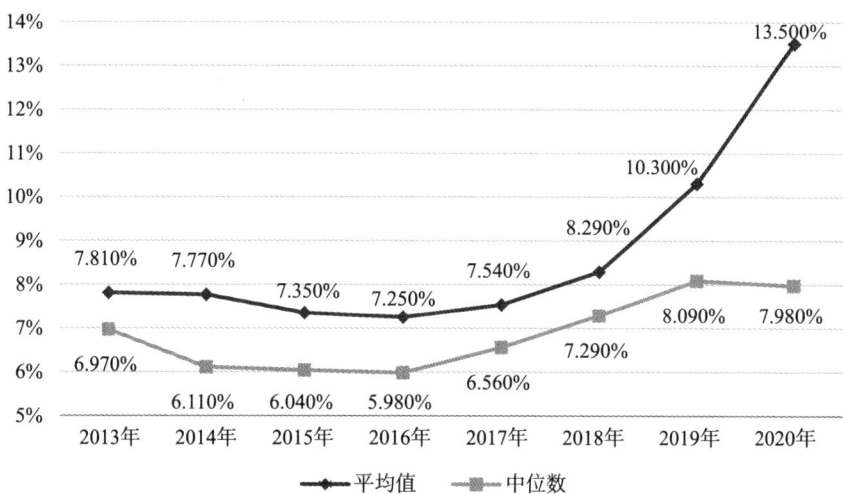

图 11-2　器械类中国医药企业历年研发投入占销售收入比例平均值和中位数

2020年器械类中国医药企业研发投入占销售收入比例排名前20的企业分布情况详见表11-4。由表11-4可知，排名前20的企业上市地主要分布在上交所、港交所、深交所和美国NASDAQ，企业数分别为8家、6家、4家和2家，占比分别为40%、30%、20%和10%。

表 11-4　2020年器械类中国医药企业研发投入占销售收入比例排名前20的企业分布情况

排名	公司简称	研发投入占销售收入比例	上市地	境内上市板块	实际运营地
1	沛嘉医疗	267.404%	港交所		江苏省
2	启明医疗	60.588%	港交所		浙江省
3	安派科生物医学科技	56.444%	美国NASDAQ		上海市
4	天智航	54.531%	上交所	科创板	北京市
5	赛诺医疗	48.621%	上交所	科创板	天津市
6	泛生子	35.101%	美国NASDAQ		北京市
7	微创医疗	29.693%	港交所		上海市

续表

排名	公司简称	研发投入占销售收入比例	上市地	境内上市板块	实际运营地
8	先健科技	26.043%	港交所		广东省
9	开立医疗	20.413%	深交所	创业板	广东省
10	普门科技	18.658%	上交所	科创板	广东省
11	普华和顺	18.503%	港交所		北京市
12	康德莱医械	18.021%	港交所		上海市
13	心脉医疗	17.718%	上交所	科创板	上海市
14	祥生医疗	16.703%	上交所	科创板	江苏省
15	佰仁医疗	15.815%	上交所	科创板	北京市
16	艾德生物	15.803%	深交所	创业板	福建省
17	爱博医疗	14.620%	上交所	科创板	北京市
18	万泰生物	13.352%	上交所	主板	北京市
19	福瑞股份	12.590%	深交所	创业板	内蒙古自治区
20	透景生命	12.555%	深交所	创业板	上海市

从境内上市板块来看，排名前20的企业主要集中在科创板，共7家，占比35%；其次为创业板，共4家，占比20%；此外，主板也有1家企业进入前20，占比5%。

从实际运营地来看，排名前20的企业主要来自北京市和上海市，分别有6家和5家企业进入前20，分别占比30%和25%；广东省和江苏省分别有3家和两家企业进入前20，分别占比15%和10%；此外，福建省、内蒙古自治区、天津市和浙江省也各有一家企业进入前20。

三、人均研发投入

如表11-5和图11-3所示，2013年至2020年，我国器械类医药企业人均研发投入的平均值和中位数均有明显上升。2020年我国器械类医药企业人均研发投入的平均值为7.571万元，为2013年人均研发投入平均值4.425万元的1.711倍，2020年我国器械类医药企业人均研发投入的中位数为6.123万元，为2013年人均研发投入中位数3.380万元的1.812倍。

2013~2020年，我国器械类医药企业人均研发投入中位数均低于平均值，头部企业效应较为明显。从最值来看，2013~2020年，器械类中国医药企业人均研发投入历年最小值区间为0.042万元到0.926万元，最大值区间为2014年的12.079万元到2019年的40.564万元。

表 11-5　　　　　器械类中国医药企业历年人均研发投入情况　　　　　单位：万元/人

指标	2013年	2014年	2015年	2016年	2017年	2018年	2019年	2020年
平均值	4.425	4.659	4.351	4.452	4.761	5.610	6.830	7.571
中位数	3.380	3.556	3.708	3.775	4.223	4.925	5.429	6.123
最小值	0.042	0.052	0.075	0.800	0.926	0.679	0.421	0.413
P1	0.042	0.052	0.075	0.800	0.926	0.679	0.421	0.413
P25	2.127	2.323	2.222	2.069	2.453	2.701	3.208	4.220
P75	5.983	5.893	6.220	5.281	6.083	7.177	8.380	8.942
P99	14.219	12.079	13.143	13.784	12.379	15.284	40.564	30.987
最大值	14.219	12.079	13.143	13.784	12.379	15.284	40.564	30.987

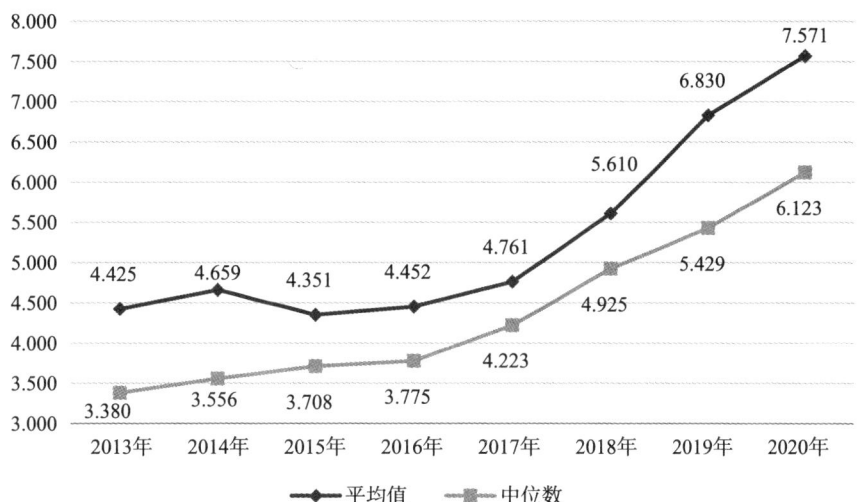

图11-3　器械类中国医药企业历年人均研发投入平均值和中位数（单位：万元/人）

2020年器械类中国医药企业人均研发投入排名前20的企业分布情况详见表11-6。由表11-6可知，排名前20的企业上市地主要分布在上交所和深交所，各有7家企业进入前20，占比均为35%。此外，港交所和美国NASDAQ也分别有4家和两家企业进入前20，占比分别为20%和10%。

从境内上市板块来看，排名前20的企业主要集中在创业板和科创板，各有6家企业进入前20，均占30%；此外，主板也有两家企业进入前20，占比10%。

从实际运营地来看，排名前20的企业主要来自广东省、上海市和北京市，分别有6家、4家和4家企业进入前20，占比分别为30%、20%和20%；江苏省有两家企业进入前20，占比10%；此外，福建省、内蒙古自治区、天津市和浙江省各有一家企业进入前20。

表 11-6　2020 年器械类中国医药企业人均研发投入排名前 20 的企业分布情况

排名	公司简称	人均研发投入（万元/人）	上市地	境内上市板块	实际运营地
1	沛嘉医疗	30.987	港交所		江苏省
2	启明医疗	28.191	港交所		浙江省
3	赛诺医疗	26.171	上交所	科创板	天津市
4	天智航	22.141	上交所	科创板	北京市
5	先健科技	18.275	港交所		广东省
6	福瑞股份	17.339	深交所	创业板	内蒙古自治区
7	泛生子	16.156	美国 NASDAQ		北京市
8	奕瑞科技	15.392	上交所	科创板	上海市
9	微创医疗	15.359	港交所		上海市
10	迈瑞医疗	15.343	深交所	创业板	广东省
11	华大基因	14.595	深交所	创业板	广东省
12	心脉医疗	14.379	上交所	科创板	上海市
13	达安基因	13.065	深交所	主板	广东省
14	艾德生物	11.872	深交所	创业板	福建省
15	安派科生物医学科技	11.662	美国 NASDAQ		上海市
16	万泰生物	11.457	上交所	主板	北京市
17	硕世生物	10.877	上交所	科创板	江苏省
18	佰仁医疗	9.93	上交所	科创板	北京市
19	开立医疗	9.671	深交所	创业板	广东省
20	万孚生物	9.456	深交所	创业板	广东省

第二节　研发成果

一、一类医疗器械注册证数目

我国对医疗器械按照风险程度实行分类管理。第一类是风险程度低，实行常规管理可以保证其安全、有效的医疗器械。第二类是具有中度风险，需要严格控制管理以保证其安全、有效的医疗器械。第三类是具有较高风险，需要采取特别措施严格控制管理以保证其安全、有效的医疗器械。1996 年开始，我国对医疗器械上市实行注册管理；2014 年版的《医疗器械监督管理条例》（国务院令第 650 号）自 2014 年 6 月 1 日开始施行，将第一类医疗器械上市许可由原来的注册审批制改为备案制，第二类、第三类医疗器械仍实行产品注册管理。综合考虑本书的样本期间和实际情况等因素，我们最终决定保留一类医疗器械注册证数目这一指标,但对其赋予非常小的权重。如表 11-7所示,我国器械类医药企业一类医疗器械注册证数量极少。2013年至2020年,我国仅利德曼和科华生物申请了一类医疗器械注册证,其中,利德曼2014年至2017年分别获得了1项、6项、7项和6项一类医疗器械注册证,科华生物2014年获得了1项一类医疗器械注册证。

表11-7 器械类中国医药企业历年一类医疗器械注册证数目情况

指标	2013年	2014年	2015年	2016年	2017年	2018年	2019年	2020年
平均值	0.000	0.063	0.154	0.159	0.105	0.000	0.000	0.000
中位数	0	0	0	0	0	0	0	0
最小值	0	0	0	0	0	0	0	0
P1	0	0	0	0	0	0	0	0
P25	0	0	0	0	0	0	0	0
P75	0	0	0	0	0	0	0	0
P99	0	1	6	7	6	0	0	0
最大值	0	1	6	7	6	0	0	0

二、二类医疗器械注册证数目

如表11-8、表11-9所示,我国器械类医药企业二类医疗器械注册证数目整体实现了较大提升,平均值从2013年的0.393提高至2020年的3.590,增长超过8倍,这主要源于头部企业获得二类医疗器械注册证数量的大幅增加,最大值由2018年的19项增加至2019年的54项,再到2020年增加至66项,直接拉高了行业平均水平。同时,尽管历年中位数均为零,但自2018年起,二类医疗器械注册证数目P75的值开始大于零,说明拥有二类医疗器械注册证的企业占比已从占比不到1/4增长到占比超过1/4。从二类医疗器械注册证数目的具体分布来看,拥有二类医疗器械注册证的企业主要集中在5项及以下,除2013年和2017年外,有个别企业二类医疗器械注册证数目大于10项。

表11-8 器械类中国医药企业历年二类医疗器械注册证数目情况

指标	2013年	2014年	2015年	2016年	2017年	2018年	2019年	2020年
平均值	0.393	0.969	0.462	1.410	0.807	1.390	3.440	3.590

续表

指标	2013年	2014年	2015年	2016年	2017年	2018年	2019年	2020年
中位数	0	0	0	0	0	0	0	0
最小值	0	0	0	0	0	0	0	0
P1	0	0	0	0	0	0	0	0
P25	0	0	0	0	0	0	0	0
P75	0	0	0	0	0	1	1	1.5
P99	8	25	14	24	9	19	54	66
最大值	8	25	14	24	9	19	54	66

表11-9　器械类中国医药企业历年二类医疗器械注册证数目区间的企业数分布

二类医疗器械注册证数目	2013年	2014年	2015年	2016年	2017年	2018年	2019年	2020年
0	25	28	37	37	48	44	54	62
(0, 5]	2	3	1	4	5	11	13	16
(5, 10]	1	0	0	1	4	3	1	6
>10	0	1	1	2	0	3	7	8

三、三类医疗器械注册证数目

如表11-10、表11-11所示，我国器械类医药企业三类医疗器械注册证数目呈波动式上升，平均值从2013年的0.607波动上升至2020年的1.070，其中，2014年和2017年三类医疗器械注册证平均值分别为1.190和1.000，历年中位数均为零，最大值呈波动变化趋势，2015年为历年最大。从2019年起，三类医疗器械注册证P75的值开始大于零，说明拥有三类医疗器械注册证的企业占比在2019年及以后至少为1/4。从区间分布来看，拥有三类医疗器械注册证的企业主要集中在1~2项，但当年三类医疗器械注册证合计数整体实现了较大增长，从2013年的17项增长至2020年的98项，增长了近5倍。

表11-10　器械类中国医药企业历年三类医疗器械注册证数目情况

指标	2013年	2014年	2015年	2016年	2017年	2018年	2019年	2020年
平均值	0.607	1.190	0.846	0.409	1.000	0.443	0.827	1.070
中位数	0	0	0	0	0	0	0	0

续表

指标	2013年	2014年	2015年	2016年	2017年	2018年	2019年	2020年
最小值	0	0	0	0	0	0	0	0
P1	0	0	0	0	0	0	0	0
P25	0	0	0	0	0	0	0	0
P75	0	0	0	0	0	0	1	1
P99	14	20	28	9	20	6	9	14
最大值	14	20	28	9	20	6	9	14

表 11-11 器械类中国医药企业历年三类医疗器械注册证数目的企业数分布

三类医疗器械注册证数目	2013年	2014年	2015年	2016年	2017年	2018年	2019年	2020年
0	25	25	34	40	48	53	55	65
1	1	3	3	1	3	3	8	9
2	1	2	1	1	1	1	4	4
3	0	0	0	0	0	0	0	5
4	0	0	0	0	1	1	3	2
5	0	0	0	0	0	0	1	2
6	0	0	0	1	1	3	1	2
7	0	0	0	0	0	0	2	0
9	0	0	0	1	1	0	1	1
11	0	1	0	0	0	0	0	0
13	0	0	0	0	1	0	0	1
14	1	0	0	0	0	0	0	0
20	0	1	0	0	1	0	0	0
28	0	0	1	0	0	0	0	0
三类医疗器械注册证合计数	17	38	33	18	57	27	62	98

四、外观专利授权数

如表 11-12 和图 11-4 所示，我国器械类医药企业外观专利授权数整体呈增长态势，2014~2015 年为发展的一个小高峰。具体来看，外观专利授权数平均值从 2013 年的 5.460 增加至 2020 年的 11.200，增长一倍多，其中 2014 年和 2015 年平均值分别为9.030和9.740。外观专利授权数中位数2013年、2016年、2017年和2018年均为零,其余年份均为2,最大值也从2013年的40项提高至2015年的110项,此后回落至2018年的74项,2019年再次提升至104项并在2020年达到143项。

表11-12　　　　　器械类中国医药企业历年外观专利授权数情况

指标	2013年	2014年	2015年	2016年	2017年	2018年	2019年	2020年
平均值	5.460	9.030	9.740	6.750	5.230	6.510	6.630	11.200
中位数	0	2	2	0	0	0	2	2
最小值	0	0	0	0	0	0	0	0
P1	0	0	0	0	0	0	0	0
P25	0	0	0	0	0	0	0	0
P75	6.5	8	7	3.5	4	4	6	9
P99	40	104	110	94	84	74	104	143
最大值	40	104	110	94	84	74	104	143

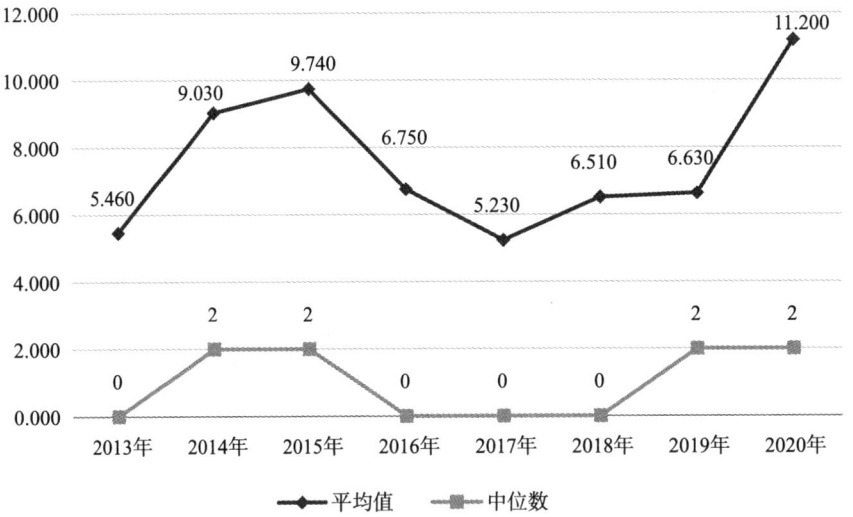

图11-4　器械类中国医药企业历年外观专利授权数平均值和中位数

五、实用新型专利授权数

如表11-13和图11-5所示,我国器械类医药企业实用新型专利授权数整体呈上涨态势。器械类中国医药企业实用新型专利授权数平均值从2013年的34.400快速增长至2014年的53.200,增幅为54.651%,此后逐年下降至2017年的24.800,2018年开始回升并再次增长至2020年的45.100。中位数从2013年的7.5增长至2015年的

15,然后下降至 2017 年的 6,此后开始回升,并在 2020 年达到 15.5[①]。2014 年,楚天科技以 566 项实用新型专利授权数排在历年器械类企业实用新型专利授权数第一名。

表 11-13　　器械类中国医药企业历年实用新型专利授权数情况

指标	2013 年	2014 年	2015 年	2016 年	2017 年	2018 年	2019 年	2020 年
平均值	34.400	53.200	36.900	32.500	24.800	26.600	42.200	45.100
中位数	7.5	12	15	12	6	10	15	15.5
最小值	0	0	0	0	0	0	0	0
P1	0	0	0	0	0	0	0	0
P25	1	3	2	2	0	2	3	6
P75	23	37	32	27	28	23	50	55
P99	353	566	401	486	286	441	346	442
最大值	353	566	401	486	286	441	346	442

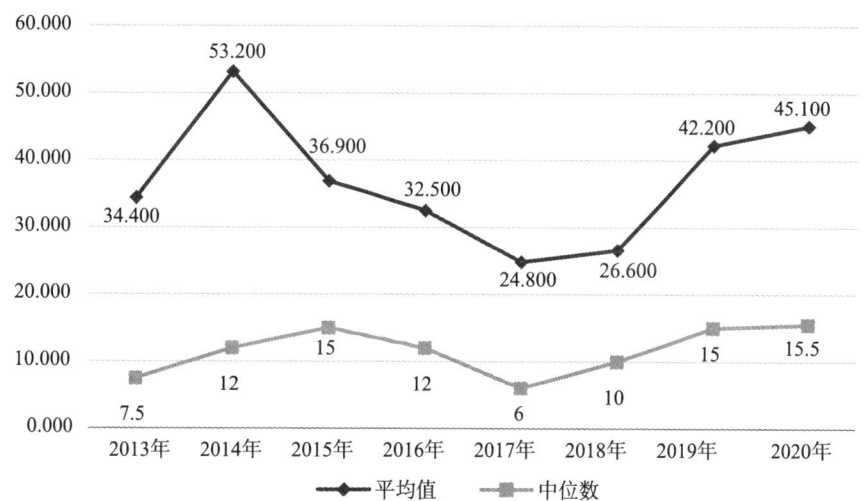

图 11-5　器械类中国医药企业历年实用新型专利授权数平均值和中位数

六、发明专利授权数

如表 11-14 和图 11-6 所示,我国器械类医药企业发明专利授权数整体稳定,但头部企业发明专利授权数呈上升趋势。2013 年至 2020 年,器械类中国医药企业发明专利授权数平均值从 2013 年的 10.500 提升至 2014 年的 13.600,此后有所回落,2020 年平均值

---

① 2013 年样本量为 28,2020 年样本量为 92,当年中位数为中间两个数的均值,因此 2013 年和 2020 年的中位数出现了小数。

为10.900,略高于2013年的水平。2020年发明专利授权数中位数为4,低于2013年和2018年的6,最大值从2013年的61项提高至2020年的112项,增长近一倍。

表11-14　　器械类中国医药企业历年发明专利授权数情况

指标	2013年	2014年	2015年	2016年	2017年	2018年	2019年	2020年
平均值	10.500	13.600	11.900	12.700	12.800	12.300	10.300	10.900
中位数	6	4	4	4	3	6	4	4
最小值	0	0	0	0	0	0	0	0
P1	0	0	0	0	0	0	0	0
P25	0	1	2	2	2	2	1	1
P75	11	18	13	11	14	16	12	11.5
P99	61	102	74	104	149	88	122	112
最大值	61	102	74	104	149	88	122	112

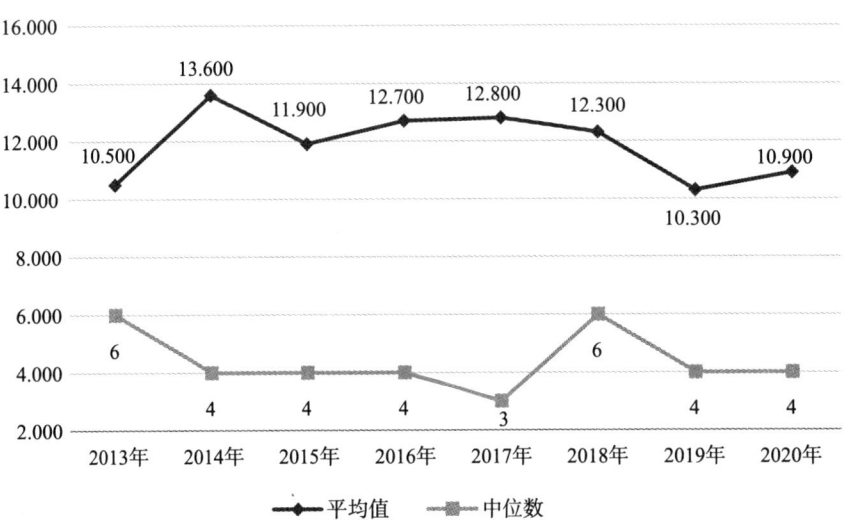

图11-6　器械类中国医药企业历年发明专利授权数平均值和中位数

第三节　研发质量

一、发明专利授权数占总授权数比例

如表11-15和图11-7所示,我国器械类医药企业发明专利授权数占总授权数比

例平均值和中位数以 2017 年为界,呈现中间高两边低的状态,平均值在 30% 上下波动。具体来看,发明专利授权数占总授权数比例平均值从 2013 年的 27.100% 增长至 2017 年的 39.700%,然后开始回落,2020 年平均值为 25.900%。中位数从 2013 年的 16.000% 增长至 2017 年的 40.000%,此后逐年下降,2020 年中位数为 12.600%。

表 11-15 器械类中国医药企业发明专利授权数占总授权数比例情况

指标	2013 年	2014 年	2015 年	2016 年	2017 年	2018 年	2019 年	2020 年
平均值	27.100%	33.000%	30.000%	37.500%	39.700%	36.800%	25.300%	25.900%
中位数	16.000%	13.300%	17.200%	22.200%	40.000%	25.000%	14.300%	12.600%
最小值	0.000%	0.000%	0.000%	0.000%	0.000%	0.000%	0.000%	0.000%
P1	0.000%	0.000%	0.000%	0.000%	0.000%	0.000%	0.000%	0.000%
P25	0.000%	4.410%	5.880%	8.760%	6.380%	9.520%	1.820%	1.070%
P75	50.000%	58.200%	45.500%	66.700%	58.300%	62.500%	37.700%	41.100%
P99	91.000%	100.000%	100.000%	100.000%	100.000%	100.000%	100.000%	100.000%
最大值	91.000%	100.000%	100.000%	100.000%	100.000%	100.000%	100.000%	100.000%

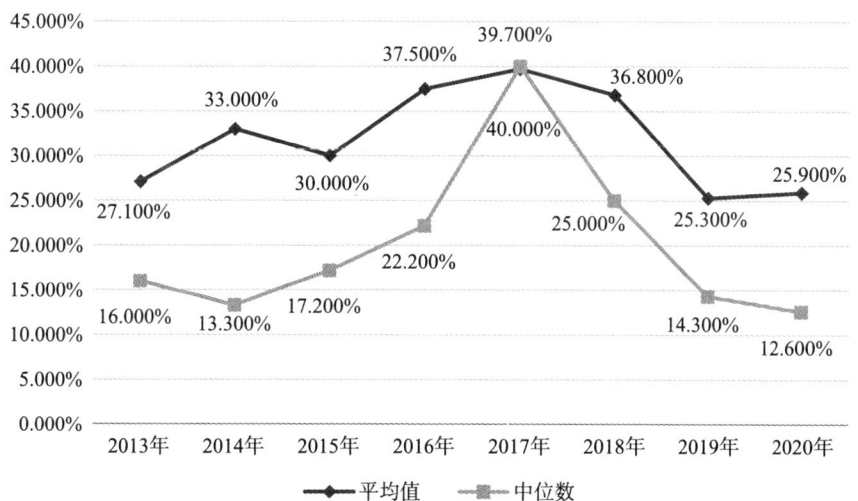

图 11-7 器械类中国医药企业发明专利授权数占总授权数比例平均值和中位数

二、专利被引用量

如表 11-16 和图 11-8 所示,我国器械类医药企业专利被引用量整体呈上升趋势。2013 年至 2020 年,器械类中国医药企业专利被引用量平均值呈先上升后下降再上升的趋势,由 2013 年的 50.400 上涨至 2014 年的 75.900,后下降至 2017 年的 42.800,此后开始稳步上升,2020 年为 67.200。中位数水平相对较为稳定,在 20 项上下波动,2020年中位数为24。从最值来看,历年专利被引用量的最大值均超过400,2014年楚天科技和2016年新华医疗的专利被引用量为历年最高,均为649次。

表 11-16　　　　器械类中国医药企业历年专利被引用量情况

指标	2013年	2014年	2015年	2016年	2017年	2018年	2019年	2020年
平均值	50.400	75.900	58.500	52.000	42.800	45.400	59.200	67.200
中位数	18	22.5	26	19	15	20	24	24
最小值	0	1	0	0	0	0	0	0
P1	0	1	0	0	0	0	0	0
P25	4.5	11	8	6	4	8	8	13.5
P75	43	55	47	42	48	50	61	75
P99	420	649	585	649	429	503	420	577
最大值	420	649	585	649	429	503	420	577

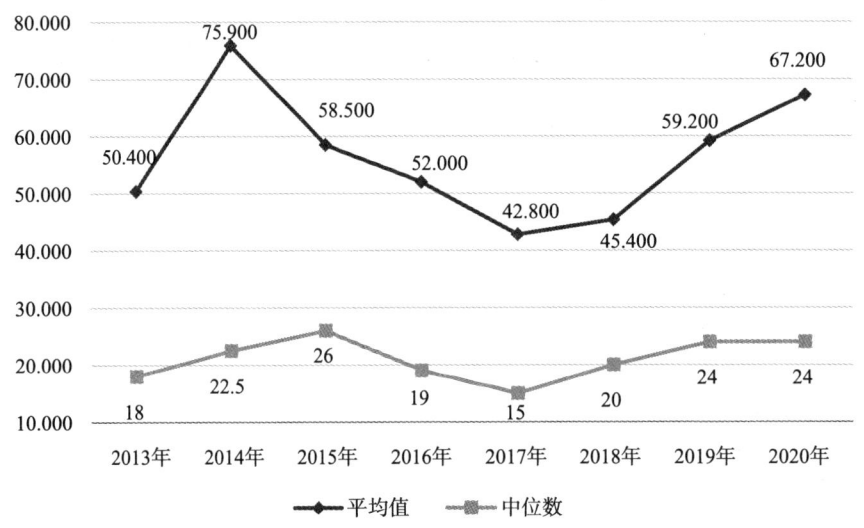

图 11-8　器械类中国医药企业历年专利被引用量的平均值和中位数

三、PCT 专利数

如表 11-17 和图 11-9 所示,我国器械类医药企业 PCT 专利数整体偏少但上升趋势明显。2013 年至 2020 年,器械类中国医药企业 PCT 专利数平均值由 0.536 上升至 2.750,中位数历年均为零,最大值从 13 项提高至 53 项,增长 3 倍多。同时,从 2019 年起,PCT 专利数 P75 的值开始大于零,说明从 2019 年起器械类中国医药企业中至少有 1/4 拥有 PCT 专利。

表 11-17　器械类中国医药企业历年 PCT 专利数情况

指标	2013 年	2014 年	2015 年	2016 年	2017 年	2018 年	2019 年	2020 年
平均值	0.536	0.406	0.718	0.818	1.579	2.115	2.680	2.750
中位数	0	0	0	0	0	0	0	0
最小值	0	0	0	0	0	0	0	0
P1	0	0	0	0	0	0	0	0
P25	0	0	0	0	0	0	0	0
P75	0	0	0	0	0	0	1	1
P99	13	5	20	15	33	37	54	53
最大值	13	5	20	15	33	37	54	53

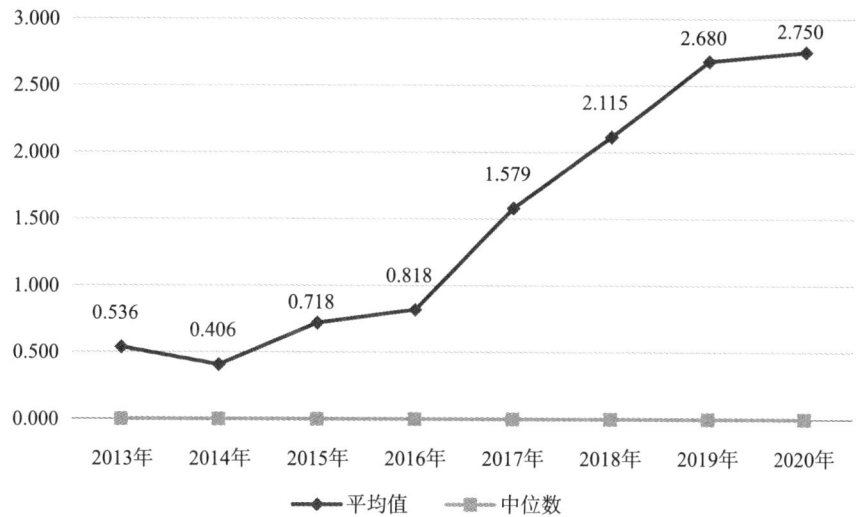

图 11-9　器械类中国医药企业历年 PCT 专利数的平均值和中位数

四、国际资质认证数目

如表 11-18、表 11-19 所示，我国器械类医药企业国际资质认证数目虽有一定增长但整体偏低。2013 年至 2020 年，器械类中国医药企业国际资质认证数目平均值呈现波动式上升，从 2013 年的 0.071 增长至 2014 年的 0.375，后降至 2017 年的最低点 0.053，又上升至 2020 年的 0.207。国际资质认证数目历年中位数均为零。同时，国际资质认证数目合计数增长较为明显，从 2013 年的两项增长至 2020 年的 19 项，但是大多数拥有国际资质认证的企业均只有 1~2 项认证。

表 11-18　器械类中国医药企业历年国际资质认证数目情况

指标	2013年	2014年	2015年	2016年	2017年	2018年	2019年	2020年
平均值	0.071	0.375	0.128	0.295	0.053	0.213	0.107	0.207
中位数	0	0	0	0	0	0	0	0
最小值	0	0	0	0	0	0	0	0
P1	0	0	0	0	0	0	0	0
P25	0	0	0	0	0	0	0	0
P75	0	0	0	0	0	0	0	0
P99	1	2	2	4	1	2	3	3
最大值	1	2	2	4	1	2	3	3

表 11-19　器械类中国医药企业历年国际资质认证数目具体企业数分布情况

国际资质认证数目	2013年	2014年	2015年	2016年	2017年	2018年	2019年	2020年
0	26	26	35	37	54	50	70	78
1	2	0	3	3	3	9	3	10
2	0	6	1	3	0	2	1	3
3	0	0	0	0	0	0	1	1
4	0	0	0	1	0	0	0	0
国际资质认证数目合计	2	12	5	13	3	13	8	19

第四节　研发支持

器械类中国医药企业研发指数指标体系中，研发支持一级指标下包含国家重大专项支持数目、国家级研发平台数目和省部级研发平台数目，但由于我国器械类医药企业暂未有任何企业获得过国家重大专项支持，故下文仅对国家级研发平台数目和省部级研发平台数目做具体分析。

一、国家级研发平台数目

如表 11-20、表 11-21 所示，2013 年至 2020 年，我国器械类医药企业国家级研发平台实现了从无到有，整体增长良好，但水平偏低。国家级研发平台数目平均值由 2013 年的 0 稳步上涨至 2020 年的 0.098，中位数历年均为零，历年最大值为 4。具体来看，2016年至2020年，仅迪瑞医疗、科华生物、冠昊生物、艾德生物、美康生物5家企业累计拥有26个国家级研发平台。其中，美康生物在2016年实现了我国器械类医药企业国家级研发平台零的突破。

表11-20　　　　器械类中国医药企业历年国家级研发平台数目

指标	2013年	2014年	2015年	2016年	2017年	2018年	2019年	2020年
平均值	0	0	0	0.091	0.070	0.066	0.067	0.098
中位数	0	0	0	0	0	0	0	0
最小值	0	0	0	0	0	0	0	0
P1	0	0	0	0	0	0	0	0
P25	0	0	0	0	0	0	0	0
P75	0	0	0	0	0	0	0	0
P99	0	0	0	4	4	4	4	4
最大值	0	0	0	4	4	4	4	4

表11-21　　　　历年拥有国家级研发平台的器械类中国医药企业具体情况

年份	公司名称	股票代码	国家级研发平台数目（项）	上市地	境内上市板块	实际运营地
2020年	迪瑞医疗	300396	2	深交所	创业板	吉林省
2020年	科华生物	002022	1	深交所	主板	上海市
2020年	冠昊生物	300238	1	深交所	创业板	广东省
2020年	艾德生物	300685	1	深交所	创业板	福建省
2020年	美康生物	300439	4	深交所	创业板	浙江省
2019年	迪瑞医疗	300396	1	深交所	创业板	吉林省
2019年	美康生物	300439	4	深交所	创业板	浙江省
2018年	美康生物	300439	4	深交所	创业板	浙江省
2017年	美康生物	300439	4	深交所	创业板	浙江省
2016年	美康生物	300439	4	深交所	创业板	浙江省

二、省部级研发平台数目

如表11-22、表11-23所示，我国器械类医药企业省部级研发平台数目较少但总体有所增长。2013年至2020年，器械类中国医药企业省部级研发平台合计数从3项增长至12项。省部级研发平台数目平均值从2013年的0.107增长至2020年的0.130，历年中位数均为零。从省部级研发平台的具体分布情况来看，历年均只有1%左右的企业拥有省部级研发平台,拥有省部级研发平台的企业项目也集中在1项,最多的为两项。

表11-23 器械类中国医药企业历年省部级研发平台数目

指标	2013年	2014年	2015年	2016年	2017年	2018年	2019年	2020年
平均值	0.107	0.156	0.128	0.136	0.140	0.131	0.107	0.130
中位数	0	0	0	0	0	0	0	0
最小值	0	0	0	0	0	0	0	0
P1	0	0	0	0	0	0	0	0
P25	0	0	0	0	0	0	0	0
P75	0	0	0	0	0	0	0	0
P99	1	1	1	1	2	2	2	2
最大值	1	1	1	1	2	2	2	2

表11-23 器械类中国医药企业历年省部级研发平台数目的企业数分布情况

省部级研发平台数目	2013年	2014年	2015年	2016年	2017年	2018年	2019年	2020年
0	25	27	34	38	50	54	68	81
1	3	5	5	6	6	6	6	10
2	0	0	0	0	1	1	1	1
省部级研发平台数目合计	3	5	5	6	8	8	8	12

器械篇小结

在构建器械类中国医药企业研发评价指标体系的基础上，我们对器械类中国医药企业研发指数进行了计算及分析，主要结论如下：

第一，我国器械类医药企业研发指数整体呈增长趋势，且自2019年以来增速显著。2013~2020年，器械类医药企业研发指数均值位于61.500~62.500之间，中位数位于61.100~61.800之间。2019年以前，器械类医药企业研发指数的均值和中位数均波动明显，分别在62.000和61.500上下徘徊，2019年和2020年，器械类医药企业研发指数的均值和中位数增长显著，均值分别上升至62.200和62.500，中位数分别上升至61.600和61.800。

第二，我国器械类医药企业研发指数的增长主要得益于研发投入的增长，研发成果仅有略微增长，研发质量和研发支持未有显著提升。2013年，我国器械类医药企业研发投入的均值为15.400，到2020年增长至15.900，增长3.247%。2013年，我国器械类医药企业研发成果指数均值为30.700，到2020年增长至31.100，增长1.303%。研发质量历年均值波动较大，并未有显著提升。研发支持指数均值虽自2016年起有所提升，但仍然偏低，超过一半的企业并未获得过国家级重大专项、国家级研发平台以及省部级研发平台的研发支持。

第三，我国头部器械类医药企业研发指数的驱动因素存在差异。2020年，迈瑞医疗研发指数分值为72.193，排名第一；迪瑞医疗研发指数分值为70.384，排名第二。从分解指标来看，迈瑞医疗的主要优势在于研发投入和研发质量，当年其研发投入和研发质量的分值分别为19.903和10.831，高于迪瑞医疗的15.665和9.531。迪瑞医疗的主要优势则在于研发成果和研发支持。2020年，迪瑞医疗研发成果和研发支持的分值分别为38.388和6.800，高于迈瑞医疗的35.459和6.000。

第四，研发投入方面，我国器械类医药企业的研发投入规模和研发投入强度均有明显增长且自2018年起进入高速增长阶段。2020年，我国器械类医药企业研发投入总额均值为1.392亿元，研发投入占销售收入比例为13.500%，人均研发投入为

7.571万元，相比于2013年分别增长了167.150%、72.855%和71.096%。同时，自2018年起，我国器械类医药企业研发投入总额保持快速增长，2018年我国器械类医药企业研发投入总额的平均值增长飞速，增速达54.294%，2018年至2020年也保持了10%左右的增速。

第五，研发成果方面，近年来，我国器械类医药企业的研发成果整体呈上升趋势，主要得益于二类医疗器械注册证、外观专利授权数和实用新型专利授权数的增长。2013年，我国器械类医药企业研发成果指数的均值和中位数分别为30.700和30.300；2020年，其均值和中位数分别增长至31.100和30.600，增幅分别为1.303%和0.990%。

医疗器械注册证方面，近年来主要成果集中在二类医疗器械注册证方面，一类医疗器械注册证非常少，二类医疗器械注册证的均值呈增长趋势，三类医疗器械注册证的均值并无明显提升。

2013年至2020年8年间，一类医疗器械注册证数目年度均值最高仅为0.159，且2013年、2018年、2019年、2020年的一类医疗器械注册证数目的均值均为0[①]。

二类医疗器械注册证数目相对较多，且增幅较大，2013~2020年，其均值从0.393增加至3.590，增长了8倍多。二类医疗器械注册证数目均值的大幅增加主要得益于头部企业的快速发展。2013~2020年，二类医疗器械注册证数目的中位数始终为0，一半以上企业并未取得二类医疗器械注册证，但从最大值来看，2019年，我国器械类医药企业获得二类医疗器械注册证数目的最大值为54项，2020年为66项，明显高于2013年的最大值8项。

三类医疗器械注册证数目均值及增幅均低于二类医疗器械注册证，但表现出良好的增长趋势。2013~2020年，三类医疗器械注册证数目均值由0.607增加至1.070，增长76.277%。2013年，取得三类医疗器械注册证一项及以上的企业仅为3家，占2013年医疗器械企业样本总数的10.714%；2020年，取得三类医疗器械注册证一项及以上的企业增长至27家，占2020年医疗器械企业样本总数的29.384%。同时，我国器械类医药企业三类医疗器械注册证年度合计数实现了较大增长，从2013年的17项增长至2020年的98项，增长了近5倍。

专利成果方面，外观专利授权数和实用新型专利授权数的增长良好，发明专利授权数呈波动式发展，无显著增长。2020年，我国器械类医药企业外观专利授权数和实

---

① 一类医疗器械注册证非常少，主要是由于2014年6月1日开始，第一类医疗器械上市许可由原来的注册审批制改为备案制。

用新型专利授权数的均值分别为11.200和45.100,相比于2013年的5.460和34.400,分别增长了105.128%、31.105%。发明专利授权数平均值从2013年的10.500提升至2014年的13.600,此后有所回落,2020年平均值为10.900,略高于2013年的水平。

第六,研发质量方面,近年来,我国器械类医药企业研发质量指数均值波动较大且无明显上升,研发质量指数中位数下降明显,主要是由于发明专利授权数占总授权数比例下降所致。2013年,研发质量指数均值和中位数分别为9.350和9.320,2020年分别为9.520和9.270,研发质量指数均值仅增长了1.818%,研发质量指数中位数不升反而下降了0.536%。其中,2020年,发明专利授权数占总授权数比例的均值和中位数分别为25.900%和12.600%,相较于2013年的27.100%和16.000%,分别下降了4.428%和21.250%。国际资质认证数目和PCT专利数目的均值虽然在2013~2020年期间分别增长了191.549%和413.060%,到2020年分别达到0.207和2.75,但其历年中位数均为0,表明我国绝大部分器械类医药企业的国际资质认证数目和PCT专利数仍处于空白。

第七,研发支持方面,我国器械类医药企业研发支持整体偏低且近年来未有明显提升。2013年至2016年,研发支持指数均值由6.040增长至6.090,但此后一直到2020年,研发支持指数均值未有增长,到2020年仍为6.090。此外,一半以上企业并未获得过国家级重大专项、国家级研发平台以及省部级研发平台的研发支持。具体地,2013年至2020年,我国器械类医药企业暂未有任何项目获得国家级重大专项支持。从国家级研发平台来看,器械类医药企业在2016年才实现了国家级研发平台零的突破但水平仍然偏低,2016年至2020年,仅迪瑞医疗、科华生物、冠昊生物、艾德生物、美康生物5家企业累计拥有26个国家级研发平台支持。从省部级研发平台来看,其均值从2013年的0.107增长至2014年的0.156后波动下降至2020年的0.130,仅略高于2013年的水平。

第八,从上市地来看,我国器械类医药企业研发指数整体呈增长趋势,尤其是港交所上市的器械类医药企业,不仅研发指数分值处于较高水平,其增速也高于其他上市地的企业。深交所上市的器械类医药企业表现次之,其研发指数均值及增速仅次于港交所。相比之下,上交所上市的器械类医药企业研发指数虽然近年来有所提升,但其均值和中位数均不及其他上市地企业。美股器械类医药企业的研发指数均值波动明显,但中位数明显高于其他上市地的企业。

具体地,研发投入方面,各上市地企业研发投入指数均值呈增长趋势,港交所上市的器械类医药企业研发指数均值整体领先于其他上市地企业,深交所和美股次之,上交所最低。各上市地企业研发投入指数均值均呈增长趋势,2013年至2020年,港交所上市的器械类医药企业研发投入指数均值从 15.630 提高至 16.671，深交所从 15.439 提高至 15.794。自 2017 年有美股上市的器械类医药企业以来，其研发投入指数均值从 2017 年的 15.671 增加至 2020 年的 16.273。上交所研发投入指数均值从 2013 年的 15.270 提高至 2020 年的 15.712，历年均低于其他上市地。

研发成果方面，各上市地器械类医药企业呈波动式发展，深交所的研发成果整体处于领先地位。2020 年，深交所上市的器械类医药企业研发成果指数均值为 31.311，其余年份也在 31.000 上下波动。其余上市地器械类医药企业研发成果指数均值历年大多在 30.500~30.900 之间波动，仅 2019 年美股研发成果指数均值达 31.001。此外，2018 年至 2020 年，港交所、深交所和上交所研发成果指数均值持续上升，美股企业的研发成果指数波动较大。

研发质量方面，各上市地器械类医药企业研发质量呈波动式发展，港交所企业研发质量整体较高，上交所和深交所企业次之，美股企业则波动较大。2020 年，港交所、上交所、深交所企业和美股企业的研发质量指数均值分别为 9.642、9.558、9.462 和 9.444，港交所上市的企业领先且其在 2013 年至 2020 年的 8 年内，有 5 年均排名第一。同时，自 2017 年开始出现美股上市的器械类医药企业以来，其研发质量指数均值先从 2017 年的 9.475（排名第二）增长至 2018 年的 10.176（排名第一），后下降至 2019 年的 9.277（排名最末），2020 年略微回升至 9.444，但仍低于其他上市地。

研发支持方面，2020 年，深交所研发支持指数的均值最高，美股次之，上交所再次之，港交所最低，其历年均无企业获研发支持。从研发支持指数的均值变动趋势上看，深交所研发支持指数呈增长趋势，上交所的研发支持指数呈下降趋势，美股企业的研发支持指数增长显著。具体地，2013 年，深交所、上交所的研发支持指数均值分别为 6.040、6.100（美股企业自 2017 年起才开始出现，故无 2013 年数据），到 2020 年则分别为 6.151、6.035，分别变化了 1.838%、-1.066%。美股企业在 2017 年至 2019 年研发支持指数均值均为 6.000，到 2020 年增长至 6.133，增长百分比为 2.217%。

第九，从境内各上市板块来看，创业板研发指数均值最高，主板次之，科创板最低，且各板块研发指数均呈上升趋势，尤其是科创板研发指数呈高速发展趋势且其研发指数的中位数已于 2020 年超越主板位居第二。

研发投入方面，创业板和主板企业的研发投入指数均值均呈上升趋势，但科创板自 2019 年开板以来，其研发投入指数均值虽处于相对较高水平，但 2020 年的研发投入指数均值相较于 2019 年略有下降。2013 年，创业板和主板的研发投入指数均值分别为 15.528 和 15.272，2020 年分别为 15.853 和 15.601，分别增长了 2.093% 和

2.154%。科创板2019年的研发投入指数均值为15.887，2020年为15.825，下降了0.390%。

研发成果方面，近年来，境内各上市板块的研发成果指数均值均有不同程度的提升，2020年创业板的研发成果指数均值最高，主板次之，科创板最低。2013年，创业板和主板研发成果指数均值分别为30.400和30.887，到2020年分别增长至31.463和31.022，增幅分别为3.497%和0.437%。自2019年科创板开板以来，科创板研发成果指数均值从2019年的30.306增长至2020年的30.556，增长百分比为0.825%。

研发质量方面，2020年，科创板的研发质量指数均值最高，创业板次之，主板最低，且近年来科创板的研发质量指数提升最大。2013年，创业板和主板的研发质量指数均值分别为9.412和9.253，到2020年分别增长至9.500和9.456，增幅分别为0.935%和2.194%。自2019年科创板开板以来，科创板的研发质量指数均值由2019年的9.234增长至2020年的9.567，增长百分比为3.606%。

研发支持方面，境内各上市板块研发支持指数均值均有所提升，创业板研发支持指数均值历年均为最高，主板次之，科创板最低。2013年至2020年，创业板研发支持指数平均值大多在6.100以上，主板在6.030至6.070之间。具体来看，2013年，创业板和主板企业的研发支持指数均值分别为6.062和6.036，到2020年则分别增长至6.176和6.064，增幅分别为1.881%和0.464%。自2019年科创板开板以来，科创板的研发支持指数均值从2019年的6.000增加至6.002，增长百分比为0.033%。

第十，从实际运营地来看，不同省份器械类医药企业研发指数及变化趋势不尽相同。广东省、上海市、吉林省、湖南省的研发指数均值处于相对领先的地位。具体情况如下：

我国器械类医药企业共遍及18个省，主要分布在广东省、北京市、上海市和江苏省。2020年，实际运营地位于这四个省的器械类医药企业共计58家，占器械类医药企业总数的63.043%，其他省的器械类医药企业均在10家以内。

2013年至2020年，各省研发指数均值呈上升趋势，但上升趋势较为缓慢，增幅最大的为吉林省，增长了11.200%。整体来看，我国中部和东部省份研发指数均值相对较高，西北部省份普遍较低。2013~2020年，广东省、上海市、吉林省和湖南省研发指数较为突出，常年排名前五。

具体地，研发投入方面，内蒙古自治区、天津市、河南省、北京市和上海市器械类医药企业的研发投入指数均值常年领先于其他省份，研发投入指数均值多在15.600及以上，其余省份大多集中在15.500及以下。2013~2020年，天津市、江苏省和四川省的研发投入指数均值增幅较高，分别为5.919%、4.881%和4.317%。研发投入指数均值下降的仅有湖北省、安徽省和重庆市，下降幅度分别为0.521%、0.106%和0.020%。除河北省2020年首次出现上市的器械类医药样本企业外，其他11个省的研发投入指数均值呈上升趋势，但增幅相对小于天津市、江苏省和四川省。

研发成果方面，湖南省、吉林省和河南省研发成果总体较好，多数年份研发成果指数均值在31.000以上，其他省份研发成果指数均值集中于31.000以下。2013~2020年，共14个省份研发成果指数均值有所提高，其中吉林省和河南省的研发成果指数均值增幅较大，分别增长25.435%和14.584%；湖北省、山东省、天津市和重庆市研发成果指数均值均有不同程度的下降，分别下降了5.007%、1.089%、0.382%和0.083%。

研发质量方面，四川省、上海市、浙江省、广东省、湖南省和吉林省的研发质量总体领先于其他省份，研发质量指数均值大多在9.500以上，其余省份集中在9.500及以下。2013~2020年，14个省的研发质量有所提升，其中，重庆市和四川省的研发质量指数均值最大，分别为17.650%和12.189%。吉林省、内蒙古自治区、江西省和天津市的研发质量指数呈现不同程度的下降，降幅分别为15.520%、8.163%、0.297%和0.480%。

研发支持方面，安徽省、北京市、湖南省和浙江省研发支持指数相对较高，多数年份研发支持指数均在6.200及以上，其余省份集中在6.200以下。河南省、湖北省、江苏省、江西省、内蒙古自治区、四川省、天津市、重庆市共8个省历年来均无国家级重大专项、国家级研发平台以及省部级研发平台的研发支持。此外，2013~2020年，吉林省、湖南省、浙江省、福建省、山东省、上海市和广东省共7个省份研发支持指数均值有所增长，增幅分别为13.333%、4.450%、3.817%、3.333%、1.900%、0.517%和0.350%；仅有安徽省和北京市的研发支持指数呈下降趋势，降幅分别为3.125%和1.442%；河北省2020年才出现器械类上市医药样本企业，其研发支持指数均值为6.400。

第十二章 研究结论、建议与不足

第一节 研究结论

鉴于非器械类医药企业与器械类医药企业研发特点的差异,尤其是研发成果方面的差异,为了使构建的医药企业研发指数指标体系能更客观、合理地反映非器械类医药企业和器械类医药企业的研发水平,我们充分考虑到非器械类医药企业和器械类医药企业的各自特点,针对二者分别构建了不同的研发指标体系。为保证该研发指数指标体系的合理性、客观性和科学性,我们多次组织由顶级医药研发专家和顶级医药研发管理专家参加的研讨会,反复商讨非器械类和器械类中国医药企业研发指标体系的指标选取和权重设计。经过数轮的商讨和修改完善,最终确定非器械类医药企业的研发评价指标体系由 5 个维度、3 个级别、17 个具体的指标构成,器械类医药企业的研发评价指标体系由 4 个维度、3 个级别、16 个具体的指标构成。基于所构建的研发指标体系,我们以 2013~2020 年所有境内外上市的中资医药企业为研究样本,经计算,最终得出非器械类和器械类医药企业历年的研发指数。

通过对非器械类医药企业和器械类医药企业研发指数的系统分析,主要得出如下研究结论:

第一,中国医药企业研发水平整体向好,呈增长趋势。相比之下,非器械类医药企业研发指数的提升主要得益于头部企业的发展,在其研发指数均值明显上升的情况下,其研发指数中位数仍处于波动状态且并无明显提升;而器械类医药企业研发指数的提升则更具广泛性,实现了研发指数平均值与中位数双增长。

第二,我国医药企业在研发投入、研发成果、研发质量和研发支持方面的发展程度存在差异。非器械类医药企业研发指数的增长主要得益于研发投入指数和研发支指数的持续增长；器械类医药企业研发指数的增长则主要得益于研发投入指数和研发成果指数的增长。

第三，我国头部医药企业的研发指数驱动因素存在差异。2020年，研发指数排名前两名的非器械类医药企业分别为恒瑞医药和百济神州，其研发优势分别是研发成果和研发投入。排名前两名的器械类医药企业分别是迈瑞医疗和迪瑞医疗，其研发优势则分别在于研发投入和研发质量、研发成果和研发支持。

第四，研发投入方面，中国医药企业研发投入持续增长，且非器械类医药企业研发投入增速高于器械类医药企业。其中，非器械类医药企业2020年的研发投入总额均值达到1.985亿元，相比于2013年的0.568亿元增长了2.495倍。同时，2013年至2020年，非器械类医药企业研发投入占销售收入比例增长了251.547倍，人均研发投入增长了3.647倍。器械类医药企业的研发投入水平以及研发投入增速均略低于非器械类医药企业。2020年，其研发投入总额均值达到1.392亿元，相比于2013年的0.521亿元增长了1.672倍。同时，2013年至2020年，器械类医药企业研发投入占销售收入比例和人均研发经费分别增长了72.855%和71.096%。

第五，研发成果方面，中国医药企业的研发成果虽有所提升，但仍显不足，研发投入的成果转化还有待进一步加强。2013~2020年，非器械类医药企业的阶段性成果指数均值增长了0.752%，最终成果指数均值增长了0.592%；器械类医药企业的研发成果指数均值增长则较为明显，增幅为1.303%。但聚焦到研发成果的绝对水平，非器械类医药企业阶段性成果中的临床试验完成数、最终成果中的创新药和非创新药上市数的中位数均为0；器械类医药企业的各类医疗器械注册证数目的中位数也均为0，说明过半企业仍未取得关键研发成果。

尤其值得注意的是，非器械类医药企业的仿制药临床试验完成数增速快于新药临床试验完成数，非创新药上市获批情况也优于创新药上市获批情况，重磅新药的研发进程还有待进一步推进。对于器械类医药企业来说，其专利研发成果中，虽然外观专利授权数和实用新型专利授权数呈现良好的增长态势，但对研发能力要求更高的发明专利授权数尚无明显增长。

第六，研发质量方面，中国医药企业的研发质量尚无明显提升，甚至在近年来有所下降，但PCT专利数增长显著。2020年，非器械类医药企业研发质量指数均值为9.360，相比于2013年的9.430下降了0.742%，中位数也由2013年的9.320下降至2020年的9.210，降幅为1.180%。器械类医药企业研发质量指数均值虽在2013~2020年由9.350提升至9.520，但波动幅度较大，并且其中位数由2013年的9.320下降至2020年的9.270，降幅为0.536%。可见，我国医药企业研发质量的稳定性和整体水平还有待进一步提升。

值得肯定的是，我国医药企业知识产权的国际化发展成效显著。2013~2020年，我国非器械类医药企业PCT专利数均值由0.752增加至1.900，增幅为152.660%；器械类医药企业PCT专利数均值则由0.536增加至2.750，增幅为413.060%。

第七，研发支持方面，我国医药企业的研发支持指数整体呈上升趋势，但总体偏低。2020年，非器械类医药企业研发支持指数均值为6.110，相较于2013年的6.040增长了1.159%；器械类医药企业研发支持指数均值则由2013年的6.040增长至2020年的6.090，增幅为0.828%。国家级研发平台数目持续增加且增速较高，是我国医药企业研发支持指数提升的主要驱动因素。但聚焦到研发支持的绝对水平，历年来我国医药企业的国家级重大专项支持数目、国家级研发平台和省部级研发平台数目的中位数均为0，说明过半企业的研发支持仍为空白。

第八，不同上市地的医药企业研发指数均呈增长趋势但存在一定差异。研发指数较高的非器械类医药企业主要集中于上交所，而研发指数较高的器械类医药企业则主要集中于港交所和深交所。具体来看，非器械类医药企业中，上交所上市的企业研发指数最高，且持续上升；深交所上市企业研发指数稳定增长但增速较缓，2017年之前一直排名第二，2017年以后，先后被美股和港交所反超，导致2019年和2020年其排名均在末位；而港交所上市企业和美股企业虽然研发指数均值呈高速增长，但其中位数却无明显上升，且处于相对较低水平，其增长主要得益于头部企业研发指数的高速增长。器械类医药企业中，港交所和深交所上市的企业研发指数最高，且增速也更为显著；而上交所上市企业的研发指数虽然整体呈上升趋势，但普遍低于其他上市地企业的研发指数。

第九，从境内各上市板块来看，不同板块医药企业研发指数不尽相同。无论非器械类医药企业还是器械类医药企业，创业板上市企业研发指数历年均高于主板上市企业。自2019年科创板开板以来，该板块上市的非器械类医药企业处于较高水平，但其均值在2020年出现大幅下降，位列第二；该板块上市的器械类医药企业虽然研发指数尚不及其他板块，但增速较高。2020年，创业板、科创板和主板上市的非器械类医药企业研发指数均值分别为61.075、61.020和61.006；同年，创业板、科创板和主板上市的器械类医药企业研发指数均值则分别为62.975、61.968和62.144。

第十，从实际运营地来看，中国医药企业主要分布在北京市、上海市、广东省、浙江省和江苏省。整体来看，2013年至2020年，不同省份的医药企业研发水平均呈上升趋势，中部和东部省份研发指数分值相对较高，西北部省份则普遍较低。具体来看，非器械类医药企业共遍及30个省份，器械类医药企业共遍及18个省份。2013~

2020年，非器械类医药企业中，河北省、天津市、安徽省研发指数常年排名前五；器械类医药企业中，广东省、上海市、吉林省和湖南省研发指数常年排名前五。从增长趋势看，2013~2020年，各省研发指数总体呈上升趋势，但上升趋势较为缓慢。其中，非器械类医药企业研发指数增幅最大的是江苏省，增长了1.407%；器械类医药企业研发指数增幅最大的则是吉林省，增长了11.200%。

第十一，主要细分行业方面，因器械类医药企业已经属于小类行业，因此我们仅对非器械类医药企业按GICS（全球行业分类标准）进行了细分行业的分析。研究发现，不同细分行业的非器械类医药企业研发指数虽均呈上升趋势但发展各异。制药和生物科技行业的研发指数历年均包揽前两名，制药行业研发指数多数年份领先于生物科技行业，但生物科技行业近年来增速尤为显著。医疗保健设备与用品行业研发指数增长较快，药品零售和医疗保健服务行业研发指数历年均处于较低水平且增速较缓。

第二节 研究建议

虽然我国医药企业研发环境整体利好，研发水平持续提高，但我国医药企业研发能力与发达国家仍存较大差距，特别是研发产出方面，成果转化能力较差，且研发质量较低。如何更好地应用我国医药企业研发指数，助力我国医药企业构筑核心竞争力，进而为相关政策制定提供决策参考呢？基于此，我们的建议主要如下：

首先，我国医药企业仍需持续加大研发投入力度。尽管2013年至2020年我国医药企业研发投入规模和投入强度均实现了较大提升，但2020年我国仍有超过一半的境内外上市中资医药企业研发投入强度低于5%，这与发达国家平均8%~10%的水平相去甚远。此外，欧盟公布的《2020年全球企业研发支出2500强》课题显示，中国在医疗技术研发中的研发投入占总研发投入的比例明显低于欧美国家和日本，美国的医疗技术研发投入占总研发投入的比例是26.4%，欧盟是19.2%，日本是12.5%，而中国只有5.5%。因此，在未来发展中，我国医药企业仍需持续加大研发投入力度，进而提高我国医药企业的创新能力，并促进我国医药企业的高质量发展。

其次，我国医药企业有待进一步提高成果转化能力，提升研发产出，重点可以从以下两个方面展开：

一是加大创新药物研制。创新药的数量和质量不仅代表着一个企业的核心竞争力，也代表一个国家医药产业的创新能力。我国创新药正不断突破国产药自主创新能力弱的瓶颈，向医药创新强国逐步迈进。通过对境内外上市的中资医药企业的分析，我们发现，2013 年至 2020 年，我国非器械类医药企业创新药上市获批数均值由 0.010 提高至 0.039。但我国创新药研制依然显著落后于欧美等发达国家。2020 年，我国仅有 12 家医药企业共实现 15 项创新药上市获批，其中 10 家企业仅有 1 项创新药上市获批。截至 2021 年初，全球在研创新药物 2 万个，其中美国占 50%，欧洲占 40%，中国只占 3%。因此，我国医药企业加大创新药物研制的任务仍然任重而道远。

二是推动高端医疗器械的发展。医疗器械作为现代医疗卫生体系建设的重要支柱之一，具有高度的战略性、带动性和成长性，受到各国政府的普遍重视。我国器械类医药企业研发成果指数均值从 2013 年的 30.700 提高至 2020 年的 31.100，研发产出增长较有成效。但我国医疗器械注册证以二类为主，要求较高的三类医疗器械注册证数量较少。2020 年，我国器械类医药企业三类医疗器械注册证均值为 1.070，不到二类医疗器械注册证均值的 1/3。我国高端医疗器械的发展显著落后，有些高端医疗器械的核心部件国内还不能生产，需要依赖进口。2020 年全球医疗器械企业百强名单中，美国共有 48 家，占据了全球医疗器械百强企业 48% 的份额。其次是日本，有 11 家企业上榜，占比 11%；中国仅有 7 家企业进入百强，占比 7%。因此，我国应进一步促进高端医疗器械的发展，缩小与发达国家的差距，避免医疗器械被发达国家"卡脖子"。

再次，我国医药企业研发质量的稳定性和整体水平还有待进一步提升，国际化发展也还有待进一步推进。目前，我国医药企业的研发质量尚无明显提升，其中非器械类医药企业研发质量自 2018 年以来持续下降，而器械类医药企业研发质量多年来也波动较大。造成这一现象的主要原因是发明专利授权数占总授权数比例在近年来持续下降，以及国际资质认证数目波动下降。可见，突破性创新和国际化发展的不足是制约我国医药企业研发质量提升的两大原因。因此，从企业和政策制定的角度，建议应重点关注如下方面：

从企业的角度出发，一方面，企业应进一步提高对创新质量的重视，加大对突破性创新的资源倾斜力度和比例；另一方面，企业也应当注重整个药品研发生产流程的质量管理，从设备设施改造、管理制度设计，再到相关人员的培训和激励，都应有全面的提升，从而提升我国医药企业研发质量对标国际的进程。

从政策制定的角度出发，一方面，我国现有的研发激励政策主要针对企业的研发投入，例如，高新技术企业认定条件中只对研发经费比例和研发人员比例做了要求，税收激励政策中的研发费用加计扣除政策也以研发投入为基准计算加计扣除，而针对研发质量维度的考核或者激励的政策非常有限。建议在研发激励政策和考核制度中，进一步探索多维度的制度设计并出台相应的政策。

另一方面，在医药企业的国际化发展方面，国家《"十四五"医药工业发展规划》已将国际化发展全面提速作为其六项具体目标之一，指出为创造国际竞争新优势，要积极应对全球医药创新链、产业链、供应链重塑的新形势，深化产业国际合作，加快培育竞争新优势，更高水平融入全球创新网络和产业体系。从我们的分析结果来看，目前我国医药企业在知识产权的国际化发展上已取得明显成效，PCT专利数持续增加，但是取得的国际资质认证数目还较为波动，尚无明显提升。因此，政策上还应当进一步引导企业开展创新药国内外同步注册，开展面向发达国家市场的全球多中心临床研究，鼓励企业开展国际认证，按照国际要求生产、出口药品和医疗器械，同时加快产业链全球布局，鼓励企业提高国际市场运营能力，加强与共建"一带一路"国家投资合作，积极开拓新兴医药市场。

最后，对于不同细分行业研发活动的差异性及其发展阶段的差异性，可以制定更具针对性的相关政策，以促进我国医药企业的多元化发展和百花齐放。

在非器械类医药企业中，制药和生物科技行业是我国医药企业的核心。其中，制药企业发展较为成熟，占据行业中的绝大比例，且其研发指数也领先于其他细分行业，尤其是其研发投入和研发支持都具有较大规模且持续增长。但是近年来，制药相比于其他细分行业，其研发质量却下降明显，规模增长的过程中牺牲了研发质量。因此，针对制药行业，建议将研发质量作为重要的考核标准，赋予相对更高的考核权重，从而促进我国医药企业实现由高速发展向高质量发展的快速换档。

相比之下，生物科技行业属于我国的新兴产业，研发难度大，研发周期长，随着其研发投入的加大，近年来也取得了较为明显的进步，但目前其研发项目多数仍处于临床试验等前期研究阶段，最终成果较少。因此，应对其给予更多的研发支持，鼓励生物科技行业发展，促进成果转化，最终提升生物科技行业的整体研发水平。

第三节 研究不足

虽然我们一直力求完善，但难免存在不足，总结如下：

首先，在指标体系的构建方面，限于数据的可获得性，我们不得不舍弃一些测度医药企业研发的指标，诸如研发产出中的技术秘密等。此外，理论上，研发效率和研发可持续性也是衡量企业研发的重要维度，但是考虑到医药企业研发指标体系的代表性和成本效益等原则，并未将这两个维度纳入本指数指标体系。当然，随着医药企业研发指数的发布，历年研发指数的变化也可以在某种程度上反映研发可持续性的情况，从而可以或多或少弥补这一遗憾。

其次，在指标体系的适用性方面，由于器械类医药企业和非器械类医药企业的研发成果差异明显，通常来说，药品研发企业的临床试验和药品产出对医疗器械企业均不适用，因此我们对器械类医药企业和非器械类医药企业区别对待，构建了两套不同的研发指标体系。然而，非器械类医药企业包括药品零售、医疗保健服务等非药品制造企业，这类企业的临床试验和药品产出成果会相对较少；制药还可进一步分为化学药、生物药和中药，其研发成果也存在一定的差异，中药经典名方制剂自2018年起不再需要通过人体安全性和有效性临床试验，这意味着中药经典名方制剂的临床试验结果会因此受到较大影响。但是，考虑到非器械类医药企业仍以制药企业为主，且中药经典名方制剂的占比相对较小，我们还是从全局出发设计了器械类医药企业与非器械类医药企业的研发指数指标体系。

最后，在对器械类医药企业和非器械类医药企业研发指数的分析方面，我们主要从上市地和境内上市板块、实际运营地以及主要细分行业维度进行了分析，但其可以分析的维度绝不止于此，譬如，可以从企业产权性质、企业规模等角度进行进一步分析，但由于篇幅所限，我们并未扩展到其他维度。

主要参考文献

[1] 毕达天,曹冉. 科研人员数据素养影响因素分析——基于 SEM 及 fsQCA 方法 [J]. 情报学报,2021,40(01):11-20.

[2] 曹琴,玄兆辉. 中国与世界主要科技强国研发人员投入产出的比较 [J]. 科技导报,2020,38(13):96-103.

[3] 曹阳,易其其. 政府补助对企业研发投入与绩效的影响——基于生物医药制造业的实证研究 [J]. 科技管理研究,2018,38(01):40-46.

[4] 成力为,戴小勇. 研发投入分布特征与研发投资强度影响因素的分析——基于我国 30 万个工业企业面板数据 [J]. 中国软科学,2012(08):152-165.

[5] 崔也光,张悦,王肇. 创新驱动国策下公司研发指数的构建研究——公司研发综合实力的会计评价方法 [J]. 会计研究,2020(02):16-25.

[6] 邸月宝,赵立新. 我国主要科技创新平台分类特征及总体分布 [J]. 今日科苑,2020(02):18-24.

[7] 樊霞,任畅翔. "985 工程"高校产学研专利质量影响因素研究 [J]. 科学学与科学技术管理,2014,35(06):3-10.

[8] 高伟. 科研院所科技成果转化问题与建议分析 [J]. 黑龙江科学,2021,12(04):118-119.

[9] 国家统计局社科文司"中国创新指数(CII)研究"课题组. 中国创新指数研究 [J]. 统计研究,2014,31(11):24-28.

[10] 何庆丰,陈武,王学军. 直接人力资本投入、R&D 投入与创新绩效的关系——基于我国科技活动面板数据的实证研究 [J]. 技术经济,2009,28(04):1-9.

[11] 何叶. 科技型中小企业战略导向、专利质量与企业绩效的关系研究 [D]. 电子科技大学,2018.

[12] 胡蓉. 高新技术企业认定、研发投入与企业价值 [J]. 中国市场,2021

(02): 63-64.

[13] 雷根强, 郭玥. 高新技术企业被认定后企业创新能力提升了吗?——来自中国上市公司的经验证据 [J]. 财政研究, 2018 (09): 32-47.

[14] 黎文靖, 郑曼妮. 实质性创新还是策略性创新?——宏观产业政策对微观企业创新的影响 [J]. 经济研究, 2016, 51 (04): 60-73.

[15] 李东阳, 郑磊, 袁秀秀. 国际化程度对企业创新能力的影响——基于中国制造业上市公司的实证检验 [J]. 财经问题研究, 2019 (04): 122-128.

[16] 李昊洋, 程小可. 投资者调研与创业板公司研发资本化选择 [J]. 财贸研究, 2018, 29 (03): 90-99.

[17] 李杰义, 何亚云. 双重融资约束、国际化程度与创新绩效——基于205家跨国制造企业的面板数据 [J]. 科技管理研究, 2019, 39 (06): 171-176.

[18] 刘和东. 财政科技投入与原始创新能力关系的实证研究 [J]. 工业技术经济, 2009, 28 (12): 55-58.

[19] 刘俊杰, 刘家铭. 科技经费投入结构对区域创新能力的影响——基于全国30省市区面板数据的实证检验 [J]. 广西师范大学学报（哲学社会科学版）, 2011, 47 (05): 18-23.

[20] 刘兰剑, 张萌, 黄天航. 政府补贴、税收优惠对专利质量的影响及其门槛效应——基于新能源汽车产业上市公司的实证分析 [J]. 科研管理, 2021, 42 (06): 9-16.

[21] 刘媛. 合作研发提升我国医药企业的研发实力 [J]. 企业经济, 2007 (02): 36-38.

[22] 鲁志国. 广义资本投入与技术创新能力相关关系研究 [D]. 浙江大学, 2006.

[23] 罗彦如, 冉茂盛, 黄凌云. 中国区域技术创新效率实证研究——三阶段DEA模型的应用 [J]. 科技进步与对策, 2010, 27 (14): 20-24.

[24] 米晋宏, 张书宇, 黄勃. 专利拥有量、市场控制力与企业价值提升——基于上市公司专利数据的研究 [J]. 上海经济研究, 2019 (03): 24-37.

[25] 邱洋冬, 陶锋. 选择性产业政策提升了企业风险承担水平吗?——基于高新技术企业资质认定的证据 [J]. 经济科学, 2020 (01): 46-58.

[26] 沈健. 我国大学专利转化率过低的原因及对策研究 [J]. 科技管理研究, 2021, 41 (05): 97-103.

[27] 石丽静. 研发强度与企业创新绩效——政府资源与知识产权保护的调节作

用[J]. 经济与管理评论, 2017, 33 (06): 144-152.

[28] 田轩, 孟清扬. 股权激励计划能促进企业创新吗? [J]. 南开管理评论, 2018, 21 (03): 176-190.

[29] 王春晓. 医药企业研发项目研发费用有效管理研究 [J]. 当代会计, 2020 (23): 33-34.

[30] 王亮亮, 潘俊, 林树. 资源依赖视角下研发强度对公司权益资本成本的影响研究 [J]. 管理评论, 2018, 30 (07): 52-63.

[31] 卫旭华, 刘咏梅, 岳柳青. 高管团队权力不平等对企业创新强度的影响——有调节的中介效应 [J]. 南开管理评论, 2015, 18 (03): 24-33.

[32] 魏洁云, 江可申, 李雪冬. 中国高技术产业创新投入与产出的关联测度分析 [J]. 数量经济技术经济研究, 2014, 31 (01): 77-92.

[33] 吴超鹏, 唐菂. 知识产权保护执法力度、技术创新与企业绩效——来自中国上市公司的证据 [J]. 经济研究, 2016, 51 (11): 125-139.

[34] 伍琳, 陈永法. 我国创新药物研发能力的国际比较及成因分析 [J]. 中国卫生政策研究, 2017, 10 (08): 23-28.

[35] 武志勇, 马永红. 融资约束、创新投入与国际化经营企业价值研究 [J]. 科技进步与对策, 2019, 36 (09): 102-109.

[36] 徐飞, 冯国忠. 我国生物医药企业技术创新现状分析 [J]. 现代商贸工业, 2017 (10): 1-2.

[37] 杨昕, 丁攀, 陈玉文. 我国医药制造业新产品经济产出与研发资金投入关系研究 [J]. 中南药学, 2019, 17 (03): 465-469.

[38] 杨易成, 杜纲. 中国医药产业 R&D 人力资源发展研究 [J]. 华东经济管理, 2009, 23 (06): 131-134.

[39] 姚立杰, 周颖. 管理层能力、创新水平与创新效率 [J]. 会计研究, 2018 (06): 70-77.

[40] 于丽. 透视现状 着眼未来——《中国药物临床试验现状和发展》调研报告正式发布 [J]. 中国处方药, 2009 (12): 22-24.

[41] 余昕, 王冬, 韩楠, 王欣. 发达国家科研投入效率初探——基于16个OECD国家纵列数据的统计学分析 [J]. 科技进步与对策, 2007 (08): 129-131.

[42] 袁航, 朱承亮. 创新属性、制度质量与中国产业结构转型升级 [J]. 科学学研究, 2019, 37 (10): 1881-1891.

[43] 苑泽明, 金宇, 王天培. 上市公司无形资产评价指数研究——基于创业板

上市公司的实证检验［J］．会计研究，2015（05）：72-79．

［44］张伯超，靳来群．制造业服务化对企业研发创新积极性的影响——基于制造业服务化率"适度区间"的视角［J］．中国经济问题，2020（01）：74-91．

［45］张古鹏，陈向东．基于专利的中外新兴产业创新质量差异研究［J］．科学学研究，2011，29（12）：1813-1820．

［46］张悦．中国上市公司研发指数构建与应用评价研究［D］．首都经济贸易大学，2016．

［47］张治河，冯陈澄，李斌，华瑛．科技投入对国家创新能力的提升机制研究［J］．科研管理，2014，35（04）：149-160．

［48］赵敏，赵钰婷．企业规模、研发和销售费用投入强度研究——以我国A股医药企业为例［J］．经营管理者，2019（09）：83-85．

［49］郑婷婷，王虹，干胜道．税收优惠与创新质量提升——基于数量增长与结构优化的视角［J］．现代财经（天津财经大学学报），2020，40（01）：29-40．

［50］周煊，程立茹，王皓．技术创新水平越高企业财务绩效越好吗？——基于16年中国制药上市公司专利申请数据的实证研究［J］．金融研究，2012（08）：166-179．

［51］朱雪忠，万小丽．竞争力视角下的专利质量界定［J］．知识产权，2009，19（04）：7-14．

［52］Hall, B. H., Jaffe, A., & Trajtenberg, M. (2005). Market Value and Patent Citations. The RAND Journal of Economics, 36（1）：16-38.

［53］Hirschey, M., & Weygandt, J. J. (1985). Amortization Policy for Advertising and Research and Development Expenditures. Journal of Accounting Research, 23（1）：326-335.

［54］Leonard, W. N. (1971). Research and Development in Industrial Growth. Journal of Political Economy, 79（2）：232-256.

［55］Lev, B., & Sougiannis, T. (1996). The Capitalization, Amortization, and Value-relevance of R&D. Journal of Accounting and Economics, 21（1）：107-138.

［56］McAleer, Michael & Slottje, Daniel. (2005). A New Measure of Innovation: The Patent Success Ratio. Scientometrics, 63：421-429.

［57］Pakes, A. (1985). On Patents, R&D, and the Stock Market Rate of Return. Journal of Political Economy, 93（2）：390-409.

［58］Romer, P. (1990). Human Capital and Growth: Theory and Evidence. Carnegie – Rochester Conference Series On Public Policy, 32, 251 – 286.

[59] Suwignjo, P., Bititci, U. S & A. S Carrie. (2000). Quantitative Models for Performance Measurement System [J]. International Journal of Production Economics, 64 (1): 231 – 241.